A BOOK OF FRENCH VERSE

A BOOK OF FRENCH VERSE

From Marot to Mallarmé

Selected by

L. E. KASTNER

LITT.D.

Late Professor of French Language and Literature in the University of Manchester

CAMBRIDGE

AT THE UNIVERSITY PRESS

1936

CAMBRIDGE
UNIVERSITY PRESS

University Printing House, Cambridge CB2 8BS, United Kingdom

Cambridge University Press is part of the University of Cambridge.

It furthers the University's mission by disseminating knowledge in the pursuit of education, learning and research at the highest international levels of excellence.

www.cambridge.org
Information on this title: www.cambridge.org/9781107450745

First published 1936
First paperback edition 2014

A catalogue record for this publication is available from the British Library

ISBN 978-1-107-45074-5 Paperback

CONTENTS

PREFACE

My main object in this book has been to trace in its broad lines, by means of typical specimens, the growth and development of French poetry, excluding the drama, from the middle of the sixteenth century, when modern French poetry may be said to have begun, till the close of the nineteenth century. It follows that my selection is confined to those poets who have exercised a pronounced influence or who pointed in their day to a new orientation. Since it is planned to include the most characteristic, not necessarily the most beautiful, pieces written by the representative poets, it is not intended to be an Anthology, but rather a guide and companion to the students, in our universities and in the upper forms of schools, who require a minimum of suitable texts, encouraging them to further exploration on their own account, as a foundation for an intelligent understanding of the development of poetry in French literature.

Concise notes have been added at the foot of the page with a view to elucidating a number of linguistic difficulties, particularly in the earlier poets, or to explaining briefly certain allusions which might impede the reader unduly. Considering the character of the book, it seemed to me that these notes would be more useful drawn up in French.

For permission to include copyright poems the Editor desires to thank the following publishers and holders of copyright:

MM. Lemerre for poems by Charles-Marie Leconte de Lisle, Léon Dierx, José-Maria de Heredia, René-François-Armand Sully Prudhomme, and François Coppée;

M. Albert Messein for poems by Paul Verlaine;

MM. les Directeurs *Le Mercure de France* for poems by Henri de Régnier, Arthur Rimbaud, Jean Moréas, Albert Samain and Charles Guérin;

M. le Directeur *La Nouvelle Revue Française* for poems by Stéphane Mallarmé.

L. E. K.

November 1935

INTRODUCTION

THE first eminent French poet, chronologically, who can readily be appreciated nowadays without any special knowledge of the older language is Clément Marot (1496 or 1497–1544): "Marot par son tour et par son style", as La Bruyère pointed out long ago, "semble avoir écrit depuis Ronsard; il n'y a guère entre Marot et nous que la différence de quelques mots"; and what La Bruyère said in the seventeenth century, at a time when the French language was constituted in its essential elements, remains true to-day. For that reason, Marot is made the starting-point of this selection, of which the purpose is to trace in outline, by means of characteristic pieces, the growth and development of modern French poetry, excluding the drama, from his day till the close of the nineteenth century. On the other hand, I have not thought it wise, with one or two necessary exceptions, to go beyond Mallarmé, because the passage of time alone will make it possible to view the work of the poets of the present day and of those who have died but recently in the proper perspective, and to assess their value with anything approaching finality.

Marot's work taken as a whole can best be summarised as a transition from the old to the new. At the beginning of his career, when he had not yet found his way, he adheres to the traditional forms of his predecessors and cultivates the *ballade* and the *rondeau*, albeit with far greater talent. In his later work, however, on which his reputation mainly rests, the influence of the new spirit is clearly discernible. But though Marot had dipped into Virgil, Ovid and Martial, his poetry was little touched by that enthusiasm for antiquity which was a characteristic feature of the literature and art of the Renaissance. Marot remains essentially a national and popular poet whose qualities are typically French, which explains why he has never ceased to be read by his countrymen to this day. His "élégant badinage", for which he was praised by Boileau, together with his sly humour and certain touch, combine to give him special excellence in the less ambitious and more informal style of verse, such as the epistle, in which he is unsurpassed, and the epigram, for which the Marotic style remained a tradition during more than two centuries. Charming a poet as Marot is, he cannot be ranked among the great; without a peer in his own restricted domain, inspiration fails him as soon as he attempts to soar, which is not often. This limitation must be borne in mind in order to understand the reform of poetic art advocated by his immediate successors, the poets of the *Pléiade*. Nevertheless Marot, without any fuss or blowing of his own trumpet, rendered a great service to French poetry by substituting native delicacy and directness for the effete allegory and metrical puerilities of the *Rhétoriqueurs*, in which he was bred.

A man of volatile and rather frivolous nature, Marot was not sufficiently purposeful to leave any disciples, properly so called. Of the poets associated with his name the only noteworthy figure is Mellin de Saint-Gelais (1481–1558), the perfect type of the court poet, who shares with Marot the honour of having introduced the sonnet into France. Educated partly in Italy, Saint-Gelais may be described as the first of the French Petrarchists. But to Petrarch he preferred Petrarch's degenerate disciples and their extravagant conceits and hyperboles, with which he tricked out the madrigals and other trifles he addressed to the ladies of the court. Very different is the spirit which animates the verse of Maurice Scève (1510?–1564) and the literary circle which gathered about him in the city of Lyons, which, on account of its position and its large Italian colony, formed then a natural link between Italian and French culture. His only work that counts is *Délie, objet de plus haute vertu* (1544), a collection of 449 *dizains* in praise of his lady, in which is expounded the Platonic theory of spiritual love. Scève's abuse of hyperbole and the intricacy of the symbols in which he clothes his thought make him a difficult author; but though his contemporaries blamed him for his obscurity, they gave him full credit for being the first to seek inspiration in higher themes and to break with court and occasional poetry. To Lyons belongs also Louise Labé (1526–1566), the only distinguished French poetess of the Renaissance. She is commonly included in the Lyons group, but there is no evidence that she was a pupil of Scève and nothing could be further removed from his metaphysical subtleties than the passionate sonnets in which she lays bare her heart, in strains anything but Platonic. She is an independent, and no mean elegiac poet, with a restricted range.

About this time, soon after Marot's death, a group of young men, impelled by a common enthusiasm for the study of the classics, were gathering round Jean Daurat, the famous Hellenist, at the Collège Coqueret in Paris, and sharing his lessons. A few years later, with some additions, they were to become the *Pléiade*, in allusion to the seven stars of the Pleiads, the name by which is known the new poetic school of the second half of the sixteenth century, at the head of which stands Pierre de Ronsard (1524–1585) and which included ultimately, besides Ronsard and their master Daurat, Joachim du Bellay, the most important member after Ronsard, Belleau, Baïf, Pontus de Tiard and Jodelle.

Dissatisfied, after a careful study of Greek and Latin models, with the state of French poetry, of which so far the greatest figure had been Clément Marot, they conceived for French poetry an ideal of literary beauty which should rival that of antiquity; and they held that this ideal could only be attained by the imitation, or rather the assimilation, of the Greek and Latin poets, and also of the poets of modern Italy, which they regarded as a kind of second antiquity so to speak, because of the great writers that country had already produced. In other words, the ambition of Ronsard and his followers was to substitute for the light, and what they considered trivial, verse of Marot and his likes, a loftier and more artistic poetry, in heightened and imaginative language, based on classical models. At length, in 1549, taken by surprise and incensed by the appearance, the year before, of the *Art Poétique* of Thomas Sebillet, in which Marot and his followers were extolled and some of the *Pléiade*'s ideas forestalled, they flung out their manifesto, the *Défense et Illustration de la langue française*. It was signed with Du Bellay's initials, but breathed the spirit of Ronsard. As its title indicates, the manifesto had a twofold object. In the first place, Ronsard and Du Bellay asserted that the French language was potentially as good as Greek or Latin, or any other language, for literary purposes, but that it wanted cultivating. In the second place, they proposed to show by what means it could be "illustrated", by which they meant enriched, in such a way as to become a worthy vehicle for the loftiest themes. Stripped of unnecessary detail, the literary doctrine of the *Pléiade*, as contained in the *Défense et Illustration* and supplemented by information found in the writings of Ronsard, can be summarised as follows. First, the creation, by various means too long to enumerate here, of a poetic style and diction distinct from those of prose—richer, more expressive and more sustained than those of prose—which implied that rhyme should no longer as hitherto be regarded as the principal ornament of poetry. To this end they did not borrow, wholesale, words from Latin and Greek, as Boileau asserted, although in their eagerness to lend lustre to the language they showed too little discrimination, so that much of their poetry has an exotic flavour and leaves an impression of somewhat chaotic luxuriance. Secondly, the substitution of classical genres for the older forms of French poetry which for so long had exercised a kind of tyranny over free poetic expression. The *rondeau*, the *ballade*, the *chant royal*, the *virelai*, and the rest of such trifles, must be cast aside and replaced by epigrams in imitation of Martial; tender elegies after the fashion of Ovid, Tibullus and Propertius; epics like the *Iliad* and the

Aeneid; eclogues recalling those of Theocritus, Virgil and Sannazaro; odes, attuned to the sound of the Greek and Latin lyre; epistles and satires modelled on those of Horace, and in addition sonnets in the manner of Petrarch. Moralities and farces, too, must yield to tragedies and comedies modelled on those of antiquity. The adoption of classical genres and the *Pléiade*'s lofty conception of the poetic art naturally entailed a reform of metre and versification, about which the manifesto says very little of moment. This part of the reform is the personal work of Ronsard, who carried it out more by example than by precept. To him is due the rehabilitation of the Alexandrine, especially in lyric poetry, and the honour of having imposed it as the French verse *par excellence*. He is also the inventor of endless strophic forms, unknown before him, which entitle him to rank as one of the greatest metrical artists in French literature.

If one considers the poetic achievement of the *Pléiade* as a whole, it will be seen that they fell far short of their lofty ambitions; with the exception of Ronsard and Du Bellay, they were only minor poets who imitated the Italian poets (particularly the Italian sonneteers) rather than those of antiquity. Gifted as Du Bellay was in many ways, his range and output is too limited for him to occupy any but a secondary position. Ronsard, incomparably the greatest of the poetic brotherhood, is the only member of the *Pléiade* who made any attempt to carry out the programme of the school and who tried his hand at all the genres advocated in the *Défense et Illustration de la langue française*. Yet in spite of his versatility and the excellence of some of his more ambitious compositions, Ronsard's real qualities as a poet must be sought in his minor writings: his informal odes and lyrics, some of his sonnets and elegies, remarkable for their tenderness of feeling and reflective emotion, as well as for their love of nature. By virtue of these he will always occupy a high rank among the great elegiac poets of France. The elegiac is also the prevailing note in the best pieces of Joachim du Bellay (1522–1560), though in him the satirical note is more pronounced than in Ronsard. With less power and imagination than Ronsard, his complete sincerity in rendering his personal emotions and his romantic melancholy make a stronger appeal to the modern reader. He excels chiefly as a sonneteer, not only because of the artistic finish of many of his sonnets, but because he extended the scope of that form in his *Antiquités de Rome*, and in his *Regrets*, his masterpiece.

Towards the end of the century, in the hands of Ronsard's successors, lyrical poetry languishes for want of an inspiring theme. The imitation of the ancients recedes and is replaced by servile imitation of Petrarch's degenerate disciples in the various sonnet-sequences of Philippe Desportes (1546–1606), whose chief merit lies in his fluent style and more restrained diction. The same sense of style and composition characterises the poems of Jean Bertaut (1552–1611), who is far more original than Desportes. A few of his pieces have a true lyric ring reminiscent of Lamartine. Epic poetry is represented by the two Protestant poets Guillaume Salluste du Bartas (1544–1590) and Théodore Agrippa d'Aubigné (1552–1630), both of whom sought inspiration in their faith and wrote in protest against the half-pagan poetry of the *Pléiade*, while adhering to the more mechanical part of their literary doctrine. Du Bartas's chief work is *La Semaine* (1578), a long poem on the creation of the world, which, in spite of its enormous success in its day both in France and abroad, can only be read now in a few fine passages interspersed among dreary wastes of dull and wearisome verse. Du Bartas is absolutely devoid of any artistic sense. His abuse of the compound epithets recommended by the *Pléiade* and other stylistic devices, such as the reduplication, for the sake of increased effect, of the initial syllable of words (*flo-flotter*, *bra-branler*, etc.), will always be quoted against him as glaring examples of his total want of taste. D'Aubigné, though far superior to Du Bartas, is also a very unequal writer in his *Tragiques* (1577–1594, but not published as a whole till 1616), of which the theme is the persecutions of his co-religionists and the horrors of civil war. The poem, in seven cantos or rather tableaux, is ill composed, and its unrelieved violence is apt to pall; but for all that it contains not a few fine outbursts of lyrical invective, recalling the *Châtiments* of Victor Hugo.

Ronsard and the *Pléiade*, by basing literature on the imitation of the ancients, inaugurated the French classical school. It was left to François de Malherbe (1555–1628) to complete their work, by a process of elimination of what he thought was excessive in their doctrine, rather than by any fundamental change. In this he was aided by the general desire for order and discipline which was making itself felt throughout France at the beginning of the seventeenth century, as opposed to the individualistic tendencies of the sixteenth century. Devoid of any imagination or vision, Malherbe was well fitted to "reduce the French Muse to the rules of duty". By repressing sedulously the personal factor in poetry, by rejecting the specialised poetic diction of the *Pléiade*, and by tightening up the rules of versification, he set up a new and more narrowly classical ideal, of which the watchwords were lucidity, correctness, propriety, and formal perfection. This new conception of poetry, tending to transform poetry into eloquence and rhetoric, as in Malherbe's own verse, reflected exactly the taste of the time, but was naturally the death knell of lyric poetry, the poetry which expresses the writer's own sentiments. From now on Ronsard and his associates fell into utter oblivion and Malherbe's precepts were universally accepted, despite the protests of a few independent writers who raised their voice in the interests of the older poetic spirit or of personal freedom. Of these insurgents against Malherbe's rules and regulations, who often appeal to us moderns far more than his classical followers, the most gifted is undoubtedly Mathurin Régnier (1573–1613), a belated disciple of Ronsard, whose satires easily rank among the finest things of the kind in French literature. His essential greatness lies not in the matter of his satires, for he copied wholesale from

Ronsard and the Italians, but in the picturesqueness of his language and in the breadth and vigour of his characterisation. Here also may be mentioned Théophile de Viau (1590–1626), a few of whose pieces show genuine appreciation, rare in his day, of inanimate nature.

Malherbe's endeavour to prune and clarify the language of poetry was at first reinforced by the efforts of the ladies and gentlemen who congregated in the fashionable literary salons of the time—the so-called *précieuses* and *précieux*. In their search for refinement, however, they too often fell into a sort of jargon intelligible to the initiated only. Their direct influence in poetry seems to have been confined to the lighter kinds, the *vers de société*, of which the chief purveyor was Vincent Voiture (1598–1648), whose wit and alertness show up best in the *rondeau* which, banned by the *Pléiade*, had found a new lease of life in *précieux* circles. The extravagances of the *précieuses* and *précieux* are responsible for the production, by reaction, of a body of realistic and burlesque verse of which Saint-Amant (1594–1661), also no mean nature poet, and Scarron (1610–1660) have left good examples.

Meanwhile Malherbe's influence was increasing steadily, and some fifty years after his death his work was continued with yet greater strictness and expanded by Nicolas Boileau-Despréaux (1636–1711), the authoritative and final exponent of the French classical creed, whose word was law till the end of the eighteenth century. This creed Boileau expounded and formulated in the famous *L'Art Poétique* (1674), a sort of manual in verse for the instruction of the would-be poet. Boileau's central doctrine is that the poet should follow nature, by which he means human nature only and not inanimate nature as well. But the poet must not imitate all that is found in human nature, only what conforms to the strict rules of reason and good sense, which is tantamount to saying that he must keep steadily to what belongs to the normal and general course of experience and avoid the cultivation of idiosyncrasies of all kinds. This conception of literature, it will be seen, precludes what we call originality, to which Boileau would probably have answered that we cannot be expected to discover things absolutely new and that what matters is to give perfect expression to what is abidingly true, for what is permanent and universal lives by the aid of no fashion of the day but by virtue of its truth to human nature. Hence we should follow the ancient classics as guides, not because they are the ancients, but because no one since, as the test of time has proved, has depicted human nature with the same fidelity. Boileau's doctrine at first sight seems reasonable enough and well argued, but from the moment that larger interpretations of truth opened up new vistas to the poet its one-sidedness became apparent. Under Boileau's rule poetry lost all freedom and spontaneity, and became stereotyped, formal and colourless. Even in the drama, where it was sustained by the genius of men like Corneille, Racine and Molière, we can trace the cramping effect of Boileau's influence. Of the great French poets of the seventeenth century La Fontaine (1621–1695) alone, by the constant though discreet intervention in all his work of his own personality, by the homely flavour of his language and the suppleness and variety of his verse, showed that he was not prepared to accept all the implications of Boileau's rigorous teaching.

Though the spirit of free enquiry, which led ultimately to the Revolution, was undermining all the old beliefs, Boileau's repressive doctrine remained unchallenged during the whole of the eighteenth century, the period of what may be called pseudo-classicism. In the unfavourable atmosphere of a rationalistic age poetry in the true sense almost ceased to exist. True, there is no lack of poets, but for the most part their work is uninspired and mechanical, except in those forms, such as the epistle, and especially the epigram, for which wit, ingenuity of fancy and raciness are the main requisites. In the higher realms of poetry, on the other hand, the frigid and pompous odes of Jean-Baptiste Rousseau

(1671–1741) and of Écouchard-Lebrun (1729–1807), Voltaire's epic *La Henriade* (1628), and the long tedious descriptive poems of Delille and others, testify to the utter insensibility of the age to all the higher qualities of poetry. One writer only, André Chénier (1762–1794), stands out from the ruck and might have become a really great poet had politics not brought him to the guillotine before his powers had matured. Born in Constantinople of a Greek mother, a scholar with an exquisite sense of art, for Chénier the spirit of Greece was a reality and enabled him to breathe new life into the worn-out classical themes, in his idylls, by which he will live.

At the end of the eighteenth and at the beginning of the nineteenth century, with the exception of Chénier, the inspiring forces of a new poetry are to be looked for, not in utterances of the poets, but in the pages of two great prose writers, Jean-Jacques Rousseau (1712–1778) and Chateaubriand (1768–1848), both of whom are recognised as forerunners of the great Romantic revival which was about to break out. Their passionate love of inanimate nature, their high-pitched emotionalism, and their melancholy found a ready response in the hearts of men who had witnessed the glory and the downfall of Republican France and were looking for consolation outside the realms of reason. Their vague spiritual aspirations found an admirable interpreter in Alphonse de Lamartine (1790–1869), whose *Premières Méditations poétiques* appeared in 1820 and were universally hailed as the beginning of a new era. Lamartine's tender and pensive melancholy blending with surrounding nature, his love, expressed in language divested of all material circumstance, for an ethereal figure, and his deep though dim religious feeling, came as a revelation to his contemporaries. They felt that he had brought back the soul to poetry. At one blow the commonplaces of effete classicism were swept away and gave way to the vital elements of personal sincerity and communion with nature which became the watchwords of the Romantic revival, of which the essence was freedom in art, the claim that the poet should give free play, without any hampering rules, to his own thoughts and feelings. It follows that in the poetry of the Romanticists the prevailing note will be the lyric note, the absence of which is one of the main characteristics of the poetry of the seventeenth and eighteenth centuries.

We enter a very different atmosphere when we pass from Lamartine to Alfred de Vigny (1797–1863), the next great Romantic poet chronologically in our list. If Lamartine's strongest appeal is to the heart, that of Alfred de Vigny lies in the weight and solidity of his thought and the dignified reserve of his utterance. He is the thinker among the poets of his time, and though he expressed his ideas indirectly by means of symbols, a well-defined philosophy of life can be traced throughout his work, of which the keynote is a reasoned pessimism, not the pessimism of the whimperer or the mere misanthrope, but a noble and constructive pessimism relieved by passionate pity for his fellow-men. Despairing of the possibilities of life for himself and for all men in this world, he resigned himself, without declamation or display, to a stoical acceptance of the lot of man. Yet his outlook on life must not be interpreted as one of mere passive resignation: the superb *Bouteille à la mer* and, more especially, *L'Esprit pur* (written a few months before his death) are proof enough that he had come to believe in a better future and that some day evil would disappear from the earth before the onward march of Thought. Alfred de Vigny is, though a very unequal, a very great artist, whose style is distinguished by great dignity and strength. He wrote little and will never be read by the masses, but for all that he has left a few hundred verses which are probably unequalled in the French language.

In sharp contrast to the reserved and unproductive Vigny stands the gigantic and exuberant figure of Victor Hugo (1802–1885), admittedly the greatest of all French poets and one of the greatest in the world's literature. To give an adequate estimate in a few lines of a man of his magnitude, whose work dominates half a century, is obviously impossible: all that can be done within these limits is to give some idea of his qualities and defects. His defects are indeed obvious. Though Hugo was never tired of posing as a thinker and prophet, his thought in general is superficial and commonplace; his sentiment is often forced and apt to degenerate into sentimentality; his lack of humour, which sometimes betrays him into grotesque lapses of taste, mars not a few of his finest pieces; his sheer blatant egoism is insufferable; he is wanting in self-control and balance; he is obsessed by the antithesis of light and shade; with rare exceptions, he shows very little power of reading the innermost workings of the human heart. Nevertheless, when all deductions have been made and a good deal of perishable material has been removed, there remains an imposing mass of verse, remarkable alike in bulk and in range, sufficient to render Victor Hugo's position as a poetic genius of the first order secure for all time: no poet ever had a more prodigious imagination, very few the same intensity of vision or the same supreme command of all the resources of language, and none, on the purely technical side, ever equalled his mastery of metre and rhythm. Moreover, the comprehensiveness of his sympathy, gathering up and reverberating what the world around him was feeling and thinking, imparts to his song a power of universal appeal which is another sign of his greatness and explains why, in spite of changing tastes and fashions, he continues to hold the great public.

Alfred de Musset (1810–1857), the last of the great Romantic singers, is above all the poet of love in all its manifestations, and more especially of unrequited love, with its attendant disillusionment and dark despair. In him the lyric cry rings with greater poignancy than in any other French poet. In his finest pieces—the *Lettre à Lamartine* and the four wonderful *Nuits*, which will always rank in their kind among the supreme masterpieces of poetic expression

—he is the greatest French lyric poet, in the narrower sense of the word. But when Musset is not swayed by emotional passion, as in his earlier and later work, he reveals another and very different side of his poetic endowment—*esprit*, fantasy, and graceful converse, all of which would be sought in vain in the other Romantic poets. With a keen sense of measure and a certain wantonness inherent in his nature, Musset refused to merge his individuality in any School, and though he is essentially Romantic by virtue of his acute sensibility, his technique, like that of Lamartine, is often slipshod, and falls far short in that respect of the Romantic ideal.

Of the minor Romanticists only a few need be considered here. Of these the most important, historically and not on account of the merits of his poetry which is very poor stuff, is the great French critic Sainte-Beuve (1804–1869), who was the first to draw the attention of the Romanticists to the value of form. As a poet his only claim to recognition is that he initiated two tendencies which found fuller expression in the hands of his successors; in his earlier work he struck that note of morbidity which Baudelaire was to make his own, while in the *Pensées d'Août* (1837) he attempted to write a kind of poetry dealing with the humbler realities of everyday life, which François Coppée took up again at a later date. More richly endowed poetically is Marceline Desbordes-Valmore (1786–1859), whose reputation has grown steadily in recent years and who because of the dreamy suggestiveness of some of her elegies may be regarded as a distant precursor of the Symbolists. About the same time Auguste Barbier (1805–1882) attracted some attention by his *Iambes* (1831), vigorous satires on the manners and morals of his age, but marred by coarseness of style. Auguste Brizeux (1806–1858) has his own little niche as an early example of the "regional" poet. For him love of Brittany, his native land, was the chief inspiring motive. Lastly, Gérard de Nerval (1808–1855), among the lesser lights, deserves more than passing mention, were it only for his remarkable sonnets, in which can be traced the desire to create an atmosphere, by means of symbol and the suggestive qualities of words, in a manner foreshadowing that of Mallarmé.

Before the middle of the century there are signs of another of those well-defined reactions which characterise the history of French literature. This time the reaction takes the shape of a revolt against the extreme subjectivity of the Romanticists: they seemed to sing only of themselves, and their effusive lyricism was beginning to pall. Moreover, their vaunted local colour appeared much overrated and their form far from perfect.

The first to emancipate himself from the Romantic self-contemplation was Théophile Gautier (1811–1872), the originator of the doctrine of "art for art's sake", a doctrine which upholds perfection of form as the one essential of art, to the exclusion of any didactic or moral purpose. To Gautier the only thing that mattered was formal beauty and the realisation of the visible world as providing in itself sufficient matter for poetry. "Toute ma valeur", he once said of himself, "est que je suis un homme pour qui le monde visible existe." The world for him was so much booty for the eye, and as he had an unerring eye and a marvellous vocabulary, he could transfer the visual impression into words as exact and vivid as the objects he beheld. Though he early gave up the brush for the pen, Gautier never ceased to be a painter: the value of his work, apart from its supreme technique, consists entirely in its pictorial quality. His artistic ideal is admirably expressed in the piece entitled *L'Art* which concludes *Émaux et Camées* (1852), his best and most typical collection of verse. By his complete surrender to the object and his insistence on formal beauty Théophile Gautier prepared the way for the Parnassian group of poets. However, he differed profoundly from them in his epicurean outlook on life and his indifference to all things except his art.

In the striving for originality the cult of art for art's sake is apt to become one of art for artificiality. This is what happened in the case of Théodore de Banville (1823–1891), whose work as a whole is distinguished by wonderful technical perfection. With him the substance tends more and more, with each succeeding collection, to become subordinate to form and technique, and more especially to rhyme, which, if we are to believe him, is the all in all of lyric poetry. Such a conception of verse explains his fondness for the mediæval poems with a fixed form, such as the *rondeau*, the *ballade* and the *triolet*, which afforded excellent opportunities for the display of his consummate virtuosity. The easy assurance with which he performs his metrical acrobatics arouses a sort of amused astonishment rather than admiration, and we understand when he confesses somewhat ingenuously that it was his ambition, as in the typical *Odes funambulesques* (1857), to "ally the buffoon element to the lyric" by startling and curious combinations of rhymes or peculiar effects of sound.

In his attachment to formal beauty and in his dislike of Romantic effusiveness, Charles Baudelaire (1821–1867), the author of the *Fleurs du Mal* (1857), his only collection of verse, may be described as a follower of Gautier. But here the affinity stops. With rare poetic gifts, he is really a neurotic haunted by morbid thoughts and fancies, who took a perverse delight, partly to flabbergast the Philistines, in dwelling on all that is evil and repulsive in human nature. Yet he was a powerful artist, and amid the noxious growths of his "Flowers of Evil" can be found strangely idealistic or symbolical pieces, remarkable for their musical effects and suggestive qualities, which in the early days of Symbolism aroused the enthusiasm of the younger poets who hailed Baudelaire as a master.

We now come to the poets of the so-called Parnassian School, who represent the dominant tendencies in French poetry between 1860 and 1880 roughly. The name "Parnassian" was at first given to the poets who had contributed to the *Parnasse Contemporain*, an anthology of verse issued in 1866 by the publisher Lemerre. Subsequently it was used to denote more particularly the group of young poets, chiefly composed of these contributors, who, attracted by his genius (he had already published the better part of his work), gravitated about Leconte de Lisle and shared then in varying degree his views concerning the impersonality of all great art and the supreme importance of form. But there never was really any Parnassian "school" in the strict sense of the word and the term "Parnassian" has been applied somewhat loosely to poets of very different temperament and performance, including some who were by no means impersonal. The only principle about which they were all agreed and which is applicable to the work of the Parnassians taken as a whole was perfection of form, which, it will be remembered, was the essence of Gautier's doctrine of art for art's sake; but whereas the aim of Gautier and his adherents was to emulate the painter's art, the Parnassians sought rather to rival the art of the sculptor. It follows that the formal beauty of the Parnassians is distinguished by its plasticity rather than by its pictorial effects.

By far the greatest of the Parnassians is Leconte de Lisle (1818–1894), a native of the Ile de Bourbon, a fact which explains to some extent his fondness for exotic subjects. He adopted to the full Gautier's doctrine of art for art's sake with all its implications, but for the slight and somewhat restricted subjects of Gautier and Banville he substituted new and vaster themes taken from the fields which historical research were opening out around him, and these he used to record, indirectly, the impressions which life and man's lot on earth made upon him. Leconte de Lisle's work consists in the main of large historical canvasses, interspersed with scenes from nature and animal life, in which he gives expression to his grim and gloomy nihilism: nothing exists, all is illusion and dream, Death, "divine Death", alone can deliver man from all his woes and miseries. Despite his avowed horror of any display of the personal feelings, Leconte de Lisle's verse is charged with thought always, if not with emotion; even in those of his pieces which pass as purely descriptive, there circulates an intense undercurrent of life which distinguishes his "local colour" from that of the Romanticists. By his lofty conception of poetry and by the wonderful formal beauty of his verse, Leconte de Lisle occupies a very high place, second only to that of Victor Hugo, some would say, among the French poets of the nineteenth century. With Victor Hugo he is one of the few French poets who has the epic sense. He has sometimes been blamed for the "statuesque uniformity" of his verse, but pieces like *Les Elfes* and *La Vérandah*, for example, show that he could handle graceful rhythms and harmonious cadences with as much ease as the majestic verse which his favourite themes demanded.

Unlike the professing Parnassians, Sully Prudhomme (1839–1907), in his best work, is a purely subjective poet, a subtle psychologist who excels in the delicate analysis of the inner life. Later, impelled by the belief that the "marvellous conquests of science and the lofty syntheses of modern speculation" should not be excluded from the domain of poetry, he wrote two extensive philosophic poems (*La Justice* and *Le Bonheur*), in which, despite many memorable passages, the prevailing note is one of cold abstraction and arid didactism.

Another writer who is commonly included on insufficient grounds in this group is François Coppée (1842–1908). Starting as a Parnassian he soon abandoned Leconte de Lisle's aloofness and aristocratic ideal of art to become the realistic interpreter of the joys and sorrows of the poor and lowly. His sympathy for those who live the life he had lived in his youth has a genuine ring, though it cannot be said that he is always successful in avoiding the prosaic and the trivial in his treatment of the commonplaces of actual life.

Among those who were attracted by the genius of Leconte de Lisle none remained a more faithful disciple than José-Maria de Heredia (1842–1905); while not sharing his pessimism, he never swerved from his master's principles regarding form and the impersonality of art. His works consisting almost entirely of sonnets, written over a period of more than thirty years and published at intervals in various reviews, were first collected and issued in book form in 1893, under the title *Les Trophées*, when the movement from which they had sprung was a thing of the past. But the effect of their combined brilliance was such when they appeared as a whole that they exercised considerable influence on the poets who were then drifting away from Symbolism. In spite of Heredia's attempt to arrange his collected sonnets in series so as ostensibly to connect each group with some epoch of history, the *Trophées* are not to be interpreted as a kind of *Légende des siècles* in miniature; they are merely the record of the impressions received or of the notes taken by a scholar in the course of his reading. Heredia is above all the supreme artist. Though some may find the sustained brilliance of the *Trophées* somewhat monotonous, the flawless precision of Heredia's workmanship, the compactness of his style as well as his power of opening up vast vistas for the imagination in the concluding lines, entitle him to rank among the greatest sonnet-writers of the world.

Of Heredia and of his master Leconte de Lisle it may be said that they have carried form and style beyond which the poetry that describes, rather than suggests, cannot go. There was a general feeling that poetry as practised by the Parnassians had come to a dead end. The inevitable reaction took place. The domination of the Parnassians was challenged in the mid-seventies by Verlaine and Mallarmé, who had both begun as Parnassians, and was finally broken about 1880 by a revival, under a changed form, of the spirit of individualism. The innovators who rose against the objectivity and clear-cut precision of Leconte de Lisle and his followers first called themselves *Décadents*, at a time when Baudelaire was the vogue, but afterwards adopted the name of *Symbolistes*. The title they chose would suggest that the use of the symbol as a medium of poetic expression is characteristic of the group as a whole; but as a matter of fact very few of them proceed by that method. The term Symbolist, in the same way as the term Parnassian, must be regarded as a denomination of very general connotation; at no time did it denote similarity of method, but rather unity in opposition. In general terms Symbolism may be defined as a protest against the realism of the Parnassians and their materialistic conception of the world: instead of depicting the visible manifestations of the outward world, the Symbolists sought to evoke by subtle suggestion the more mysterious workings of the inner life. Proceeding as they do, not by exact statement, but by suggestion, it follows that the Symbolists rejected also the Parnassian ideal of formal beauty; for the rigid verse, with its hardness of outline, of the Parnassians, they attempted to substitute a more fluid and indecisive verse, which should rival, not the plastic arts, but music, since music of all the arts is the least substantial and the most suggestive.

Of this third poetic school of the nineteenth century the acknowledged masters are Paul Verlaine (1844–1896), Stéphane Mallarmé (1842–1898), and in a lesser degree Arthur Rimbaud (1854–1891); but the influence exercised on the new movement by each of them differs widely both in kind and in extent.

The virtue of the poetry both of Mallarmé and Verlaine lies in its power of suggestion. However, the methods they use to create the right atmosphere have nothing in common, and the moods they evoke are diametrically opposed. According to Mallarmé's own definition, the poet's mission is either "to evoke gradually an object in order to suggest a mood, or, inversely, to chose an object as a symbol and disengage from it a mood by a series of decipherments". A purely intellectual artist, convinced that sentiment was an inferior element of art, Mallarmé never evokes emotion, but only thought about thought; and the thoughts called forth in his mind by the symbol are generally so subtle and elliptical that they find no echo in the mind of the ordinary mortal. Obscurity was part of his doctrine and he wrote for the select few only and exclusively; "without a musical education", he said once, "you would not pretend to understand a Beethoven symphony or a Mozart sonata. Why, then, without any education in the technique of poetry, should one pretend to understand poetry?" Another cause of his obscurity is that he chose his words and phrases for their evocative value alone, and here again the verbal sonorities suggested by the tortuous trend of his mind make no appeal except to the initiated. His life-long endeavour to achieve an impossible ideal accounts for his sterility (he has left some sixty poems only, most of them quite short) and the darkness of his later work, though he did write, before he had fallen a victim to his own theories, a few poems of great beauty and perfectly intelligible.

The suggestive appeal of Verlaine's poetry, on the other hand, is emotional and springs, not from any preconceived use of the symbol in which Verlaine did not believe, but from the musical element in his verse. Verlaine was a born poet, who sang because he must, spontaneously and sincerely. "Sincerity and the impression of the moment followed to the letter" is his own definition of his work. The most purely lyric of all French poets, Verlaine felt, with his sensitive ear, that if words are to suggest, not merely to express, they must fly on the subtler wings of music. His great achievement is that he succeeded, in the poems by which he will live, in replacing, as far as the inherent limpidity of the French language allows, the rhetoric and rigorously disciplined rhythm of French poetry by the immaterialness and dreamy suggestiveness which the English or German lyric so admirably conveys. Mallarmé, too, had stressed the importance of the musical element, but whereas the music of Mallarmé's verse is acquired and intricate, and recalls a symphony or a sonata, Verlaine's song is a simple melody reminiscent of folk-song, requiring no special initiation. Mallarmé felt no need to modify the official prosody. Verlaine, on the contrary, was brought, in his new quest, to carry one step further the disarticulation of French verse begun by the Romanticists, though he resolutely refused to go as far as the non-syllabic *vers libres*, which were to become a foremost article in the enlarged programme of Symbolism. Verlaine is the popular poet of Symbolism in the wider sense, Mallarmé its esoteric interpreter and exponent. Of the two, Mallarmé had by far the greater influence in the early days of Symbolism as a stimulating force, partly on account of his wonderful personal ascendancy, partly because the younger poets found it easier to accept his precepts, if only in theory, than to follow the more elusive track of an inspired poet like Verlaine who cared little for dogma.

Arthur Rimbaud (1854–1891), the last in the trio of the masters of Symbolism and one of the most extraordinary figures in the world's literature, the story of whose life reads like a tale from the *Arabian Nights*, was a good deal younger than Verlaine or Mallarmé, but belongs by his truly amazing precociousness to their poetic generation. He began to write at the age of fifteen, and by twenty he had totally and deliberately renounced literature to go and lead the active life of his dreams as a trader and explorer in Abyssinia, after years of vagabondage throughout Europe, and marvellous adventures in Sumatra and Java, where he lived for some time in the forest. A seeker after the absolute, Rimbaud failed, as he was bound to, but though he failed, he divined on the way most of the things the next generation was to busy itself with developing. By a kind of "sacred disorder of the mind", he flattered himself on having replaced vision by hallucination, and on having invented "a poetic language accessible, one day or another, to all the senses". He was the first to experiment in *vers libres*, and one of the first to write rhythmic prose in French. His works, though written much before, were not revealed to the public till 1885, in the early days of Symbolism. His influence, at this stage, operated mainly through the intermediary of his friend Verlaine, to whom he disclosed, among other things, the possibilities of an enfranchised prosody and the secrets of popular poetry. To-day Rimbaud is regarded by his admirers as nothing less than a prophet whose violent originality has opened up new vistas in poetic imagery; his famous poem, *Bateau ivre*, written in 1871, contains, they assert, the essence of the entire Symbolist movement in all its forms.

Of the younger poets who followed more or less in the wake of Mallarmé and Verlaine those only can be mentioned here who, by gradually forsaking Symbolism, played a part in the further development of the French lyric. The first to break away from the Symbolist fold was Jean Moréas (1856–1900), a Greek by birth, who, a few years before, had been one of the keenest supporters of the cause and had invented the name by which the new movement was to be known. In 1891, together with some of his friends, he launched the manifesto of the so-called *École Romane*, in which, after denouncing Romanticism, Parnassianism and Symbolism as foreign to the French genius, he advocated a return to the traditional classical ideal as the only true principle. At first he concentrated on the imitation of the mediæval poets and of those of the sixteenth century, and wrote poems which are little better than pastiches. These, he asserted, were necessary experiments and a first stage towards the realization of that classical simplicity which he attained in his admirable *Stances* (1899), and in his tragedy of *Iphigénie* (1903), for which Racine, whom he now looked upon as the ideal of poetic perfection, was the model. About the same time Moréas's rather narrow classicism was enlarged through the influence exercised by the Hellenic art of André Chénier, whom Sainte-Beuve had described as "notre plus grand classique en vers depuis Racine". From *Les Médailles d'argile* (1900), dedicated to André Chénier, onward, Henri de Régnier (b. 1864), the most prolific of the Symbolists, is now seen abandoning the hitherto obligatory grisaille and favouring Greco-Latin themes, while *vers libres* become rarer in his work, till it almost disappears. An analogous development is apparent in the poetry of Albert Samain (1858–1900), who, after the somewhat languorous elegies of *Au Jardin de l'Infante* (1893), shows a marked preference in his later collections for antique tableaux which might have been written by a more sentimental Chénier. Chénier found a truer disciple and a kindred spirit in the sensitive and voluptuous Charles Guérin (1873–1907), in whom for a time the influence of Heredia combined, as it did in the case of Régnier and Samain, with that of Chénier whose art has much in common with that of the author of the *Trophées*.

Thus it may be said that by the end of the nineteenth century Symbolism in its original form was fast crumbling away. There is then a definite tendency towards a renewed and more comprehensive classicism both in manner and matter, prompted by the obscurity of much Symbolist poetry and its excessive metrical liberty, though the Romanticists and Parnassians still have adherents. But it must not be thought that the classical revival destroyed the creative impulse of Symbolism, which still persists, albeit in a much modified form. In the present century, which, for reasons already stated, does not come within the purview of the present enquiry, no great change is perceptible: an enlarged classicism and a chastened Symbolism still hold the field, while reacting on each other, as the two main directing forces, despite the numerous reformative attempts, during the last twenty-five years, of would-be leaders, few of whom have had any followers outside their own particular set.

L. E. KASTNER

1935

Clément Marot (1496 *or* 1497–1544)

1. *A Son Ami Lion* (*1525*)

Je ne t'écris de l'amour vaine et folle:
Tu vois assez s'elle sert ou affole;
Je ne t'écris ne d'armes, ne de guerre:
Tu vois qui peut bien ou mal y acquerre;
Je ne t'écris de fortune puissante:
Tu vois assez s'elle est ferme ou glissante;
Je ne t'écris d'abus trop abusant:
Tu en sais prou, et si n'en vas usant;
Je ne t'écris de Dieu, ne sa puissance,
C'est à lui seul t'en donner connaissance...
Je ne t'écris qui est rude ou affable,
Mais je te veux dire une belle fable:
C'est à savoir du Lion et du Rat.
  Cestui Lion, plus fort qu'un vieil verrat,
Vit une fois que le Rat ne savait
Sortir d'un lieu, pour autant qu'il avait
Mangé le lard et la chair toute crue;
Mais ce Lion (qui jamais ne fut grue)
Trouva moyen et manière et matière
D'ongles et dents, de rompre la ratière,

Denoncé à la Sorbonne par une maîtresse infidèle pour avoir fait gras en carême (v. 17), Marot fut enfermé dans la prison du Châtelet, d'où il adressa l'épître suivante à Léon Jamet, sieur de Chambrun, qui intervint en sa faveur auprès de son ami l'évêque de Chartres, grâce auquel Marot, transféré de Paris à Chartres, obtint une prison beaucoup moins dure dans une hôtellerie de cette ville. Jamet était originaire du Poitou, où *Léon* se prononçait *Lion*.

2 *s'elle:* si elle. 3 *ne:* ni. 4 *acquerre:* acquérir. 8 *prou:* beaucoup; *et si:* et cependant; *n'en vas usant:* tu n'en uses (le verbe *aller* devant un participe présent ou un infinitif (v. 60) jouait alors le rôle d'auxiliaire). 14 *cestui:* ce. 18 *grue:* ce mot avait le sens de *dupe*.

Dont maître Rat échappe vitement,
Puis mit à terre un genou gentement,
Et, en ôtant son bonnet de la tête,
A mercié mille fois la grand bête,
Jurant le dieu des souris et des rats
Qu'il lui rendrait. Maintenant, tu verras
Le bon du conte. Il advint d'aventure
Que le Lion pour chercher sa pâture,
Saillit dehors sa caverne et son siège,
Dont, par malheur, se trouva pris au piège,
Et fut lié contre un ferme poteau.
  Adonc le Rat, sans serpe ne couteau,
Y arriva joyeux et ébaudi,
Et du Lion, pour vrai, ne s'est gaudi,
Mais dépita chats, chattes et chatons,
Et prisa fort rats, rates et ratons,
Dont il avait trouvé temps favorable
Pour secourir le Lion secourable,
Auquel a dit: "Tais-toi, Lion lié,
Par moi seras maintenant délié:
Tu le vaux bien, car le cœur joli as;
Bien y parut, quand tu me délias.
Secouru m'as fort lionneusement,
Or secouru seras rateusement."

21 *dont:* d'où. 22 *gentement:* gentiment. 24 *mercié:* remercié; *la grand bête:* dans l'ancienne langue, et souvent encore au XVIe siècle, les adjectifs venant d'adjectifs latins en *is*, avaient une seule forme pour le masculin et le féminin. 26 *qu'il lui rendrait:* qu'il le lui revaudrait (de deux pronons personnels, l'un à l'accusatif et l'autre au datif, le premier était parfois omis, ainsi qu'en ancien français). 27 *le bon du conte:* ce que le conte a de plaisant. 29 *siège:* séjour. 30 *dont:* par suite de quoi. 32 *adonc:* alors. 33 *ébaudi:* gai. 34 *s'est gaudi:* s'est moqué. 35–8 *dépita...dont:* méprisa...de ce que, c.à.d., le rat méprisa la race des chats et vanta celle des rats, parce que, étant rat, il avait le moyen de secourir.... 43–4 Adverbes forgés par Marot.

Lors le Lion ses deux grands yeux vêtit
Et vers le Rat les tourna un petit,
En lui disant: "O pauvre verminière,
Tu n'as sur toi instrument ne manière,
Tu n'as couteau, serpe ne serpillon,
Qui sût couper corde ne cordillon,
Pour me jeter de cette étroite voie;
Va te cacher, que le chat ne te voie.
— Sire Lion (dit le fils de souris)
De ton propos (certes) je me souris.
J'ai des couteaux assez, ne te soucie,
De bel os blanc, plus tranchants qu'une scie;
Leur gaine, c'est ma gencive et ma bouche;
Bien couperont la corde qui te touche
De si très près, car j'y mettrai bon ordre."
Lors sire rat va commencer à mordre
Ce gros lien: vrai est qu'il y songea
Assez longtemps; mais il le vous rongea
Souvent, et tant, qu'à la parfin tout rompt,
Et le Lion de s'en aller fut prompt,
Disant en soi: "Nul plaisir, en effet,
Ne se perd point, quelque part où soit fait."
Voilà le conte en termes rimassés:
Il est bien long, mais il est vieil assez.
Témoin Ésope et plus d'un million.

Or, viens me voir, pour faire le Lion,
Et je mettrai peine, sens et étude
D'être le Rat, exempt d'ingratitude,
J'entends, si Dieu te donne autant d'affaire
Qu'au grand Lion: ce qu'il ne veuille faire.

45 *vêtit:* revêtit, voila (de ses paupières) pour en atténuer l'éclat. 46 *un petit:* un peu. 47 *verminière:* vermisseau. 51 *jeter de cette étroite voie:* tirer de ce mauvais pas. 61 *il y songea:* il s'y appliqua. 65 *plaisir:* bon office, bienfait. 67 *rimassés:* rimés. 73 *affaire:* embarras. 74 *ce qu'il ne veuille faire:* ce que je souhaite qu'il ne fasse pas.

2. *De l'Amour du Siècle Antique* (*1525*)

Au bon vieux temps un train d'amour régnait
Qui sans grand art et dons se démenait,
Si qu'un baiser, donné d'amour profonde,
C'était donné toute la terre ronde:
Car seulement au cœur on se prenait.

Et si, par cas, à jouir on venait,
Savez-vous bien comme on s'entretenait?
Vingt ans, trente ans: cela durait un monde,
Au bon vieux temps.

Or est perdu ce qu'amour ordonnait:
Rien que pleurs feints, rien que changes on n'oit:
Qui voudra donc qu'à aimer je me fonde,
Il faut premier que l'amour on refonde,
Et qu'on la mène ainsi qu'on la menait
Au bon vieux temps.

3. *Du Lieutenant Criminel et de Samblançay* (*1527*)

Lorsque Maillart, juge d'Enfer, menait
A Montfaucon Samblançay l'âme rendre,

[2] 2 *se démenait:* se pratiquait. 3 *si que:* de sorte que. 4 *c'était donné:* c'était comme si on eût donné. 5 On ne s'attachait qu'au cœur, on ne considérait que le cœur. 6 Et si par hasard on avait la jouissance, le bonheur d'être aimé. 7 *on s'entretenait:* on se gardait sa foi. 11 *changes:* changements, inconstances; *oit* (*ouïr*): entend. 12 *qu'à aimer je me fonde:* que je me mette fermement à aimer. 13 *premier:* premièrement.

[3] Jacques de Beaune, sieur de Semblançay, surintendant des finances, accusé faussement de concussion par la régente Louise de Savoie, dont il n'avait pas voulu favoriser les dilapidations, fut condamné à être pendu au gibet de Montfaucon. Marot assista au supplice de Semblançay.

1 *Maillart:* le lieutenant criminel ou officier de justice; *Enfer:* Marot nomme ainsi la prison du Châtelet qu'il compare, dans une satire fameuse (*L'Enfer*), à l'enfer des païens.

A votre avis lequel des deux tenait
Meilleur maintien? Pour vous le faire entendre,
Maillart semblait homme qui mort va prendre,
Et Samblançay fut si ferme vieillard,
Que l'on cuidait, pour vrai, qu'il menât pendre
A Montfaucon, le lieutenant Maillart.

4. *De l'Abbé et de Son Valet*

MONSIEUR l'abbé et monsieur son valet
Sont faits égaux tous deux comme de cire:
L'un est grand fol, l'autre petit folet;
L'un veut railler, l'autre gaudir et rire;
L'un boit du bon, l'autre ne boit du pire;
Mais un débat au soir entre eux s'émeut,
Car maître abbé toute la nuit ne veut
Etre sans vin, que sans secours ne meure,
Et son valet jamais dormir ne peut
Tandis qu'au pot une goutte en demeure.

5. *Du Partement d'Anne (1527)*

Où allez-vous, Anne? que je le sache,
Et m'enseignez avant que de partir
Comme ferai, afin que mon œil cache
Le dur regret du cœur triste et martyr.
Je sais comment; point ne faut m'avertir:
Vous le prendrez, ce cœur, je le vous livre;
L'emporterez pour le rendre délivre
Du deuil qu'aurait loin de vous en ce lieu;
Et pour autant qu'on ne peut sans cœur vivre
Me laisserez le vôtre, et puis adieu.

[3] 7 *cuidait:* croyait.
[5] 7 *délivre du:* libéré du.

6. *A Mademoiselle de la Grelière (1528)*

Mes yeux sont bons, Grelière, et ne vois rien,
Car je n'ai plus la présence de celle
Voyant laquelle au monde vois tout bien,
Et voyant tout je ne vois rien sans elle.
A ce propos souvent (ma Demoiselle),
Quand vous voyez mes yeux de pleurs lavés,
Me venez dire: "Ami, qu'est-ce qu'avez!"
Mais le disant vous parlez mal à point,
Et m'est avis que plutôt vous devez
Me demander: "Qu'est ce que n'avez point?"

7. *Au Roi, pour avoir été derobé (1532)*

On dit bien vrai: la mauvaise fortune
Ne vient jamais qu'elle n'en apporte une,
Ou deux, ou trois, avecques elle, Sire.
Votre cœur noble en saurait bien que dire:
Et moi, chétif, qui ne suis roi ne rien,
L'ai éprouvé; et vous conterai bien,
Si vous voulez, comment vint la besogne.
  J'avais un jour un valet de Gascogne,
Gourmand, ivrogne, et assuré menteur,
Pipeur, larron, jureur, blasphémateur,
Sentant la hart de cent pas à la ronde,
Au demeurant, le meilleur fils du monde...

[6] 1 *et:* et cependant.

[7] En 1531 Marot, atteint de la peste, demeura malade pendant plusieurs mois, malgré les soins des médecins les plus fameux du temps. Pour comble de malheur, son valet lui vola les cent écus d'or dont François Ier lui avait fait cadeau à l'occasion de son mariage avec Élénore d'Autriche.

3 *avecques:* avec. 4 *en saurait bien que dire:* aurait bien des choses à dire à ce sujet. 9 *assuré:* plein d'assurance, effronté. 10 *pipeur:* trompeur. 11 *la hart:* la corde (pour pendre).

Ce vénérable hillot fut averti
De quelque argent que m'aviez départi
Et que ma bourse avait grosse apostume.
Si se leva plus tôt que de coutume
Et me va prendre en tapinois icelle,
Puis la vous mit très bien sous son aisselle,
Argent et tout, cela se doit entendre,
Et ne crois point que ce fût pour la rendre,
Car oncque puis n'en ai ouï parler.
Bref, le vilain ne s'en voulut aller
Pour si petit, mais encore il me happe
Saie et bonnet, chausses, pourpoint et cape;
De mes habits (en effet) il pilla
Tous les plus beaux, et puis s'en habilla
Si justement, qu'à le voir ainsi être,
Vous l'eussiez pris (en plein jour) pour son maître.
Finablement, de ma chambre il s'en va
Droit à l'étable, où deux chevaux trouva;
Laisse le pire, et sur le meilleur monte,
Pique et s'en va. Pour abréger le conte,
Soyez certain qu'au partir du dit lieu
N'oublia rien, fors qu'à me dire adieu.
Ainsi s'en va, chatouilleux de la gorge,
Le dit vallet, monté comme un Saint George,
Et vous laissa Monsieur dormir son soûl,
Qui au réveil n'eût su finer d'un sou.
Ce Monsieur-là (Sire) c'était moi-même,
Qui, sans mentir, fut au matin bien blême,
Quand je me vis sans honnête vêture,
Et fort fâché de perdre ma monture;

13 *hillot:* mot gascon équivalent à *fillot,* diminutif de fils. 14 *départi:* donné en partage. 15 *apostume:* apostème, tumeur. 16 *si se leva:* aussi se leva-t-il. 17 *icelle:* celle-ci. 21 *oncque:* jamais; *puis:* depuis. 23 *petit:* peu. 24 *saie:* casaque. 27 *si justement:* se les ajustant si bien. 35 *chatouilleux de la gorge:* c.à.d., comme un homme qui sent déjà la corde lui chatouiller le cou. 37 *Monsieur:* c.à.d., Marot lui-même, le maître du valet. 38 *finer:* payer.

Mais, de l'argent que vous m'aviez donné,
Je ne fus point de le perdre étonné;
Car, votre argent (très débonnaire Prince)
Sans point de faute, est sujet à la pince.
  Bientôt après cette fortune-là,
Une autre pire encore se mêla
De m'assaillir, et chacun jour m'assaut,
Me menaçant de me donner le saut,
Et de ce saut m'envoyer à l'envers,
Rimer souz terre et y faire des vers.
  C'est une lourde et longue maladie
De trois bons mois, qui m'a toute élourdie
La pauvre tête, et ne veut terminer,
Ains me contraint d'apprendre à cheminer
Tant affaibli m'a d'étrange manière;
Et si m'a fait la cuisse héronnière,
L'estomac sec, le ventre plat et vague...
  Que dirai plus? Au misérable corps
Dont je vous parle il n'est demeuré fors
Le pauvre esprit, qui lamente et soupire,
Et en pleurant tâche à vous faire rire.
  Et pour autant (Sire) que suis à vous,
De trois jours l'un viennent tâter mon pouls
Messieurs Braillon, Le Coq, Akakia,
Pour me garder d'aller jusqu'à *quia*.
  Tout consulté, ont remis au printemps
Ma guérison; mais, à ce que j'entends,

43 *de:* quant à. 46 *sujet à la pince:* exposé à être volé (allusion aux déprédations dont le trésor royal était souvent l'objet de la part des officiers de finance). 50 *de me donner le saut:* de me faire sauter le pas, de me faire mourir. 54 *élourdie:* alourdie. 56 *ains:* mais; *à cheminer:* à marcher à petits pas (comme un enfant qui commence à marcher). 58 *héronnière:* maigre comme celle d'un héron. 64 *pour autant que:* aussi vrai que. 66 Médecins illustres du temps. 67 *aller jusqu'à quia.* c.à.d., aller jusqu'à la dernière extrémité (comme celui qui, dans une argumentation, ne peut répondre que *quia, quia...*).

Si je ne puis au printemps arriver,
Je suis taillé de mourir en hiver,
Et en danger, si en hiver je meurs,
De ne voir pas les premiers raisins meurs.
  Voilà comment, depuis neuf mois en çà,
Je suis traité. Or ce que me laissa
Mon larronneau, longtemps a, l'ai vendu,
Et en sirops et juleps dépendu;
Ce néanmoins, ce que je vous en mande
N'est pour vous faire ou requête, ou demande:
Je ne veux point tant de gens ressembler
Qui n'ont souci autre que d'assembler;
Tant qu'ils vivront ils demanderont, eux;
Mais je commence à devenir honteux,
Et ne veux plus à vos dons m'arrêter.
  Je ne dis pas, si voulez rien prêter,
Que ne le prenne. Il n'est point de prêteur
(S'il veut prêter) qui ne fasse un detteur.
Et savez-vous (Sire) comment je paie?
Nul ne le sait, si premier ne l'essaie;
Vous me devrez (si je puis) de retour,
Et vous ferai encores un bon tour.
A celle fin qu'il n'y ait faute nulle,
Je vous ferai une belle cédule,
A vous payer (sans usure, il s'entend)
Quand on verra tout le monde content;
Ou, si voulez, à payer ce sera,
Quand votre los et renom cessera.

71 *taillé de:* capable de. 73 *meurs:* mûrs. 74 *en çà:* jusqu'ici. 76 *a:* il y a. 77 *dépendu:* dépensé. 81 *assembler:* amasser de l'argent. 84 *à vos dons m'arrêter:* compter uniquement sur vos dons. 87 *detteur:* débiteur. 89 *premier:* d'abord. 90 *de retour:* en surplus, c.à.d., vous me devrez encore plus que je ne vous dois. 91 *un bon tour:* un tour qui vous sera avantageux. 92 *celle:* cette. 93 *cédule:* engagement par écrit. 94 *usure:* intérêt. 97 *los:* louange, gloire.

Et, si sentez que suis faible de reins
Pour vous payer, les deux princes Lorrains
Me plègeront. Je les pense si fermes
Qu'ils ne faudront pour moi à l'un des termes.
Je sais assez que vous n'avez pas peur
Que je m'enfuie ou que je sois trompeur;
Mais il fait bon assurer ce qu'on prête;
Bref, vostre paie, ainsi que je l'arrête,
Est aussi sûre, advenant mon trépas,
Comme advenant que je ne meure pas.
Avisez donc si vous avez désir
De rien prêter: vous me ferez plaisir:
Car, puis un peu, j'ai bâti à Clément,
Là où j'ai fait un grand déboursement,
Et à Marot, qui est un peu plus loin.
Tout tombera, qui n'en aura le soin.
Voilà le point principal de ma lettre:
Vous savez tout, il n'y faut plus rien mettre.
Rien mettre? Las! Certes, et si ferai,
Et ce faisant, mon style j'enflerai,
Disant: "O Roi, amoureux des neuf Muses,
Roi en qui sont leurs sciences infuses,
Roi plus que Mars d'honneur environné,
Roi le plus roi qui fut onc couronné,
Dieu tout-puissant te doint, pour t'étrenner,
Les quatres coins du monde gouverner,
Tant pour le bien de la ronde machine
Que pour autant que sur tous en es digne."

99 Le duc de Guise et le cardinal de Lorraine. 100 *me plègeront:* me serviront de garants. 101 *faudront:* failliront, feront faute. 105 *ainsi que je l'arrête:* dans les conditions ainsi fixées. 110 *puis un peu:* depuis peu; *à Clément* (cp. *à Marot*, v. 112): domaine imaginaire, comme si le nom de Clément venait à Marot d'un fief. 113 *qui:* si l'on (cet emploi de *qui* dans le sens de *si on* est encore très fréquent au XVIe siècle). 116 *et si ferai:* et assurément je le ferai. 121 *onc:* jamais. 122 *doint:* donne (vieille forme du subjonctif); *pour t'étrenner:* l'épître fut remise au roi le premier janvier. 125 *digne:* était alors prononcé *dine*.

MAURICE SCÈVE (*c.* 1510–1564)

8–11. *Délie* (1544)

I

LE jeune archer veut chatouiller Délie,
Et se jouant d'une épingle se point.
Lors tout soudain de ses mains se délie,
Et puis la cherche et voit de point en point:
La visitant, lui dit: Aurais-tu point
Traits comme moi, poignants tant âprement?
Je lui réponds: Elle en a voirement
D'autres assez dont elle est mieux servie:
Car par ceux-ci le sang bien maigrement,
Et par les siens tire l'âme et la vie.

II

Vois que, l'hiver tremblant en son séjour,
Aux champs tous nus sont les arbres faillis.
Puis, le printemps ramenant le beau jour,
Lors sont bourgeons, feuilles, fleurs, fruits saillis.
Arbres, buissons et haies et taillis
Se crêpent lors en leur belle verdure.
Tant que sur moi le tien ingrat froid dure,
Mon espoir est dénué de son herbe:
Puis, retournant le doux vert sans froidure,
Mon an se frise en son avril superbe.

[8] Dans *Délie*, recueil de 449 dizains, Maurice Scève a chanté l'amour idéal en des vers d'un symbolisme souvent obscur, où se mêlent l'influence de Pétrarque et celle du platonisme.

2 *se point:* se pique. 7 *voirement:* vraiment.

[9] 2 *faillis:* épuisés. 4 *saillis:* sortis. 9 *le doux vert:* le printemps.

III

Quand quelquefois d'elle à elle me plains,
Et que son tort je lui fais reconnaître,
De ses yeux clairs, d'honnête courroux pleins,
Sortant rosée en pluie vient à croître.
Mais, comme on voit le soleil apparaître
Sur le printemps, parmi l'air pluvieux,
Le rossignol, à chanter curieux,
S'égaie lors, ses plumes arrosant;
Ainsi Amour aux larmes de ses yeux
Ses ailes baigne, à gré se reposant.

IV

L'aube éteignait étoiles à foison
Tirant le jour des régions infimes,
Quant Apollo montant sur l'horizon
Des monts cornus dorait les hautes cimes.
Lors du profond des ténébreux abîmes,
Où mon penser par ses fâcheux ennuis
Me fait souvent percer les longues nuits,
Je révoquai à moi l'âme ravie,
Qui, desséchant mes larmoyants conduits,
Me fait clair voir le soleil de ma vie.

Louise Labé (1526–1566)

12, 13. *Sonnets*

I

Tant que mes yeux pourront larmes épandre
Et l'heur passé avec toi regretter,
Et qu'aux sanglots et soupirs résister
Pourra ma voix, et un peu faire entendre;

[10] 7 *curieux:* soucieux, désireux. 10 *à gré:* avec plaisir.
[11] 5 *profond:* profondeur (cp. 15. 2). 8 *révoquai:* évoquai 9 *mes larmoyants conduits:* les conduits de mes larmes.
[12] 2 *heur:* bonheur. 4 *faire:* se faire.

Tant que ma main pourra les cordes tendre
Du mignard luth pour tes grâces chanter;
Tant que l'esprit se voudra contenter
De ne vouloir rien fors que toi comprendre;

Je ne souhaite encore point mourir.
Mais quand mes yeux je sentirai tarir,
Ma voix cassée et ma main impuissante,

Et mon esprit en ce mortel séjour
Ne pouvant plus montrer signe d'amante;
Pri'rai la Mort noircir mon plus clair jour.

II

Ne reprenez, dames, si j'ai aimé,
Si j'ai senti mille torches ardentes,
Mille travaux, mille douleurs mordantes,
Si en pleurant j'ai mon bien consumé.

Las! que mon nom n'en soit par vous blâmé.
Si j'ai failli, les peines sont présentes,
N'aigrissez point leurs pointes violentes;
Mais estimez qu'Amour, à point nommé,

Sans votre ardeur d'un Vulcan excuser,
Sans la beauté d'Adonis accuser,
Pourra, s'il veut, plus vous rendre amoureuses,

En ayant moins que moi d'occasion,
Et plus d'étrange et forte passion.
Et gardez-vous d'être plus malheureuses.

[13] 1 *ne reprenez:* ne me blâmez pas. 6 *failli:* manqué à mes devoirs.

Joachim du Bellay (1522–1560)

14, 15. *L'Olive* (1549)

Sonnet lxxxiii

Déjà la nuit en son parc amassait
Un grand troupeau d'étoiles vagabondes,
Et, pour entrer aux cavernes profondes,
Fuyant le jour, ses noirs chevaux chassait:

Déjà le ciel aux Indes rougissait,
Et l'aube encor, de ses tresses tant blondes
Faisant grêler mille perlettes rondes,
De ses trésors les prés enrichissait;

Quand d'occident, comme une étoile vive,
Je vis sortir dessus ta verte rive,
O fleuve mien! une nymphe en riant.

Alors, voyant cette nouvelle aurore,
Le jour, honteux, d'un double teint colore
Et l'angevin et l'indique orient.

Sonnet cxiii

Si notre vie est moins qu'une journée
En l'éternel, si l'an qui fait le tour
Chasse nos jours sans espoir de retour,
Si périssable est toute chose née,

[14] L'*Olive* est un recueil de sonnets en l'honneur d'une dame que Du Bellay appelle Olive, nom choisi surtout parce qu'il permettait de jouer sur les mots *Olive* et *olivier*, de même que Pétrarque joue sur les mots *Laure* et *laurier*.
11 *fleuve mien:* la Loire. 14 *indique:* de l'Inde.
[15] 2 *en l'éternel:* dans l'éternité (les poètes de la Pléiade emploient volontiers comme nom l'adjectif au singulier avec une valeur neutre).

Que songes-tu, mon âme emprisonnée?
Pourquoi te plaît l'obscur de notre jour,
Si, pour voler en un plus clair séjour,
Tu as au dos l'aile bien empennée?

Là est le bien que tout esprit désire,
Là le repos où tout le monde aspire,
Là est l'amour, là le plaisir encore.

Là, ô mon âme, au plus haut ciel guidée,
Tu y pourras reconnaître l'Idée
De la beauté qu'en ce monde j'adore.

16, 17. *Les Antiquités de Rome* (1558)

Sonnet VI

Telle que dans son char la Bérécynthienne,
Couronnée de tours, et joyeuse d'avoir
Enfanté tant de dieux, telle se faisait voir,
En ses jours plus heureux, cette ville ancienne.

Cette ville qui fut, plus que la phrygienne,
Foisonnante en enfants, et de qui le pouvoir
Fut le pouvoir du monde, et ne se peut revoir,
Pareille à sa grandeur, grandeur, sinon la sienne.

Rome seule pouvait à Rome ressembler,
Rome seule pouvait Rome faire trembler:
Aussi n'avait permis l'ordonnance fatale

6 *l'obscur:* l'obscurité (cp. v. 2). 13 *l'Idée:* le type, l'idéal.

[16] Dans ce recueil de trente-deux sonnets le poète chante les ruines et la grandeur de la Rome antique.

1–3 Cybèle, mère des dieux, était adorée principalement en Phrygie, sur le mont Bérécynthe. On la représentait le front ceint d'une couronne de tours, parce qu'elle présidait à la fondation des villes. 2 *couronnée:* l'*e* muet compte pour une syllabe (cp. le no. 44. 59). 5 *la phrygienne:* Troie. 11 *fatale:* du destin.

Qu'autre pouvoir humain, tant fût audacieux,
Se vantât d'égaler celle qui fit égale
Sa puissance à la terre et son courage aux cieux.

Sonnet xxx

Comme le champ semé en verdure foisonne,
De verdure se hausse en tuyau verdissant,
Du tuyau se hérisse en épi florissant,
D'épi jaunit en grain que le chaud assaisonne;

Et comme en la saison le rustique moissonne
Les ondoyants cheveux du sillon blondissant,
Les met d'ordre en javelle et du blé jaunissant
Sur le champ dépouillé mille gerbes façonne;

Ainsi de peu à peu crut l'empire romain,
Tant qu'il fut dépouillé par la barbare main,
Qui ne laissa de lui que ces marques antiques,

Que chacun va pillant, comme on voit le glaneur
Cheminant pas à pas recueillir les reliques
De ce qui va tombant après le moissonneur.

18–20. *Les Regrets* (*1558*)

Sonnet ix

France, mère des arts, des armes et des lois,
Tu m'as nourri longtemps du lait de ta mamelle:
Ores, comme un agneau qui sa nourrice appelle,
Je remplis de ton nom les antres et les bois.

[17] 4 *assaisonne:* fait mûrir. 7 *d'ordre:* avec ordre. 9 *de peu à peu:* peu à peu. 13 *reliques:* restes.

[18] Les sonnets des *Regrets* se composent de deux parties—une partie élégiaque où Du Bellay exprime le regret de son pays natal, et une partie satirique où il raille les mœurs de Rome et flétrit les abus de la cour romaine.

3 *ores:* maintenant.

Si tu m'as pour enfant avoué quelquefois,
Que ne me réponds-tu maintenant, ô cruelle?
France, France, réponds à ma triste querelle.
Mais nul, sinon Écho, ne répond à ma voix.

Entre les loups cruels j'erre parmi la plaine,
Je sens venir l'hiver, de qui la froide haleine
D'une tremblante horreur fait hérisser ma peau.

Las! Tes autres agneaux n'ont faute de pâture,
Ils ne craignent le loup, le vent, ni la froidure:
Si ne suis-je pourtant le pire du troupeau.

Sonnet XXXI

Heureux qui, comme Ulysse, a fait un beau voyage,
Où comme cestui-là qui conquit la toison,
Et puis est retourné, plein d'usage et raison,
Vivre entre ses parents le reste de son âge!

Quand reverrai-je, hélas! de mon petit village
Fumer la cheminée, et en quelle saison
Reverrai-je le clos de ma pauvre maison,
Qui m'est une province, et beaucoup d'avantage?

Plus me plaît le séjour qu'ont bâti mes aïeux
Que des palais romains le front audacieux,
Plus que le marbre dur, me plaît l'ardoise fine,

Plus mon Loire gaulois, que le Tibre latin,
Plus mon petit Liré que le mont Palatin,
Et plus que l'air marin la douceur angevine.

5 *avoué:* reconnu; *quelquefois:* autrefois. 7 *querelle:* plainte. 12 *n'ont faute:* ne manquent pas. 14 *si ne suis-je:* et cependant je ne suis pas.

[19] 3 *usage:* expérience. 8 C.à.d., qui vaut pour moi une province, et bien plus. 11 C.à.d., le marbre dur des palais italiens, auquel il préfère les ardoises des maisons de l'Anjou, sa province. 12 *mon Loire:* ma Loire (plusieurs noms aujourd'hui féminins sont encore masculins au XVIe siècle). 13 *Liré:* village d'Anjou où est né du Bellay. 14 *l'air marin:* l'air de la mer (dont Rome, où du Bellay était alors, est proche); *la douceur angevine:* c.à.d., la douceur du climat de l'Anjou.

Sonnet CL

Seigneur, je ne saurais regarder d'un bon œil
Ces vieux singes de cour, qui ne savent rien faire,
Sinon en leur marcher les princes contrefaire,
Et se vêtir, comme eux, d'un pompeux appareil.

Si leur maître se moque, ils feront le pareil;
S'il ment, ce ne sont eux qui diront du contraire;
Plutôt auront-ils vu, afin de lui complaire,
La lune en plein midi, à minuit le soleil.

Si quelqu'un devant eux reçoit un bon visage,
Ils le vont caresser, bien qu'ils crèvent de rage;
S'il le reçoit mauvais, ils le montrent au doigt.

Mais ce qui plus contre eux quelquefois me dépite,
C'est quand devant le Roi, d'un visage hypocrite,
Ils se prennent à rire, et ne savent pourquoi.

21, 22. *Divers Jeux Rustiques (1558)*

D'un Vanneur de Blé aux Vents

A vous, troupe légère,
Qui d'aile passagère
Par le monde volez,
Et d'un sifflant murmure
L'ombrageuse verdure
Doucement ébranlez,

J'offre ces violettes,
Ces lis et ces fleurettes,
Et ces roses ici,
Ces vermeillettes roses,
Tout fraîchement écloses,
Et ces œillets aussi.

[20] 6 *du* est partitif. 11 *s'il le reçoit mauvais:* s'il en reçoit un mauvais (le second *le* se rapporte à *quelqu'un*).
[21] 9 *ces roses ici:* ces roses-ci.

De votre douce haleine
Éventez cette plaine,
Éventez ce séjour,
Cependant que j'ahanne
A mon blé que je vanne
A la chaleur du jour.

VILANELLE

EN ce mois délicieux,
Qu'amour toute chose incite,
Un chacun, à qui mieux mieux,
La douceur du temps imite,
Mais une rigueur dépite
Me fait pleurer mon malheur.
Belle et franche Marguerite,
Pour vous j'ai cette douleur.

Dedans votre œil gracieux
Toute douceur est écrite,
Mais la douceur de vos yeux
En amertume est confite.
Souvent la couleuvre habite
Dessous une belle fleur.
Belle et franche Marguerite,
Pour vous j'ai cette douleur.

Or puisque je deviens vieux,
Et que rien ne me profite,
Désespéré d'avoir mieux
Je m'en irai rendre ermite,
Je m'en irai rendre ermite,
Pour mieux pleurer mon malheur.
Belle et franche Marguerite,
Pour vous j'ai cette douleur.

16 *j'ahanne:* je travaille avec effort, je peine.
[22] 5 *dépite:* qui a du dépit, de la colère.

Mais si la faveur des Dieux
Au bois vous avait conduite,
Où, désespéré d'avoir mieux,
Je m'en irai rendre ermite,
Peut-être que ma poursuite
Vous ferait changer couleur.
Belle et franche Marguerite,
Pour vous j'ai cette douleur.

Pierre de Ronsard (1524–1585)

23–27. *Odes*

I

A Cassandre

Mignonne, allons voir si la rose,
Qui, ce matin, avait déclose
Sa robe de pourpre au soleil,
A point perdu, cette vêprée,
Les plis de sa robe pourprée,
Et son teint au vôtre pareil.

Las! Voyez comme en peu d'espace,
Mignonne, elle a, dessus la place,
Las! las! ses beautés laissé choir!
O vraiment marâtre Nature,
Puis qu'une telle fleur ne dure
Que du matin jusques au soir!

Donc, si vous me croyez, mignonne,
Tandis que votre âge fleuronne
En sa plus verte nouveauté,
Cueillez, cueillez votre jeunesse:
Comme à cette fleur, la vieillesse
Fera ternir votre beauté.

[23] Les *Odes* de Ronsard se composent de cinq livres, parus de 1550 à 1553. Les unes sont imitées de Pindare, les autres inspirées d'Horace et d'Anacréon.

2 *déclose*: ouverte. 4 *vêprée:* soir. 14 *fleuronne:* fleurit.

II

A La Fontaine Bellerie

O fontaine Bellerie,
Belle fontaine chérie
De nos nymphes, quand ton eau
Les cache au creux de ta source
Fuyantes le satyreau,
Qui les pourchasse à la course
Jusqu'au bord de ton ruisseau,
Tu es la nymphe éternelle
De ma terre paternelle:
Pour ce, en ce pré verdelet
Vois ton poète qui t'orne
D'un petit chevreau de lait,
A qui l'une et l'autre corne
Sortent du front nouvelet.
L'été je dors ou repose
Sur ton herbe, où je compose,
Caché sous tes saules verts,
Je ne sais quoi qui ta gloire
Enverra par l'univers,
Commandant à la Mémoire
Que tu vives par mes vers.
L'ardeur de la canicule
Ton vert rivage ne brûle,
Tellement qu'en toutes parts
Ton ombre est épaisse et drue
Aux pasteurs venant des parcs,
Aux bœufs las de la charrue,
Et au bestial épars.
Iô! tu seras sans cesse
Des fontaines la princesse,

[24] La terre de la Bellerie faisait partie du domaine de la Possonnière, où naquit Ronsard. 10 *pour ce:* pour cela. 28 *bestial:* bétail.

Moi célébrant le conduit
Du rocher percé, qui darde,
Avec un enroué bruit,
L'eau de ta source jasarde,
Qui trépillante se suit.

III

Le Petit Enfant Amour

Le petit enfant Amour
Cueillait des fleurs à l'entour
D'une ruche, où les avettes
Font leurs petites logettes.

Comme il les allait cueillant,
Une avette, sommeillant
Dans le fond d'une fleurette,
Lui piqua la main douillette.

Si tôt que piqué se vit,
Ah! je suis perdu (ce dit)
Et s'en courant vers sa mère,
Lui montra sa plaie amère:

"Ma mère, voyez ma main,
Ce disait Amour, tout plein
De pleurs, voyez quelle enflure
M'a fait une égratignure!"

Alors Vénus se sourit,
Et en le baisant le prit,
Puis sa main lui a soufflée
Pour guérir sa plaie enflée.

"Qui t'a, dis-moi, faux garçon,
Blessé de telle façon?
Sont-ce mes Grâces riantes,
De leurs aiguilles poignantes?

35 *trépillante:* frémissante.

[25] 3 *avettes:* abeilles. 10 *ce dit:* cela (il) dit, dit-il (cp. v. 14). 21 *faux:* méchant. 24 *poignantes:* piquantes.

— Nenni, c'est un serpenteau,
Qui vole au printemps nouveau
Avecque deux ailerettes
Çà et là sur les fleurettes.

— Ah! vraiment je le connois,
(Dit Vénus), les villageois
De la montagne d'Hymette
Le surnomment Mélisette.

Si doncques un animal
Si petit fait tant de mal,
Quand son halêne époinçonne
La main de quelque personne,

Combien fais-tu de douleur
Au prix de lui dans le cœur
De celui en qui tu jettes
Tes homicides sagettes?"

IV

A La Forêt de Gastine

Couché sous tes ombrages verts,
Gastine, je te chante
Autant que les Grecs par leurs vers
La forêt d'Érymanthe.

Car, malin, celer je ne puis
A la race future
De combien obligé je suis
A ta belle verdure:

32 *Mélisette:* diminutif de *melissa*, nom grec de l'abeille. 35 *halêne:* alêne, dard; *époinçonne:* pique. 40 *sagettes:* flèches.

[26] 2 *Gastine:* forêt du bas Vendômois, non loin du château de Ronsard. 4 *Érymanthe:* forêt d'Arcadie où Hercule tua un sanglier monstrueux. 5 *malin:* malfaisant (emploi, fréquent au XVIe siècle, de l'adjectif comme adverbe).

Toi, qui sous l'abri de tes bois
Ravi d'esprit m'amuses;
Toi, qui fais qu'à toutes les fois
Me répondent les Muses;

Toi, par qui de ce méchant soin
Tout franc je me délivre,
Lorsqu'en toi je me perds bien loin
Parlant avec un livre.

Tes bocages soient toujours pleins
D'amoureuses brigades
De satyres et de sylvains,
La crainte des naïades!

En toi habite désormais
Des Muses le collège,
Et ton bois ne sente jamais
La flamme sacrilège.

V

Bel Aubépin Fleurissant

Bel aubépin fleurissant,
Verdissant,
Le long de ce beau rivage,
Tu es vêtu jusqu'au bas
Des longs bras
D'une lambrunche sauvage.

Deux camps de rouges fourmis
Se sont mis
En garnison sous ta souche:
Dans le pertuis de ton tronc
Tout du long,
Les avettes ont leur couche.

13 *soin:* souci.
[27] 6 *lambrunche:* vigne sauvage. 10 *pertuis:* trou, ouverture.

Le chantre rossignolet,
Nouvelet,
Courtisant sa bien-aimée,
Pour ses amours alléger
Vient loger
Tous les ans en ta ramée.

Sur ta cime il fait son nid,
Tout uni
De mousse et de fine soie,
Où ses petits écloront,
Qui seront
De mes mains la douce proie.

Or vis, gentil aubépin,
Vis sans fin,
Vis sans que jamais tonnerre,
Ou la cognée, ou les vents,
Ou les temps
Te puissent ruer par terre.

28–30. *Amours*

I

CIEL, AIR ET VENTS...

CIEL, air et vents, plains et monts découverts,
Tertres vineux et forêts verdoyantes,
Rivages tors et sources ondoyantes,
Taillis rasés et vous bocages verts;

[28] *Les Amours*, inspirées de Pétrarque et de ses disciples, comprennent deux séries de poèmes d'amour (surtout des sonnets) qui s'échelonnent de 1552 à 1578: la première adressée à Cassandre et la deuxième à Marie, auxquelles il faut ajouter les *Sonnets pour Hélène* (1578).

1 *plains:* plaines. 2 *vineux:* riches en vin. 3 *tors:* décrivant des courbes.

Antres moussus à demi-front ouverts,
Prés, boutons, fleurs et herbes roussoyantes,
Vallons bossus et plages blondoyantes,
Et vous rochers les hôtes de mes vers:

Puisqu'au partir, rongé de soin et d'ire,
A ce bel œil adieu je n'ai su dire,
Qui près et loin me detient en émoi,

Je vous suppli', ciel, air, vents, monts et plaines,
Taillis, forêts, rivages et fontaines,
Antres, prés, fleurs, dites-le lui pour moi.

II

Comme on voit sur la branche...

Comme on voit sur la branche au mois de mai la rose
En sa belle jeunesse, en sa première fleur,
Rendre le ciel jaloux de sa vive couleur,
Quand l'aube de ses pleurs au point du jour l'arrose;

La grâce dans sa feuille, et l'amour se repose,
Embaumant les jardins et les arbres d'odeur;
Mais, battue ou de pluie ou d'excessive ardeur,
Languissante elle meurt feuille à feuille déclose.

Ainsi en ta première et jeune nouveauté,
Quand la terre et le ciel honoraient ta beauté,
La Parque t'a tuée, et cendre tu reposes.

Pour obsèques reçois mes larmes et mes pleurs,
Ce vase plein de lait, ce panier plein de fleurs,
Afin que vif et mort ton corps ne soit que roses.

5 *à demi-front ouverts:* dont la façade est à demi ouverte. 7 *plages blondoyantes:* plaines couvertes, blondes d'épis mûrs. 9 *rongé de soin et d'ire:* rongé de souci et de chagrin.

[29] 8 *déclose:* ouverte (les pétales se détachent les uns après les autres). 10–11 Marie (Dupin) mourut en 1573, à l'âge de trente-deux ans. 12 *obsèques:* offrande funèbre.

Extract from *DISCOURS DES MISÈRES DE CE TEMPS* (1562)

LAS! Madame, en ce temps que le cruel orage
Menace les Français d'un si piteux naufrage,
Que la grêle et la pluie, et la fureur des cieux
Ont irrité la mer de vents séditieux,
Et que l'astre jumeau ne daigne plus reluire,
Prenez le gouvernail de ce pauvre navire,
Et malgré la tempête, et le cruel effort
De la mer et des vents, conduisez-le à bon port.
La France à jointes mains vous en prie et reprie,
Las! qui sera bientôt et proie et moquerie
Des princes étrangers, s'il ne vous plaît en bref
Par votre autorité appaiser son méchef.
Ha! que diront là-bas, sous les tombes poudreuses,
De tant de vaillants rois les âmes généreuses?
Que dira Pharamond, Clodion et Clovis?
Nos Pépins, nos Martels, nos Charles, nos Louis,
Qui de leur propre sang à tous périls de guerre
Ont acquis à leurs fils une si belle terre?
Que diront tant de ducs et tant d'hommes guerriers
Qui sont morts d'une plaie au combat les premiers,
Et pour France ont souffert tant de labeurs extrêmes,
La voyant aujourd'hui détruire par nous-mêmes?
Ils se repentiront d'avoir tant travaillé,
Querellé, combattu, guerroyé, bataillé,
Pour un peuple mutin divisé de courage,
Qui perd en se jouant un si bel héritage,
Héritage opulent, que toi, peuple qui bois
Dans l'anglaise Tamise, et toi, More qui vois
Tomber le chariot du soleil sur ta tête,
Et toi, race gothique, aux armes toujours prête,
Qui sens la froide bise en tes cheveux venter,
Par armes n'avez su ni froisser ni dompter.

1 *las!:* Hélas!; *Madame:* Catherine de Médicis. 2 *piteux:* pitoyable. 12 *méchef:* malheur. 25 *courage:* cœur, sentiments. 32 *froisser:* briser.

Car tout ainsi qu'on voit une dure cognée
Moins reboucher l'acier, plus est embesognée
A couper, à trancher, et à fendre du bois,
Ainsi par le travail s'endurçit le François;
Lequel n'ayant trouvé qui par armes le dompte,
De son propre couteau soi-même se surmonte.
Ainsi le fier Ajax fut de soi le vainqueur,
De son propre poignard se transperçant le cœur;
Ainsi Rome jadis des choses la merveille
(Qui depuis le rivage où le soleil s'éveille
Jusques à l'autre bord son empire étendit)
Tournant le fer contre elle à la fin se perdit...
O toi, historien, qui d'encre non menteuse
Écris de notre temps l'histoire monstrueuse,
Raconte à nos enfants tout ce malheur fatal,
Afin qu'en te lisant ils pleurent notre mal,
Et qu'ils prennent exemple aux péchés de leurs pères,
De peur de ne tomber en pareilles misères.
De quel front, de quel œil, ô siècles inconstants,
Pourront-ils regarder l'histoire de ce temps?
En lisant que l'honneur et le sceptre de France,
Qui depuis si long âge avait pris accroissance,
Par une opinion nourrice des combats
Comme une grande roche est branché contre bas...
Ce monstre arme le fils contre son propre père
Et le frère (ô malheur!) arme contre son frère,
La sœur contre la sœur, et les cousins germains
Au sang de leurs cousins veulent tremper leurs mains;
L'oncle hait son neveu, le serviteur son maître;
La femme ne veut plus son mari reconnaître;
Les enfants sans raison disputent de la foi,
Et tout à l'abandon va sans ordre et sans loi.
L'artisan par ce monstre a laissé sa boutique,
Le pasteur ses brebis, l'avocat sa pratique,

34 *reboucher:* émousser. 56 *branché:* abattu; *contre bas:* en bas. 57 *ce monstre:* c.à.d., l'opinion.

Sa nef le marinier, son trafic le marchand,
Et par lui le prud'homme est devenu méchant.
L'écolier se débauche, et de sa faux tortue
Le laboureur façonne une dague pointue,
Une pique guerrière il fait de son râteau,
Et l'acier de son coutre il change en un couteau.
Morte est l'autorité; chacun vit à sa guise;
Au vice déréglé la licence est permise;
Le désir, l'avarice et l'erreur insensé
Ont c'en dessus dessous le monde renversé.
On a fait des lieux saints une horrible voirie,
Un assassinement et une pillerie,
Si bien que Dieu n'est sûr en sa propre maison,
Au ciel est revolée et Justice et Raison,
Et en leur place, hélas! règne le brigandage,
La haine, la rancœur, le sang et le carnage.

31, 32. *Sonnets pour Hélène* (1578)

SONNET VIII

JE plante en ta faveur cet arbre de Cybèle,
Ce pin, où tes honneurs se liront tous les jours:
J'ai gravé sur le tronc nos noms et nos amours,
Qui croîtront à l'envi de l'écorce nouvelle.

Faunes, qui habitez ma terre paternelle,
Qui menez sur le Loir vos danses et vos tours,
Favorisez la plante et lui donnez secours,
Que l'été ne la brûle et l'hiver ne la gèle.

68 *prud'homme:* homme probe, sage et honnête. 69 *tortue:* tordue. 75 *erreur insensé:* le substantif *erreur* est alors employé au masculin. 76 *c'en dessus dessous:* c.à.d., ce (qui est) en dessus (étant mis) en dessous, devenu par confusion *sens dessus dessous.* 82 *rancœur:* rancune.

[31] 4 *à l'envi de:* en rivalisant avec.

Pasteur qui conduiras en ce lieu ton troupeau,
Flageolant une églogue en ton tuyau d'aveine,
Attache tous les ans à cet arbre un tableau

Qui témoigne aux passants mes amours et ma peine;
Puis, l'arrosant de lait et du sang d'un agneau,
Dis: "Ce pin est sacré, c'est la plante d'Hélène."

SONNET XLIII

QUAND vous serez bien vieille, au soir, à la chandelle,
Assise auprès du feu, dévidant et filant,
Direz, chantant mes vers, en vous émerveillant:
"Ronsard me célébrait du temps que j'étais belle!"

Lors, vous n'aurez servante oyant telle nouvelle,
Déjà sous le labeur à demi sommeillant,
Qui, au bruit de mon nom, ne s'aille réveillant,
Bénissant votre nom de louange immortelle.

Je serai sous la terre, et, fantôme sans os,
Par les ombres myrteux je prendrai mon repos:
Vous serez au foyer une vieille accroupie,

Regrettant mon amour et votre fier dédain.
Vivez, si m'en croyez, n'attendez à demain:
Cueillez dès aujourd'hui les roses de la vie.

10 *flageolant:* chantant sur le flageolet; *aveine:* avoine. 11 *un tableau:* c.à.d., un tableau offert en ex-voto. 14 *Hélène:* Hélène de Surgères, fille d'honneur de Catherine de Médicis, que Ronsard connut en 1570.

[32] 2 *dévidant:* mettant en écheveau le fil qui est sur le fuseau. 5 *oyant:* entendant. 7 *au bruit de:* au nom de, en entendant. 8 *de:* par une. 10 *les ombres myrteux:* l'ombrage des myrtes, aux enfers. 12 *fier:* cruel.

33. *Contre les Bûcherons de la Forêt de Gastine* (*1584*)

ÉCOUTE, bûcheron, arrête un peu le bras;
Ce ne sont pas des bois que tu jettes à bas;
Ne vois-tu pas le sang lequel dégoutte à force
Des nymphes qui vivaient dessous la dure écorce?
Sacrilège meurtrier, si on pend un voleur
Pour piller un butin de bien peu de valeur,
Combien de feux, de fers, de morts et de détresses
Mérites-tu, méchant, pour tuer des Déesses?
  Forêt, haute maison des oiseaux bocagers!
Plus le cerf solitaire et les chevreuils légers
Ne paîtront sous ton ombre, et ta verte crinière
Plus du soleil d'été ne rompra la lumière.
  Plus l'amoureux pasteur sur un tronc adossé,
Enflant son flageolet à quatre trous percé,
Son mâtin à ses pieds, à son flanc la houlette,
Ne dira plus l'ardeur de sa belle Janette:
Tout deviendra muet, Écho sera sans voix;
Tu deviendras campagne, et, en lieu de tes bois,
Dont l'ombrage incertain lentement se remue,
Tu sentiras le soc, le coutre et la charrue;
Tu perdras ton silence, et haletants d'effroi
Ni satyres ni pans ne viendront plus chez toi.
  Adieu, vieille forêt, le jouet de Zéphyre,
Où premier j'accordai les langues de ma lyre,
Où premier j'entendis les flèches résonner
D'Apollon qui me vint tout le cœur étonner;

3 *à force:* abondamment. 7 *détresses:* tourments. 10 *plus:* jamais plus. 18 *campagne:* dans le sens de *champ labourable*; *en lieu de:* au lieu de. 24 *premier:* pour la première fois; *les langues:* les cordes. 26 *étonner:* ébranler avec force (ce mot conserve sa valeur originelle (*extonare*) jusqu'à la fin du XVIIe siècle).

Où premier, admirant la belle Calliope,
Je devins amoureux de sa neuvaine trope,
Quand sa main sur le front cent roses me jeta,
Et de son propre lait Euterpe m'allaita.
  Adieu, vieille forêt; adieu, têtes sacrées,
De tableaux et de fleurs autrefois honorées,
Maintenant le dédain des passants altérés,
Qui, brûlés en été des rayons éthérés,
Sans plus trouver le frais de tes douces verdures,
Accusent tes meurtriers et leur disent injures!
  Adieu, chênes, couronne aux vaillants citoyens,
Arbres de Jupiter, germes dodonéens,
Qui premiers aux humains donnâtes à repaître;
Peuples vraiment ingrats, qui n'ont su reconnaître
Les biens reçus de vous, peuples vraiment grossiers
De massacrer ainsi leurs pères nourriciers!
  Que l'homme est malheureux qui au monde se fie!
O dieux, que véritable est la philosophie,
Qui dit que toute chose à la fin périra,
Et qu'en changeant de forme une autre vêtira!
  De Tempé la vallée un jour sera montagne,
Et la cime d'Athos une large campagne;
Neptune quelquefois de blé sera couvert:
La matière demeure, et la forme se perd.

28 *sa neuvaine trope:* c.à.d., la troupe des neuf Muses. 31 *têtes:* cimes. 32 Cp. 31. 11. 34 *éthérés:* du ciel. 37 *aux:* pour les. 38 *dodonéens:* il y avait à Dodone, en Épire, une forêt de chênes consacrée à Jupiter. 39 Une vieille tradition veut que les premiers hommes se soient nourris de glands. 45 *périra:* c.a.d., périra dans sa forme. 46 *une autre vêtira:* revêtira une autre forme. 48 *campagne:* plaine. 49 *Neptune:* la mer, dont Neptune est le dieu; *quelquefois:* un jour.

Philippe Desportes (1546–1606)

34. *Les Amours d'Hippolite*

Sonnet XVIII

Pourquoi si follement croyez-vous à un verre,
Voulant voir les beautés que vous avez des cieux?
Mirez-vous dessus moi pour les connaître mieux,
Et voyez de quels traits votre bel œil m'enferre.
Un vieux chêne ou un pin, renversés contre terre,
Montrent combien le vent est grand et furieux:
Aussi vous connaîtrez le pouvoir de vos yeux,
Voyant par quels efforts vous me faites la guerre.
Ma mort de vos beautés vous doit bien assurer,
Joint que vous ne pouvez sans péril vous mirer:
Narcisse devint fleur d'avoir vu sa figure.
Craignez doncques, madame, un semblable danger,
Non de devenir fleur, mais de vous voir changer,
Par votre œil de Méduse, en quelque roche dure.

35. *Sonnets Spirituels*

Sonnet XVI

Quand le Verbe éternel, par qui tout est formé,
Eut enduré la mort pour nous donner la vie,
Trois disciples secrets, pleins d'amour infinie,
Dedans un monument ont son corps enfermé.
Mais avecques ce corps de ton fils bien-aimé
Fut enterré ton cœur, ô dolente Marie!
De tes yeux ruisselants la splendeur fut tarie,
Et de mille couteaux ton esprit entamé.

[35] 4 *monument:* tombeau.

Le ciel, les éléments alors tous se troublèrent,
De ce grand univers les fondements tremblèrent,
Et le soleil luisant éteignit son flambeau.
O secret que les sens ne sauraient bien entendre!
Celui qui comprend tout, et ne se peut comprendre,
Est clos pour nos péchés dans un petit tombeau!

36. *Chanson*

LAS! que nous sommes misérables
D'être serves dessous les lois
Des hommes légers et muables
Plus que le feuillage des bois!
Les pensers des hommes ressemblent
A l'air, aux vents et aux saisons,
Et aux girouettes qui tremblent
Inconstamment sur les maisons.
Leur amour est ferme et constante
Comme la mer grosse de flots,
Qui bruit, qui court, qui se tourmente,
Et jamais n'arrête en repos.
Ce n'est que vent que de leur tête,
De vent est leur entendement;
Les vents encor et la tempête
Ne vont point si légèrement.
Ces soupirs, qui sortent sans peine
De leur estomac si souvent,
N'est-ce une preuve assez certaine
Qu'au dedans ils n'ont que du vent?
Qui se fie en chose si vaine,
Il sème sans espoir de fruit,
Il veut bâtir dessus l'arène,
Ou sur la glace d'une nuit.

[36] 2 *serves* (féminin de *serf*): esclaves. 9 *amour* est féminin au XVIe siècle. 18 *estomac:* poitrine. 23 *arène:* sable.

Ils font des dieux en leur pensée,
Qui comme eux ont l'esprit léger,
Se riant de la foi' faussée
Et de voir bien souvent changer.
Ceux qui peuvent mieux faire accroire
Et sont menteurs plus assurés,
Entr'eux sont élevés en gloire,
Et sont comme dieux adorés.
Car ils prennent pour grand louange
Quand on les estime inconstants;
Et disent que le temps se change,
Et que le sage suit le temps.
Mais, las! qui ne serait éprise,
Quand on ne sait leurs fictions,
Lors qu'avec si grande feintise
Ils soupirent leurs passions?
De leur cœur sort une fournaise,
Leurs yeux sont deux ruisseaux coulants,
Ce n'est que feu, ce n'est que braise,
Même leurs propos sont brûlants.
Mais cet ardent feu qui les tue
Et rend leur esprit consommé,
C'est un feu de paille menue,
Aussitôt éteint qu'allumé.
Et les torrents qu'on voit descendre
Pour notre douceur émouvoir,
Ce sont des appas à surprendre
Celles qu'ils veulent décevoir.
Ainsi l'oiseleur au bocage
Prend les oiseaux par ses chansons,
Et le pêcheur sur le rivage
Tend ses filets pour les poissons.
Sommes-nous donc pas misérables
D'être serves dessous les lois
Des hommes légers et muables
Plus que le feuillage des bois?

30 *assurés:* effrontés. 46 *rend consommé:* consume.

Jean Bertaut (1552–1611)

37. *Paraphrase du Psaume CXLVII*

Heureux hôtes du ciel, saintes légions d'anges,
Guerriers qui triomphez du vice surmonté,
Célébrez à jamais du Seigneur les louanges,
Et d'un hymne éternel honorez sa bonté.

Soleil dont la chaleur rend la terre féconde,
Lune qui de ses rais emprunte ta splendeur,
Lumière, l'ornement et la beauté du monde,
Louez, bien que muets, sa gloire et sa grandeur.

Témoigne sa puissance, ô toi voûte azurée,
Qui de mille yeux ardents as le front éclairci:
Et vous grands arrosoirs de la terre altérée,
Vapeurs dont le corps rare est en pluie épaissi.

Car d'un si saint ouvrier le dire étant le faire,
Sa parole d'un rien ce grand monde forma:
Et tout ce qui s'enferme en l'une et l'autre sphère
Est l'œuvre d'un seul mot que sa bouche anima.

Il a prescrit des lois à la nature même,
Qu'en tremblant elle observe et craint d'outrepasser:
Le ciel ne voit grandeur, sceptre, ni diadème,
Immortel, ni mortel, qui s'en pût dispenser.

Chantez-le donc aussi vous, enfants de la terre,
Qui, composés de cendre, en cendre retournez,
Soit vous que l'océan dans ses vagues enserre,
Soit vous qui librement par l'air vous promenez.

Bénis son saint pouvoir en tes caves profondes,
Monstre de qui le sein peut cent flots abîmer:
Et faites retentir son nom parmi vos ondes,
Gouffres qui vomissez mille mers en la mer.

6 *rais:* rayons. 10 *yeux ardents:* c.à.d., les astres. 12 *rare:* raréfié; *épaissi:* condensé. 13 C.à.d., il lui suffit de dire "que cela soit". 25 *caves:* cavernes.

Foudroyants traits de feu que son ire décoche,
Quand faisant ici bas mille flammes pleuvoir
Elle tranche en fureur la tête à quelque roche,
D'une tonnante voix haut louez son pouvoir.
Fais-le bruire aux torrents des vallons que tu laves,
Neige qui vêts les monts d'un blanc et froid manteau:
Et toi, grêle polie, et toi glace qui paves
Au pesant chariot les sentiers du bateau.
Orageux tourbillons qui portez les naufrages
Aux vagabonds vaisseaux des tremblants matelots,
Témoignez son pouvoir à ses moindres ouvrages,
Semant par l'univers la grandeur de son los.
Faites-la dire aux bois dont vos fronts se couronnent,
Grands monts, qui comme rois les plaines maîtrisez:
Et vous humbles coteaux où les pampres foisonnent,
Et vous ombreux vallons, de sources arrosés.
Féconds arbres fruitiers, l'ornement des collines,
Cèdres qu'on peut nommer géants entre les bois,
Sapins dont le sommet fuit loin de ses racines,
Chantez-le sur les vents qui vous servent de voix.
Animaux qui paissez la plaine verdoyante,
Et vous que l'air supporte, et vous qui serpentants
Vous traînez après vous d'une échine ondoyante,
Naissez, vivez, mourez, sa louange exaltants.
Chantez-la d'une voix, que nul soin n'interrompe,
Grands rois parmi son peuple assis comme en son lieu:
Et vous fiers potentats qui pleins de vaine pompe
Etes dieux sur la terre, et terre devant Dieu.

29 *ire:* colère. 36 *au:* pour le; *les sentiers du bateau:* c.à.d., les eaux. 39 *à:* dans. 40 *los:* louange. 47 *fuit loin de:* c.à.d., s'élève loin au-dessus de.

Guillaume de Saluste du Bartas (1544 1590)

38, 39. *La Semaine* (1578)

Extract from *LE TROISIÈME JOUR*

Éloge de la Terre

Je te salue, ô terre, ô terre porte-grains,
Porte-or, porte-santé, porte-habits, porte-humains,
Porte-fruits, porte-tours, alme, belle, immobile,
Patiente, diverse, odorante, fertile,
Vêtue d'un manteau tout damassé de fleurs,
Passementé de flots, bigarré de couleurs.
Je te salue, ô cœur, racine, base ronde,
Pied du grand animal qu'on appelle le Monde,
Chaste épouse du ciel, assûré fondement
Des étages divers d'un si grand bâtiment.
Je te salue, ô sœur, mère, nourrice, hôtesse
Du roi des animaux. Tout, ô grande princesse,
Vit en faveur de toi. Tant de cieux tournoyants
Portent pour t'éclairer leurs astres flamboyants;
Le feu pour t'échauffer sur les flottantes nues
Tient ses pures ardeurs en arcade étendues;
L'air pour te rafraîchir se plaît d'être secoux
Or' d'un âpre Borée, or' d'un Zéphyre doux;
L'eau, pour te détremper, de mers, fleuves, fontaines
Entrelasse ton corps tout ainsi que de veines.
Hé! que je suis marri que les plus beaux esprits
T'aient pour la plupart, ô terre, en tel mépris;
Et que les cœurs plus grands abandonnent, superbes,
Le rustique labeur et le souci des herbes

La Semaine ou Création du Monde de Du Bartas est divisée en sept chants ou "jours".

3 *alme:* bienfaisante. 17 *secoux:* secoué. 18 *or'...or':* tantôt... tantôt (cp. v. 34). 23 *plus grands:* les plus grands (cp. v. 25); *superbes:* orgueilleux. 24 *souci:* soin.

Aux hommes plus brutaux, aux hommes de nul prix,
Dont les corps sont de fer et de plomb les esprits.
Tels ne furent jadis ces pères vénérables
Dont le sacré feuillet chante les faits louables,
Noé, Moïse, Abram, qui passèrent ès champs,
Laboureurs ou bergers, la plupart de leurs ans.
Tels ne furent jadis Philometor, Attale,
Archelas, Cyr, Hieron, dont la dextre royale
Et pour glaive et pour sceptre a souvent soutenu
Or' la courbe serpette, or' le hoyau cornu.
Tels ne furent encor Cincinnat ni Fabrice,
Manie ni Serran, qui guerroyants le vice,
D'un coutre couronné, d'une emperière main
Et d'un soc triomphal rayaient le champ romain.

Extract from *LE SEPTIÈME JOUR*

Dieu Contemple son Œuvre

Le peintre qui, tirant un divers paysage,
A mis en œuvre l'art, la nature et l'usage,
Et qui d'un las pinceau sur son docte portrait
A, pour s'éterniser, donné le dernier trait,
Oublie ses travaux, rit d'aise en son courage
Et tient toujours ses yeux collés sur son ouvrage.
  Il regarde tantôt par un pré sauteler
Un agneau, qui toujours muet semble bêler.
Il contemple tantôt les arbres d'un bocage
Ore le ventre creux d'une grotte sauvage,
Ore un petit sentier, ore un chemin battu,
Ore un pin baise-nue, ore un chêne abattu.
  Ici par le pendant d'une roche couverte
D'un tapis damassé, moitié de mousse verte,
Moitié de vert hierre, un argenté ruisseau
A flots entrecoupés précipite son eau:

28 *le sacré feuillet:* l'Ancien Testament. 37 *emperière:* impériale.
[39] 1 *tirant:* reproduisant. 15 *hierre* (ou plutôt *ierre*): lierre.

Et qui courant après, or' sus, or' sous la terre,
Humecte, divisé, les carreaux d'un parterre.
Ici, deux bœufs suants, de leur cols harassés,
Le coutre fend-guéret traînent à pas forcés.
Ici, la pastourelle à travers une plaine,
A l'ombre, d'un pas lent son gras troupeau ramène.
Cheminant, elle file, et à voir sa façon,
On dirait qu'elle entonne une douce chanson.
Un fleuve coule ici, là naît une fontaine;
Ici s'élève un mont, là s'abaisse une plaine;
Ici fume un château, là fume une cité;
Et là flotte une nef sur Neptune irrité.
Bref, l'art si vivement exprime la nature
Que le peintre se perd en sa propre peinture:
N'en pouvant tirer l'œil, d'autant qu'où plus avant
Il contemple son œuvre, il se voit plus savant.
Ainsi ce grand Ouvrier, dont la gloire fameuse
J'ébauche du pinceau de ma grossière Muse,
Ayant ces jours passés, d'un soin non soucieux,
D'un labeur sans labeur, d'un travail gracieux,
Parfait de ce grand Tout l'infini paysage,
Se repose ce jour, s'admire en son ouvrage,
Et son œil qui n'a point pour un temps autre objet,
Reçoit l'espéré fruit d'un si brave projet
(Si le bégaiement de ma froide éloquence
Peut parler des projets d'une si haute essence).
Il voit ore comment la mer porte-vaisseaux
Pour hommage reçoit de tous fleuves les eaux.
Il voit que d'autre part le Ciel ses ondes hume,
Sans que le tribut l'enfle, ou le feu le consume...
Il œillade tantôt les champs passementés
Du cours entortillé des fleuves argentés...
Or il prend ses ébats à voir comme la flamme,
Qui cerne ce grand Tout, rien de ce Tout n'enflamme;
Comme le corps glissant des non solides airs
Peut porter tant d'oiseaux, de glaçons et de mers;
Comme l'eau, qui toujours demande la descente,

Entre la terre et l'air se peut tenir en pente,
Comme l'autre élément se maintient ocieux,
Sans dans l'eau s'enfondrer, ou sans se joindre aux cieux.

Théodore Agrippa d'Aubigné (1552–1630)

40, 41. *Les Tragiques*

Extract from *PRINCES*

Aux Honnêtes Gens qui n'osent fuir la Cour

Que je vous plains, esprits, qui, au vice contraires,
Endurez de ces cours les séjours nécessaires!
Heureux si, non infects en ces infections,
Rois de vous, vous régnez sur vos affections.
Mais, quoique vous pensez gagner plus de louanges
De sortir impollus hors d'une noire fange,
Sans taches hors du sang, hors du feu sans brûler,
Que d'un lieu non souillé sortir sans se souiller,
Pourtant il vous serait plus beau en toutes sortes
D'être les gardiens des magnifiques portes
De ce temple éternel de la maison de Dieu,
Qu'entre les ennemis tenir le premier lieu;
Plutôt porter la croix, les clous et les injures
Que des ords cabinets les clefs à vos ceintures;
Car Dieu pleut sur les bons et sur les vicieux;
Dieu frappe les méchants, et les bons parmi eux.

55 *ocieux:* oisif.

[40] *Les Tragiques* (il faut sous-entendre devant "Tragiques" le mot "discours" ou un mot analogue), inspirés par les horreurs de la Saint-Barthélemy, sont divisés en sept livres. Dans le second, intitulé *Princes*, d'Aubigné flétrit la cour des Valois et les turpitudes des grands; dans le dernier il nous fait assister au *Jugement* de Dieu, qui enverra les criminels aux supplices éternels.

2 *nécessaires:* c.à.d., nécessaires, à ce qu'ils disent. 6 *impollus:* impurs. 14 *ords:* sales; *clefs:* insigne des chambellans. 15 *Dieu pleut:* c.à.d., Dieu fait tomber la pluie de sa colère (Ezéchiel xxviii. 22).

Fuyez, Loths, de Sodome et Gomorrhe brûlantes!
N'ensevelissez point vos âmes innocentes
Avec ces réprouvés! Car, combien que vos yeux
Ne froncent le sourcil encontre les hauts cieux,
Combien qu'avec les rois vous ne hochiez la tête
Contre le ciel ému, armé de la tempête,
Pource que des tyrans le support vous tirez,
Pource qu'ils sont de vous comme dieux adorés,
Lorsqu'ils veulent au pauvre et au juste méfaire,
Vous êtes compagnons du méfait pour vous taire.
Lorsque le Fils de Dieu, vengeur de son mépris,
Viendra pour vendanger de ces rois les esprits,
De sa verge de fer frappant, épouvantable,
Ces petits dieux enflés en la terre habitable,
Vous y serez compris. Comme lorsque l'éclat
D'un foudre exterminant vient renverser à plat
Les chênes résistants et les cèdres superbes,
Vous verrez là-dessous les plus petites herbes,
La fleur qui craint le vent, le naissant arbrisseau,
En son nid l'écureuil, en son aire l'oiseau,
Sous ce dais qui changeait les grêles en rosée,
La bauge du sanglier, du cerf la reposée,
La ruche de l'abeille et la loge au berger,
Avoir eu part à l'ombre, avoir part au danger.

Extract from *JUGEMENT*

DISCOURS DU SOUVERAIN JUGE AUX JUSTES ET AUX IMPIES

"Vous qui m'avez vêtu au temps de la froidure,
Vous qui avez pour moi souffert peine et injure,
Qui à ma sèche soif et à mon âpre faim
Donnâtes de bon cœur votre eau et votre pain;

17 Genèse xix: Loth, sur l'ordre de Dieu, quitta les villes maudites avant leur destruction. 19 *combien que:* quoique. 23 Parce que vous tirez votre support des grands. 26 Parce que vous vous taisez, vous êtes complices du méfait. 33 *superbes:* fiers. 38 *reposée:* lieu où le gibier se repose. 39 *au:* du.

Venez, race du ciel, venez, élus du Père;
Vos péchés sont éteints, le juge est votre frère,
Venez donc, bienheureux, triompher à jamais
Au royaume éternel de victoire et de paix."
A ce mot tout se change en beautés éternelles,
Ce changement de tout est si doux aux fidèles!
Que de parfaits plaisirs! O Dieu, qu'ils trouvent beau
Cette terre nouvelle et ce grand ciel nouveau!
Mais d'autre part, si tôt que l'Éternel fait bruire
A sa gauche ces mots, les foudres de son ire,
Quand ce juge, et non Père, au front de tant de rois,
Irrévocable, pousse et tonne cette voix:
"Vous qui avez laissé mes membres aux froidures,
Qui leur avez versé injures sur injures,
Qui à ma sèche soif et à mon âpre faim
Donnâtes fiel pour eau et pierre au lieu de pain:
Allez, maudits, allez grincer vos dents rebelles
Au gouffre ténébreux des peines éternelles!"
Lors ce front qui ailleurs portait contentement
Porte à ceux-ci la mort et l'épouvantement.
Il sort un glaive aigu de la bouche divine:
L'Enfer glouton, bruyant, devant ses pieds chemine...
O enfants de ce siècle, o abusés moqueurs,
Imployables esprits, incorrigibles cœurs...
Transis, désespérés, il n'y a plus de mort
Qui soit pour votre mer des orages le port.
Que la mort, direz-vous, était un doux plaisir!
La mort morte ne peut vous tuer, vous saisir.
Voulez-vous du poison? En vain cet artifice!
Vous vous précipitez? en vain le précipice!
La peste n'aura plus de vous miséricorde.
Étranglez-vous? en vain vous tordez une corde!
Criez après l'enfer? de l'enfer il ne sort
Que l'éternelle soif de l'impossible mort.

16 *tonne:* fait tonner. 27 *abusés:* c.à.d., incrédules, victimes de votre erreur. 32 *la mort morte:* c.à.d., la mort qui n'existe plus pour vous. 36 *étranglez-vous?:* vous étranglez-vous? 37 *criez après l'enfer?* (cp. v. 36): espérant y trouver la délivrance.

François de Malherbe (1555–1628)

42. *Consolation à M. du Périer sur la Mort de sa Fille (1601)*

Ta douleur, du Périer, sera donc éternelle?
Et les tristes discours
Que te met en l'esprit l'amitié paternelle
L'augmenteront toujours?

Le malheur de ta fille au tombeau descendue
Par un commun trépas,
Est-ce quelque dédale où ta raison perdue
Ne se retrouve pas?

Je sais de quels appas son enfance était pleine,
Et n'ai pas entrepris,
Injurieux ami, de soulager ta peine
Avecque son mépris.

Mais elle était du monde, où les plus belles choses
Ont le pire destin;
Et, rose, elle a vécu ce que vivent les roses,
L'espace d'un matin.

Puis quand ainsi serait que, selon ta prière,
Elle aurait obtenu
D'avoir en cheveux blancs terminé sa carrière,
Qu'en fût-il advenu?

Penses-tu que, plus vieille, en la maison céleste
Elle eût eu plus d'accueil,
Ou qu'elle eût moins senti la poussière funeste
Et les vers du cercueil?

2 *discours:* propos. 3 *amitié:* amour. 6 *commun:* commun à tous les hommes. 11 *injurieux:* qui agit mal envers quelqu'un. 12 *avecque* (avec) *son mépris:* en la méprisant, c.à.d., en te conseillant de ne pas te tourmenter de ta peine.

Non, non, mon du Périer; aussitôt que la Parque
Ote l'âme du corps,
L'âge s'évanouit en deçà de la barque,
Et ne suit point les morts.

Tithon n'a plus les ans qui le firent cigale,
Et Pluton aujourd'hui,
Sans égard du passé, les mérites égale
D'Archémore et de lui.

Ne te lasse donc plus d'inutiles complaintes;
Mais, sage à l'avenir,
Aime une ombre comme ombre, et des cendres éteintes
Éteins le souvenir.

C'est bien, je le confesse, une juste coutume,
Que le cœur affligé,
Par le canal des yeux vidant son amertume,
Cherche d'être allégé.

Même quand il advient que la tombe sépare
Ce que nature a joint,
Celui qui ne s'émeut a l'âme d'un barbare,
Ou n'en a du tout point.

Mais d'être inconsolable, et dedans sa mémoire
Enfermer un ennui,
N'est-ce pas se haïr pour acquérir la gloire
De bien aimer autrui?

Priam, qui vit ses fils abattus par Achille,
Dénué de support
Et hors de tout espoir du salut de sa ville,
Reçut du réconfort.

27 *la barque:* la barque de Charon. 32 Opheltès, surnommé Archémore, fils du roi de Némée, Lycurgue, fut mordu par un serpent, et mourut encore tout enfant. 33 *complaintes:* plaintes. 44 *du tout point:* point du tout. 46 *ennui:* douleur. 47 *se haïr:* c.à.d., se traiter comme si l'on était son propre ennemi.

François, quand la Castille, inégale à ses armes,
Lui vola son Dauphin,
Sembla d'un si grand coup devoir jeter des larmes
Qui n'eussent point de fin.

Il les sécha pourtant, et comme un autre Alcide,
Contre fortune instruit,
Fit qu'à ses ennemis d'un acte si perfide
La honte fut le fruit.

Leur camp, qui la Durance avait presque tarie
De bataillons épais,
Entendant sa constance, eut peur de sa furie,
Et demanda la paix.

De moi, déjà deux fois d'une pareille foudre
Je me suis vu perclus,
Et deux fois la raison m'a si bien fait résoudre,
Qu'il ne m'en souvient plus.

Non qu'il ne me soit grief que la terre possède
Ce qui me fut si cher;
Mais en un accident qui n'a point de remède,
Il n'en faut point chercher.

La mort a des rigueurs à nulle autre pareilles;
On a beau la prier,
La cruelle qu'elle est se bouche les oreilles,
Et nous laisse crier.

53–6 Le Dauphin, fils de François Ier, retenu comme otage après la défaite de Pavie, mourut en 1536. On crut longtemps qu'il avait été empoisonné. 61–4 Charles-Quint avait repris la Savoie et envahi la Provence, mais il dut reculer devant l'armée de Montmorency. La paix fut signée à Aigues-Mortes en 1538. 63 *entendant sa constance:* entendant parler de sa fermeté. 65 *de moi:* quant à moi; *deux fois:* des trois enfants qu'il avait eus, Malherbe en avait déjà perdu deux. 66 *perclus:* paralysé. 67 *fait résoudre:* fait me résoudre, fait me résigner. 69 *grief:* douloureux. 72 *chercher:* l'*r* final est encore sonore au XVIIe siècle, surtout dans le langage soutenu; d'où la rime avec *cher*.

Le pauvre en sa cabane, où le chaume le couvre,
Est sujet à ses lois,
Et la garde qui veille aux barrières du Louvre
N'en défend point nos rois.

De murmurer contre elle et perdre patience
Il est mal à propos;
Vouloir ce que Dieu veut est la seule science
Qui nous met en repos.

43. *Prière pour le Roi Henri le Grand allant en Limousin (1605)*

O DIEU, dont les bontés de nos larmes touchées,
Ont aux vaines fureurs les armes arrachées,
Et rangé l'insolence aux pieds de la raison,
Puisque à rien d'imparfait ta louange n'aspire,
Achève ton ouvrage au bien de cet empire,
Et nous rends l'embonpoint comme la guérison.

Nous sommes sous un roi si vaillant et si sage,
Et qui si dignement a fait l'apprentissage
De toutes les vertus propres à commander,
Qu'il semble que cet heur nous impose silence,
Et qu'assurés par lui de toute violence,
Nous n'avons plus sujet de te rien demander.

Certes quiconque a vu pleuvoir dessus nos têtes
Les funestes éclats des plus grandes tempêtes
Qu'excitèrent jamais deux contraires partis,
Et n'en voit aujourd'hui nulle marque paraître,
En ce miracle seul il peut assez connaître
Quelle force a la main qui nous a garantis.

82 *il:* cela (cet emploi de *il* neutre est fréquent au XVIIe siècle).

[43] Cette pièce fut composée sur l'ordre de Henri IV, lors du voyage qu'il entreprit en Limousin afin de surveiller les intrigues et les complots qui s'ourdissaient contre son autorité dans les provinces du centre.

6 *embonpoint:* santé. 10 *heur:* bonheur.

Mais quoi! De quelque soin qu'incessamment il veille,
Quelque gloire qu'il ait à nulle autre pareille,
Et quelque excès d'amour qu'il porte à notre bien,
Comme échapperons-nous en des nuits si profondes,
Parmi tant de rochers que lui cachent les ondes,
Si ton entendement ne gouverne le sien?

Un malheur inconnu glisse parmi les hommes,
Qui les rend ennemis du repos où nous sommes:
La plupart de leurs vœux tendent au changement;
Et comme s'ils vivaient des misères publiques,
Pour les renouveler ils font tant de pratiques,
Que qui n'a point de peur n'a point de jugement.

En ce fâcheux état ce qui nous réconforte,
C'est que la bonne cause est toujours la plus forte,
Et qu'un bras si puissant t'ayant pour son appui,
Quand la rébellion plus qu'une hydre féconde
Aurait pour le combattre assemblé tout le monde,
Tout le monde assemblé s'enfuirait devant lui.

Conforme donc, Seigneur, ta grâce à nos pensées;
Ote-nous ces objets qui des choses passées
Ramènent à nos yeux le triste souvenir;
Et comme sa valeur, maîtresse de l'orage,
A nous donner la paix a montré son courage,
Fais luire sa prudence à nous l'entretenir.

Il n'a point son espoir au nombre des armées,
Étant bien assuré que ces vaines fumées
N'ajoutent que de l'ombre à nos obscurités.
L'aide qu'il veut avoir, c'est que tu le conseilles;
Si tu le fais, Seigneur, il fera des merveilles,
Et vaincra nos souhaits par nos prospérités.

22 *comme*: comment. 43 *au nombre:* dans le nombre.
48 *vaincra*: dépassera.

Les fuites des méchants, tant soient-elles secrètes,
Quand il les poursuivra, n'auront point de cachettes:
Aux lieux les plus profonds ils seront éclairés;
Il verra sans effet leur honte se produire,
Et rendra les desseins qu'ils feront pour lui nuire
Aussitôt confondus comme délibérés.

La rigueur de ses lois, après tant de licence,
Redonnera le cœur à la faible innocence,
Que dedans la misère on faisait envieillir.
A ceux qui l'oppressaient il ôtera l'audace;
Et sans distinction de richesse ou de race,
Tous de peur de la peine auront peur de faillir.

La terreur de son nom rendra nos villes fortes;
On n'en gardera plus ni les murs ni les portes;
Les veilles cesseront aux sommets de nos tours;
Le fer, mieux employé, cultivera la terre,
Et le peuple, qui tremble aux frayeurs de la guerre,
Si ce n'est pour danser, n'orra plus de tambours.

Loin des mœurs de son siècle il bannira les vices,
L'oisive nonchalance et les molles délices
Qui nous avaient portés jusqu'aux derniers hasards;
Les vertus reviendront de palmes couronnées,
Et ses justes faveurs, aux mérites données,
Feront ressusciter l'excellence des arts.

La foi de ses aïeux, ton amour et ta crainte,
Dont il porte dans l'âme une éternelle empreinte,
D'actes de piété ne pourront l'assouvir;
Il étendra ta gloire autant que sa puissance,
Et, n'ayant rien si cher que ton obéissance,
Où tu le fais régner, il te fera servir.

54 Confondus aussitôt qu'ils ont été décidés. 60 *faillir:* manquer à leurs devoirs. 66 *orra:* futur du verbe *ouïr.*

Tu nous rendras alors nos douces destinées;
Nous ne reverrons plus ces fâcheuses années
Qui pour les plus heureux n'ont produit que des pleurs.
Toute sorte de biens comblera nos familles,
La moisson de nos champs lassera les faucilles,
Et les fruits passeront la promesse des fleurs.

La fin de tant d'ennuis dont nous fûmes la proie
Nous ravira les sens de merveille et de joie;
Et d'autant que le monde est ainsi composé
Qu'une bonne fortune en craint une mauvaise,
Ton pouvoir absolu, pour conserver notre aise,
Conservera celui qui nous l'aura causé.

Quand un roi fainéant, la vergogne des princes,
Laissant à ses flatteurs le soin de ses provinces,
Entre les voluptés indignement s'endort,
Quoique l'on dissimule, on n'en fait point d'estime;
Et si la vérité se peut dire sans crime,
C'est avecque plaisir qu'on survit à sa mort.

Mais ce Roi, des bons rois l'éternel exemplaire,
Qui de notre salut est l'ange tutélaire,
L'infaillible refuge et l'assuré secours,
Son extrême douceur ayant dompté l'envie,
De quels jours assez longs peut-il borner sa vie,
Que notre affection ne les juge trop courts?

Nous voyons les esprits nés à la tyrannie,
Ennuyés de couver leur cruelle manie,
Tourner tous leurs conseils à notre affliction;
Et lisons clairement dedans leur conscience
Que s'ils tiennent la bride à leur impatience,
Nous n'en sommes tenus qu'à sa protection.

84 *passeront:* dépasseront. 85 *ennuis:* peines, douleurs.
108 Nous ne le devons qu'à sa protection.

Qu'il vive donc, Seigneur, et qu'il nous fasse vivre!
Que de toutes ces peurs nos âmes il délivre;
Et rendant l'univers de son heur étonné,
Ajoute chaque jour quelque nouvelle marque
Au nom qu'il s'est acquis du plus rare monarque
Que ta bonté propice ait jamais couronné!

Cependant son Dauphin, d'une vitesse prompte,
Des ans de sa jeunesse accomplira le compte,
Et suivant de l'honneur les aimables appas,
De faits si renommés ourdira son histoire
Que ceux qui dedans l'ombre éternellement noire
Ignorent le soleil ne l'ignoreront pas.

Par sa fatale main qui vengera nos pertes,
L'Espagne pleurera ses provinces désertes,
Ses châteaux abattus et ses champs déconfits;
Et si de nos discords l'infâme vitupère
A pu la dérober aux victoires du père,
Nous la verrons captive aux triomphes du fils.

MATHURIN RÉGNIER (1573–1613)

44, 45. *Satires*

Extract from *SATIRE IX*

CONTRE MALHERBE ET SON ÉCOLE

RAPIN, le favori d'Apollon et des Muses,
Pendant qu'en leur métier jour et nuit tu t'amuses,
Et que, d'un vers nombreux, non encore chanté,
Tu te fais un chemin à l'immortalité,
Moi, qui n'ai ni l'esprit ni l'haleine assez forte

118 *ourdira:* tissera. 124 *discord:* discorde; *vitupère:* blâme.

[44] 3 *nombreux:* harmonieux. Allusion aux vers "mesurés" (à la façon des Grecs et des Latins) de Nicolas Rapin, disciple attardé de la Pléiade et ami de Régnier; *non encore chanté:* Régnier veut dire sans doute que les vers mesurés de son ami ont un caractère original et ne ressemblent pas à ceux des autres poètes.

Pour te suivre de près et te servir d'escorte,
Je me contenterai, sans me précipiter,
D'admirer ton labeur, ne pouvant l'imiter;
Et, pour me satisfaire au désir qui me reste,
De rendre cet hommage à chacun manifeste.
Par ces vers j'en prends acte, afin que l'avenir
De moi par ta vertu se puisse souvenir,
Et que cette mémoire à jamais s'entretienne,
Que ma muse imparfaite eut en honneur la tienne;
Et que, si j'eus l'esprit d'ignorance abattu,
Je l'eus au moins si bon, que j'aimai ta vertu;
Contraire à ces rêveurs dont la muse insolente,
Censurant les plus vieux, arrogamment se vante
De réformer les vers, non les tiens seulement,
Mais veulent déterrer les Grecs du monument,
Les Latins, les Hébreux, et toute l'antiquaille,
Et leur dire à leur nez qu'ils n'ont rien fait qui vaille.
Ronsard en son métier n'était qu'un apprentif,
Il avait le cerveau fantastique et rétif;
Desportes n'est pas net; du Bellay trop facile;
Belleau ne parle pas comme on parle à la ville;
Il a des mots hargneux, bouffis et relevés,
Qui du peuple aujourd'hui ne sont pas approuvés.
Comment! il nous faut donc, pour faire une œuvre grande,
Qui de la calomnie et du temps se défende,
Qui trouve quelque place entre les bons auteurs,
Parler comme à Saint-Jean parlent les crocheteurs!

7 *me précipiter:* me jeter dans un précipice. 9 *au:* dans. 12 *vertu:* mérite, talent (cp. v. 16). 13 *mémoire:* souvenir. 18 *les plus vieux:* ceux qui sont plus vieux qu'eux, c.à.d., les poètes de la Pléiade (cp. v. 37). 20 *monument:* tombeau. 21 *antiquaille:* antiquité. 23 C.à.d., Ronsard, à les en croire, en son métier n'était qu'un apprenti. 24 *fantastique:* fantasque. 26 Remy Belleau, un des poètes de la Pléiade. 27 *hargneux:* rudes, rébarbatifs; *relevés:* emphatiques. 28 On sait que Malherbe prenait le peuple pour juge en matière de langage. 32 *Saint-Jean:* le marché Saint-Jean, sur la place de Grève, au Port-au-Foin. Racan, dans sa *Vie de*

Encore je le veux, pourvu qu'ils puissent faire
Que ce beau savoir entre en l'esprit du vulgaire;
Et, quand les crocheteurs seront poètes fameux,
Alors, sans me fâcher, je parlerai comme eux.
Pensent-ils, des plus vieux offensant la mémoire,
Par le mépris d'autrui s'acquérir de la gloire,
Et, pour quelque vieux mot étrange et de travers,
Prouver qu'ils ont raison de censurer leurs vers?
(Alors qu'une œuvre brille et d'art et de science,
La verve quelquefois s'égaie en la licence.)
Il semble, en leur discours hautain et généreux,
Que le cheval volant n'ait pissé que pour eux;
Que Phébus à leur ton accorde sa vielle;
Que la mouche du Grec leurs lèvres emmielle;
Qu'ils ont seuls ici-bas trouvé la pie au nid,
Et que des hauts esprits le leur est le zénith;
Que seuls des grands secrets ils ont la connaissance;
Et disent librement que leur expérience
A raffiné les vers fantastiques d'humeur,
Ainsi que les Gascons ont fait le point d'honneur;

Malherbe, raconte que lorsqu'on demandait à Malherbe son avis sur quelque mot français, il renvoyait aux crocheteurs ou portefaix du Port-au-Foin, et disait que c'étaient ses maîtres pour le langage. Malherbe n'a pas conseillé, ainsi que Régnier le prétend, d'écrire comme parlent les portefaix, mais d'éviter les mots que les portefaix ne comprendraient pas. 33 *je le veux:* j'y consens. 39 *vieux mot:* la Pléiade recommandait l'emploi des archaïsmes. 42 *s'égaie en la licence:* aime à prendre des libertés. 43 *généreux:* ambitieux. 44 *le cheval volant:* Pégase; *pissé*: allusion à la source d'Hippocrène. 46 Allusion à la legende qui rapporte qu'une abeille se posa sur les lèvres de Pindare, lorsqu'il était encore au berceau. 47 *trouvé la pie au nid:* fait quelque bonne trouvaille (le naturel de la pie étant de nicher sur les plus hauts arbres qu'elle trouve). 50 *leur expérience:* leur art. 51 C.à.d., les vers écrits au gré de la fantaisie et de l'humeur du poète. 52 *ont fait:* c.à.d., ont raffiné (*faire* est alors fréquemment employé pour éviter la répétition du verbe, ainsi que dans l'ancienne langue).

Qu'eux tout seuls du bien-dire ont trouvé la méthode,
Et que rien n'est parfait s'il n'est fait à leur mode.
Cependant leur savoir ne s'étend seulement
Qu'à regratter un mot douteux au jugement,
Prendre garde qu'un *qui* ne heurte une diphtongue,
Épier si des vers la rime est brève ou longue,
Ou bien si la voyelle, à l'autre s'unissant,
Ne rend point à l'oreille un son trop languissant,
Et laissent sur le vert le noble de l'ouvrage.
Nul aiguillon divin n'élève leur courage;
Ils rampent bassement, faibles d'inventions,
Et n'osent, peu hardis, tenter les fictions,
Froids à l'imaginer: car, s'ils font quelque chose,
C'est proser de la rime et rimer de la prose,
Que l'art lime et relime, et polit de façon
Qu'elle rend à l'oreille un agréable son;
Et, voyant qu'un beau feu leur cervelle n'embrase,
Ils attifent leurs mots, enjolivent leur phrase,
Affectent leur discours tout si relevé d'art,
Et peignent leur défauts de couleur et de fard.
Aussi je les compare à ces femmes jolies
Qui, par les affiquets, se rendent embellies,
Qui, gentes en habit et sades en façons,
Parmi leur point coupé tendent leurs hameçons;

57 Malherbe proscrivait tout hiatus. 58 Il n'admettait pas non plus qu'on fît rimer *âme* et *dame* par exemple. 59–60 Tandis que la Pléiade, ainsi que Régnier, permettait qu'on comptât, dans le corps du vers, pour une syllabe l'*e* muet se trouvant après une voyelle à la fin du mot (*vie*, *donnée*, etc. Cp. le no. 16. 2), Malherbe exigeait que ces mots fussent suivis d'un mot commençant par une voyelle, afin d'amener l'elision de l'*e* muet, règle qui a prévalu depuis son temps. 61 *laissent sur le vert:* abandonnent (comme on laisse sur le pré les toiles qu'on blanchit, selon Littré); *le noble:* ce qu'il y a de noble dans la poésie. 62 *courage:* cœur, esprit. 66 *proser:* mot forgé par Régnier; *rime:* dans le sens général de *poésie*. 71 *tout si relevé d'art:* relevé ainsi, tout entier, d'art. 74 *affiquets:* ornements de toilette. 75 *gentes:* gentilles; *sades:* agréables. 76 *point coupé*: sorte de dentelle.

Dont l'œil rit mollement avecque afféterie,
Et de qui le parler n'est rien que flatterie;
De rubans piolés s'agencent proprement,
Et toute leur beauté ne gît qu'en l'ornement;
Leur visage reluit de céruse et de peautre;
Propres en leur coiffure, un poil ne passe l'autre.
  Où ces divins esprits, hautains et relevés,
Qui des eaux d'Hélicon ont les sens abreuvés,
De verve et de fureur leur ouvrage étincelle,
De leurs vers tout divins la grâce est naturelle,
Et sont comme l'on voit, la parfaite beauté,
Qui, contente de soi, laisse la nouveauté
Que l'art trouve au Palais ou dans le blanc d'Espagne.
Rien que le naturel sa grace n'accompagne;
Son front, lavé d'eau claire, éclate d'un beau teint;
De roses et de lis la nature l'a peint,
Et, laissant là Mercure et toutes ses malices,
Les nonchalances sont ses plus grands artifices....

Extract from SATIRE X

UN CUISTRE

SON teint jaune, enfumé, de couleur de malade,
Ferait donner au diable et céruse et pommade,

77 *afféterie:* affectation. 79 *piolés:* bigarrés (comme la pie); *proprement:* coquettement. 81 *céruse:* sel de plomb, avec lequel on fait du fard; *peautre*: sel d'étain, servant également à faire du fard. 82 *propres:* élégantes; *un poil ne passe:* un cheveu ne dépasse. 83 *où:* tandis que; *hautains:* sublimes. 85 *fureur:* inspiration. 88 *contente de soi:* se contentant de ce qu'elle est naturellement. 89 *l'art:* l'artifice; *au Palais:* dans les galeries du Palais de Justice où étaient installés les marchands d'articles de toilette et les libraires. 93 Mercure est le dieu des marchands et des fraudeurs. 94 *les nonchalances:* le laisser-aller.

[45] 2 *ferait donner:* ferait se donner, c.à.d., que la céruse et la pommade, plutôt que d'entreprendre l'œuvre vaine de lui blanchir le teint, se donneraient au diable.

Et n'est blanc en Espagne à qui ce cormoran
Ne fasse renier la loi de l'Alcoran.
Ses yeux, bordés de rouge, égarés, semblaient être
L'un à Montmartre et l'autre au château de Bicêtre.
Toutefois, redressant leur entre-pas tortu,
Ils guidaient la jeunesse au chemin de vertu.
Son nez, haut relevé, semblait faire la nique
A l'Ovide Nason, au Scipion Nasique,
Où maints rubis balais, tous rougissants de vin,
Montraient un *hac itur* à *la Pomme de Pin*,
Et, prêchant la vendange, assuraient, en leur trogne,
Qu'un jeune médecin vit moins qu'un vieil ivrogne.
Sa bouche est grosse et torte, et semble, en son profil,
Celle-là d'Alizon, qui, retordant du fil,
Fait la moue aux passants, et, féconde en grimace,
Bave, comme au printemps une vieille limace.
Un râteau mal rangé pour ses dents paraissait,
Où le chancre et la rouille en monceaux s'amassait...
Ainsi ce personnage, en magnifique arroi,
Marchant *pedetentim*, s'en vint jusques à moi,
Qui sentis à son nez, à ses lèvres décloses,
Qu'il fleurait bien plus fort, mais non pas mieux que roses.
Il me parle latin, il allègue, il discourt,
Il réforme à son pied les humeurs de la Cour:
Qu'il a, pour enseigner, une belle manière;
Qu'en son globe il a vu la matière première;

3–4 C.à.d., le blanc d'Espagne ("whiting"), s'il entreprend de blanchir ce cormoran (oiseau à chair très noire), reniera la loi de Mahomet: jurement familier aux Espagnols, à cause de leur antipathie mortelle pour les Maures. 6 Montmartre est au nord, Bicêtre au sud de Paris. 7 *entre-pas*: allure du cheval entre le trot et le pas. 10 Ovidius *Naso*, Scipio *Nasica*; jeux de mots sur *nasus*. 11 *rubis balais:* rubis d'un rouge tirant sur l'orange. 12 *Pomme de Pin:* fameux cabaret de Paris. 15 *torte:* tordue. 21 *arroi:* équipage. 22 *pedetentim:* pas à pas, à pas comptés; Régnier joue sans doute sur la ressemblance du mot avec celui de *pédant*. 25 *il allègue:* il fait des citations. 26 *à son pied:* à sa mesure, à sa guise.

Qu'Épicure est ivrogne; Hippocrate un bourreau;
Que Barthole et Jason ignorent le barreau;
Que Virgile est passable, encor qu'en quelques pages
Il méritât au Louvre être chiflé des pages;
Que Pline est inégal, Térence un peu joli;
Mais surtout il estime un langage poli.
Ainsi sur chaque auteur, il trouve de quoi mordre:
L'un n'a point de raison et l'autre n'a point d'ordre;
L'autre avorte avant temps des œuvres qu'il conçoit.
Or, il vous prend Macrobe et lui donne le foit.
Cicéron, il s'en tait, d'autant que l'on le crie
Le pain quotidien de la pédanterie.
Quant à son jugement, il est plus que parfait,
Et l'immortalité n'aime que ce qu'il fait.
Par hasard, disputant, si quelqu'un lui réplique
Et qu'il soit à *quia*: "Vous êtes hérétique,
Ou, pour le moins, fauteur, ou vous ne savez point
Ce qu'en mon manuscrit j'ai noté sur ce point."

François Maynard (1582–1646)

46. *La Belle Vieille (1639)*

Cloris, que dans mon cœur j'ai si longtemps servie,
Et que ma passion montre à tout l'univers,
Ne veux-tu pas changer le destin de ma vie,
Et donner de beaux jours à mes derniers hivers?

N'oppose plus ton deuil au bonheur où j'aspire.
Ton visage est-il fait pour demeurer voilé?
Sors de ta nuit funèbre, et permets que j'admire
Les divines clartés des yeux qui m'ont brûlé.

32 *méritât:* mériterait; *chiflé:* sifflé. 38 *foit:* fouet. 44 *qu'il soit à quia:* qu'il n'ait d'autre raison à fournir que *quia* (parce que). 44–5 C.à.d., si vous n'êtes pas hérétique, vous avez agi en faveur de l'hérésie.

[46] 5 *ton deuil:* la dame en question était veuve.

Où s'enfuit ta prudence acquise et naturelle?
Qu'est-ce que ton esprit a fait de sa vigueur?
La folle vanité de paraître fidèle
Aux cendres d'un jaloux m'expose à ta rigueur.

Eusses-tu fait le vœu d'un éternel veuvage
Pour l'honneur du mari que ton lit a perdu,
Et trouvé des Césars dans ton haut parentage:
Ton amour est un bien qui m'est justement dû.

Qu'on a vu revenir de malheurs et de joies,
Qu'on a vu trébucher de peuples et de rois,
Qu'on a pleuré d'Hector, qu'on a brûlé de Troies,
Depuis que mon courage a fléchi sous tes lois!

Ce n'est pas d'aujourd'hui que je suis ta conquête,
Huit lustres ont suivi le jour que tu me pris,
Et j'ai fidèlement aimé ta belle tête
Sous des cheveux châtains et sous des cheveux gris.

C'est de tes jeunes yeux que mon ardeur est née;
C'est de leurs premiers traits que je fus abattu:
Mais tant que tu brûlas du flambeau d'Hyménée,
Mon amour se cacha pour plaire à ta vertu.

Je sais de quel respect il faut que je t'honore,
Et mes ressentiments ne l'ont pas violé.
Si quelquefois j'ai dit le soin qui me dévore,
C'est à des confidents qui n'ont jamais parlé.

Pour adoucir l'aigreur des peines que j'endure,
Je me plains aux rochers et demande conseil
A ces vieilles forêts dont l'épaisse verdure
Fait de si belles nuits en dépit du soleil.

L'âme pleine d'amour et de mélancolie,
Et couché sur des fleurs et sous des orangers,
J'ai montré ma blessure aux deux mers d'Italie,
Et fait dire ton nom aux échos étrangers.

20 *courage:* cœur. 22 *lustre:* espace de cinq ans; *que:* où. 30 *ressentiments:* sentiments. 31 *soin:* souci. 39 Maynard avait accompagné en Italie M. de Noailles, ambassadeur de France.

Ce fleuve impérieux à qui tout fit hommage,
Et dont Neptune même endura le mépris,
A su qu'en mon esprit j'adorais ton image,
Au lieu de chercher Rome en ses vastes débris.

Cloris, la passion que mon cœur t'a jurée
Ne trouve point d'exemple aux siècles les plus vieux.
Amour et la nature admirent la durée
Du feu de mes désirs, et du feu de tes yeux.

La beauté qui te suit depuis ton premier âge,
Au déclin de tes jours ne veut pas te laisser;
Et le temps, orgueilleux d'avoir fait ton visage,
En conserve l'éclat, et craint de l'effacer.

Regarde sans frayeur la fin de toutes choses;
Consulte le miroir avec des yeux contents:
On ne voit point tomber ni tes lis, ni tes roses,
Et l'hiver de ta vie est ton second printemps.

Pour moi, je cède aux ans, et ma tête chenue
M'apprend qu'il faut quitter les hommes et le jour.
Mon sang se refroidit, ma force diminue,
Et je serais sans feu, si j'étais sans amour.

47. Honorat de Racan (1589–1670)

Le Bonheur de la Vie Champêtre (c. 1618)

Tircis, il faut penser à faire la retraite.
La course de nos jours est plus qu'à demi faite,
L'âge insensiblement nous conduit à la mort.
Nous avons assez vu sur la mer de ce monde
Errer au gré des flots notre nef vagabonde;
Il est temps de jouir des délices du port.

Le bien de la fortune est un bien périssable;
Quand on bâtit sur elle, on bâtit sur le sable:
Plus on est élevé, plus on court de dangers;
Les grands pins sont en butte aux coups de la tempête,
Et la rage des vents brise plutôt le faîte
Des maisons de nos rois que des toits des bergers.

Oh! bienheureux celui qui peut de sa mémoire
Effacer pour jamais ce vain espoir de gloire
Dont l'inutile soin traverse nos plaisirs,
Et qui, loin retiré de la foule importune,
Vivant dans sa maison, content de sa fortune,
A selon son pouvoir mesuré ses désirs!

Il laboure le champ que labourait son père,
Il ne s'informe pas de ce qu'on délibère
Dans ces graves conseils d'affaires accablés;
Il voit sans intérêt la mer grosse d'orages,
Et n'observe des vents les sinistres présages
Que pour le soin qu'il a du salut de ses blés.

Roi de ses passions, il a ce qu'il désire.
Son fertile domaine est son petit empire.
Sa cabane est son Louvre et son Fontainebleau;
Ses champs et ses jardins sont autant de provinces,
Et sans porter envie à la pompe des princes,
Se contente chez lui de les voir en tableau.

Il voit de toutes parts combler d'heur sa famille;
La javelle à plein poing tomber sous la faucille.
Le vendangeur ployer sous le faix des paniers,
Et semble qu'à l'envi les fertiles montagnes,
Les humides vallons et les grasses campagnes
S'efforcent à remplir sa cuve et ses greniers.

Il suit, aucune fois, le cerf par les foulées,
Dans ces vieilles forêts du peuple reculées,
Et qui même du jour ignorent le flambeau;
Aucune fois des chiens il suit les voix confuses,
Et voit enfin le lièvre, après toutes ses ruses,
Du lieu de sa naissance en faire le tombeau.

15 *soin:* souci. 31 *heur:* bonheur. 37 *foulée:* trace que les animaux des bois laissent sur l'herbe, sur les feuilles.

Tantôt il se promène au long de ces fontaines
De qui les petits flots font luire dans les plaines
L'argent de leurs ruisseaux parmi l'or des moissons;
Tantôt il se repose avecque les bergères
Sur des lits naturels de mousse et de fougères
Qui n'ont d'autres rideaux que l'ombre des buissons.

Il soupire en repos l'ennui de sa vieillesse
Dans ce même foyer où sa tendre jeunesse
A vu dans le berceau ses bras emmaillottés;
Il tient par les moissons registre des années,
Et voit de temps en temps leurs courses enchainées
Vieillir avecque lui les bois qu'il a plantés.

Il ne va point fouiller aux terres inconnues,
A la merci des vents et des ondes chenues,
Ce que nature avare a caché de trésors;
Et ne recherche point, pour honorer sa vie,
De plus illustre mort ni plus digne d'envie
Que de mourir au lit où ses pères sont morts.

Il contemple, du port, les insolentes rages
Des vents de la faveur, auteurs de nos orages,
Allumer des mutins les desseins factieux;
Et voit en un clin d'œil, par un contraire échange,
L'un déchiré du peuple au milieu de la fange
Et l'autre à même temps élevé dans les cieux.

S'il ne possède point ces maisons magnifiques,
Ces tours, ces chapiteaux, ces superbes portiques
Où la magnificence étale ses attraits,
Il jouit des beautés qu'ont les saisons nouvelles,
Il voit de la verdure et des fleurs naturelles,
Qu'en ces riches lambris l'on ne voit qu'en portraits.

49 *il soupire:* il exprime en termes plaintifs.
56 *chenues:* blanchissantes.

Crois-moi, retirons-nous hors de la multitude,
Et vivons désormais loin de la servitude
De ces palais dorés où tout le monde accourt:
Sous un chêne élevé les arbrisseaux s'ennuient,
Et devant le soleil tous les astres s'enfuient,
De peur d'être obligés de lui faire la cour.

Après qu'on a suivi sans aucune assurance
Cette vaine faveur qui nous paît d'espérance,
L'envie en un moment tous nos desseins détruit;
Ce n'est qu'une fumée; il n'est rien de si frêle;
Sa plus belle moisson est sujette à la grêle,
Et souvent elle n'a que des fleurs pour du fruit.

Agréables déserts, séjour de l'innocence,
Où loin des vanités, de la magnificence,
Commence mon repos et finit mon tourment,
Vallons, fleuves, rochers, plaisante solitude,
Si vous fûtes témoins de mon inquiétude,
Soyez-le désormais de mon contentement!

Théophile de Viau (1590–1626)

48. *Le Matin* (*1621*)

L'aurore sur le front du jour
Sème l'azur, l'or et l'ivoire,
Et le soleil, lassé de boire,
Commence son oblique tour.
 Ses chevaux, au sortir de l'onde,
De flamme et de clarté couverts,
La bouche et les naseaux ouverts,
Ronflent la lumière du monde.
 La lune fuit devant nos yeux;
La nuit a retiré ses voiles;

88 *plaisante:* agréable (le mot, dans ce sens, n'est plus en usage aujourd'hui).

[48] 8 *ronflent*: soufflent.

Peu à peu le front des étoiles
S'unit à la couleur des cieux.
  Déjà la diligente avette
Boit la marjolaine et le thym,
Et revient riche du butin
Qu'elle a pris sur le mont Hymette.
  Je vois le généreux lion
Qui sort de sa demeure creuse,
Hérissant sa perruque affreuse,
Qui fait fuir Endimion.
  Sa dame, entrant dans les bocages,
Compte les sangliers qu'elle a pris,
Ou dévale chez les esprits
Errant aux sombres marécages.
  Je vois les agneaux bondissants
Sur ces blés qui ne font que naître;
Cloris, chantant, les mène paître
Parmi ces coteaux verdissants.
  Les oiseaux, d'un joyeux ramage,
En chantant semblent adorer
La lumière qui vient dorer
Leur cabinet et leur plumage.
  La charrue écorche la plaine;
Le bouvier, qui suit les sillons,
Dresse de voix et d'aiguillons
Le couple de bœufs qui l'entraîne.
  Alix apprête son fuseau;
Sa mère, qui lui fait la tâche,
Presse le chanvre qu'elle attache
A sa quenouille de roseau.
  Une confuse violence
Trouble le calme de la nuit,
Et la lumière, avec le bruit,
Dissipe l'ombre et le silence.

13 *avette:* abeille. 32 *cabinet:* berceau ("arbour") de verdure. 35 *de voix:* de la voix. 38 *fait:* prépare.

Alidor cherche à son réveil
L'ombre d'Iris qu'il a baisée,
Et pleure en son âme abusée
La fuite d'un si doux sommeil.
Les bêtes sont dans leur tanière,
Qui tremblent de voir le soleil.
L'homme, remis par le sommeil,
Reprend son œuvre coutumière.
Le forgeron est au fourneau;
Ois comme le charbon s'allume!
Le fer rouge, dessus l'enclume,
Étincelle sous le marteau.
Cette chandelle semble morte,
Le jour la fait évanouir;
Vois qu'il passe au travers la porte!
Il est jour: levons-nous, Philis;
Allons à notre jardinage,
Voir s'il est, comme ton visage,
Semé de roses et de lis.

49

Extract from *ÉLÉGIE A UNE DAME* (1623)

LA POÉTIQUE DE THÉOPHILE DE VIAU

IMITE qui voudra les merveilles d'autrui.
Malherbe a très bien fait, mais il a fait pour lui.
Mille petits voleurs l'écorchent tout en vie.
Quant à moi, ces larcins ne me font point d'envie;
J'approuve que chacun écrive à sa façon;
J'aime sa renommée et non pas sa leçon.
Ces esprits mendiants, d'une veine infertile,
Prennent à tout propos ou sa rime ou son style,
Et de tant d'ornements qu'on trouve en lui si beaux

54 *ois:* impératif du verbe archaïque *ouïr.* 55 *dessus:* sur. 59 *vois qu'il passe:* voici qu'il passe. 61 *jardinage:* jardin.
[49] 3 *l'écorchent:* le dépouillent.

Joignent l'or et la soie à de vilains lambeaux,
Pour paraître aujourd'hui d'aussi mauvaise grâce
Que parut autrefois la corneille d'Horace.
Ils travaillent un mois pour chercher comme à *fils*
Pourra s'apparier la rime de *Memphis*...
J'en connais qui ne font des vers qu'à la moderne,
Qui cherchent à midi Phébus à la lanterne;
Grattent tant le français qu'ils le déchirent tout,
Blâmant tout ce qui n'est facile, qu'à leur goût;
Sont un mois à connaître, en tâtant la parole,
Lorsque l'accent est rude et que la rime est molle;
Veulent persuader que ce qu'ils font est beau,
Et que leur renommée est franche du tombeau,
Sans autre fondement, sinon que tout leur âge
S'est laissé consommer en un petit ouvrage;
Que leurs vers dureront, au monde précieux,
Pour ce que, les faisant, ils sont devenus vieux!
De même l'araignée en filant son ordure
Use toute sa vie et ne fait rien qui dure.
Mais cet autre poète est bien plein de ferveur:
Il est blême, transi, solitaire, rêveur,
La barbe mal peignée, un œil branlant et cave;
Un front tout renfrogné, tout le visage hâve,
Ahane dans son lit, et marmotte tout seul
Comme un esprit qu'on oit parler dans un linceul;
Grimace par la rue et, stupide, retarde
Ses yeux sur un objet sans voir ce qu'il regarde.
La règle me déplaît, j'écris confusément:
Jamais un bon esprit ne fait rien qu'aisément.
Autrefois, quand mes vers ont animé la scène,
L'ordre où j'étais contraint m'a bien fait de la peine.

18 C.à.d., blâmant tout ce qui, selon eux, a seulement le mérite de la facilité. 22 *franche du tombeau:* c.à.d., à l'abri de l'oubli. 23 *fondement:* raison. 24 *consommer:* consumer. 26 *les faisant:* tandis qu'ils les faisaient. 33 *ahane:* travaille avec effort, peine. 39 Allusion à sa tragédie de *Pyrame et Thisbé* (1617). 40 *m'a bien fait de la peine:* m'a donné beaucoup de mal.

Ce travail importun m'a longtemps martyré;
Mais enfin, grâce aux dieux, je m'en suis retiré.
Peu, sans faire naufrage et sans perdre leur course,
Se sont aventurés à cette longue course.
Je veux faire des vers qui ne soient pas contraints,
Promener mon esprit par de petits desseins,
Chercher des lieux secrets où rien ne me déplaise,
Méditer à loisir, rêver tout à mon aise,
Employer toute une heure à me mirer dans l'eau,
Ouïr, comme en songeant, la course d'un ruisseau,
Écrire dans le bois, m'interrompre, me taire,
Composer un quatrain sans songer à le faire.

MARC-ANTOINE GÉRARD DE SAINT-AMANT (1594–1661)

50. *La Solitude* (1623)

O QUE j'aime la solitude!
Que ces lieux sacrés à la nuit,
Éloignés du monde et du bruit,
Plaisent à mon inquiétude!
Mon Dieu! que mes yeux sont contents
De voir ces bois, qui se trouvèrent
A la nativité du temps,
Et que tous les siècles révèrent,
Être encore aussi beaux et verts
Qu'aux premiers jours de l'univers!

Un gai zéphire les caresse
D'un mouvement doux et flatteur.
Rien que leur extrême hauteur
Ne fait remarquer leur vieillesse.
Jadis Pan et ses demi-dieux
Y vinrent chercher du refuge,

41 *martyré:* martyrisé. 42 *je m'en suis retiré:* j'y ai renoncé.
46 *par:* à travers.

Quand Jupiter ouvrit les cieux
Pour nous envoyer le déluge,
Et, se sauvant sur leurs rameaux,
A peine virent-ils les eaux.

Que sur cette épine fleurie,
Dont le printemps est amoureux,
Philomèle, au chant langoureux,
Entretient bien ma rêverie!
Que je prends de plaisir à voir
Ces monts pendants en précipices,
Qui, pour les coups du désespoir,
Sont aux malheureux si propices,
Quand la cruauté de leur sort,
Les force à rechercher la mort!

Que je trouve doux le ravage
De ces fiers torrents vagabonds,
Qui se précipitent par bonds
Dans ce vallon vert et sauvage!
Puis, glissant sous les arbrisseaux,
Ainsi que des serpents sur l'herbe,
Se changent en plusieurs ruisseaux,
Où quelque Naïade superbe
Règne comme en son lit natal,
Dessus un trône de cristal!

Que j'aime ce marais paisible!
Il est tout bordé d'alisiers,
D'aunes, de saules et d'osiers,
A qui le fer n'est point nuisible.
Les nymphes, y cherchant le frais,
S'y viennent fournir de quenouilles,
De pipeaux, de joncs et de glais;
Où l'on voit sauter les grenouilles,
Qui de frayeur s'y vont cacher
Sitôt qu'on veut s'en approcher.

47 *glais:* glaïeuls.

Là, cent mille oiseaux aquatiques
Vivent, sans craindre, en leur repos,
Le giboyeur fin et dispos,
Avec ses mortelles pratiques.
L'un, tout joyeux d'un si beau jour,
S'amuse à becqueter sa plume;
L'autre ressent le feu d'amour
Qui malgré l'eau tout le consume,
Et prennent tous innocemment
Leur plaisir en cet élément.

Jamais l'été ni la froidure
N'ont vu passer dessus cette eau
Nulle charrette ni bateau,
Depuis que l'un et l'autre dure;
Jamais voyageur altéré
N'y fit servir sa main de tasse;
Jamais chevreuil désespéré
N'y finit sa vie à la chasse;
Et jamais le traître hameçon
N'en fit sortir aucun poisson.

Que j'aime à voir la décadence
De ces vieux châteaux ruinés,
Contre qui les ans mutinés
Ont déployé leur insolence!
Les sorciers y font leur sabbat;
Les démons follets s'y retirent,
Qui d'un malicieux ébat
Trompent nos sens et nous martyrent;
Là se nichent en mille trous
Les couleuvres et les hiboux.

L'orfraie, avec ses cris funèbres,
Mortels augures des destins,
Fait rire et danser les lutins
Dans ces lieux remplis de ténèbres.
Sous un chevron de bois maudit

78 *martyrent:* martyrisent.

Y branle le squelette horrible
D'un pauvre amant qui se pendit
Pour une bergère insensible,
Qui d'un seul regard de pitié
Ne daigna voir son amitié.

Aussi le ciel, juge équitable,
Qui maintient les lois en vigueur,
Prononça contre sa rigueur
Une sentence épouvantable:
Autour de ces vieux ossements,
Son ombre, aux peines condamnée,
Lamente en longs gémissements
Sa malheureuse destinée,
Ayant, pour croître son effroi,
Toujours son crime devant soi.

Là se trouvent, sur quelques marbres,
Des devises du temps passé;
Ici l'âge a presque effacé
Des chiffres taillés sur les arbres;
Le plancher du lieu le plus haut
Est tombé jusque dans la cave,
Que la limace et le crapaud
Souillent de venin et de bave;
Le lierre y croît au foyer,
A l'ombrage d'un grand noyer.

Là-dessous s'étend une voûte
Si sombre en un certain endroit,
Que, quand Phébus y descendrait,
Je pense qu'il n'y verrait goutte;
Le Sommeil aux pesants sourcils,
Enchanté d'un morne silence,
Y dort, bien loin de tous soucis,
Dans les bras de la Nonchalance,
Lâchement courbé sur le dos,
Dessus des gerbes de pavots.

90 *amitié:* amour.

Au creux de cette grotte fraîche
Où l'Amour se pourrait geler,
Écho ne cesse de brûler
Pour son amant froid et revêche.
Je m'y coule sans faire bruit,
Et par la céleste harmonie
D'un doux luth, aux charmes instruit,
Je flatte sa triste manie,
Faisant répéter mes accords
A la voix qui lui sert de corps.

Tantôt, sortant de ces ruines,
Je monte au haut de ce rocher,
Dont le sommet semble chercher
En quel lieu se font les bruines;
Puis, je descends tout à loisir
Sous une falaise escarpée,
D'où je regarde avec plaisir
L'onde qui l'a presque sapée
Jusqu'au siège de Palémon,
Fait d'éponges et de limon.

Que c'est une chose agréable,
D'être sur le bord de la mer,
Quand elle vient à se calmer
Après quelque orage effroyable!
Et que les chevelus Tritons,
Hauts, sur les vagues secouées,
Frappent les airs d'étranges tons
Avec leurs trompes enrouées,
Dont l'éclat rend respectueux
Les vents les plus impétueux.

Tantôt l'onde, brouillant l'arène,
Murmure et frémit de courroux,
Se roulant dessus les cailloux
Qu'elle apporte et qu'elle rentraîne.
Tantôt, elle étale en ses bords,

151 *arène:* sable.

Que l'ire de Neptune outrage,
Des gens noyés, des monstres morts,
Des vaisseaux brisés du naufrage,
Des diamants, de l'ambre gris,
Et mille autres choses de prix.

Tantôt, la plus claire du monde,
Elle semble un miroir flottant,
Et nous représente à l'instant
Encore d'autres cieux sous l'onde.
Le soleil s'y fait si bien voir,
Y contemplant son beau visage,
Qu'on est quelque temps à savoir,
Si c'est lui-même ou son image;
Et d'abord il semble à nos yeux,
Qu'il s'est laissé tomber des cieux.

Bernières, pour qui je me vante
De ne rien faire que de beau,
Reçois ce fantasque tableau
Fait d'une peinture vivante.
Je ne cherche que les déserts,
Où, rêvant tout seul, je m'amuse
A des discours assez diserts
De mon génie avec la muse;
Mais mon plus aimable entretien
C'est le ressouvenir du tien.

Tu vois dans cette poésie,
Pleine de licence et d'ardeur,
Les beaux rayons de la splendeur
Qui m'éclaire la fantaisie;
Tantôt chagrin, tantôt joyeux,
Selon que la fureur m'enflamme
Et que l'objet s'offre à mes yeux,
Les propos me naissent en l'âme
Sans contraindre la liberté
Du démon qui m'a transporté.

177 *discours:* propos.

Oh! que j'aime la solitude!
C'est l'élément des bons esprits,
C'est par elle que j'ai compris
L'art d'Apollon sans nulle étude.
Je l'aime pour l'amour de toi,
Connaissant que ton humeur l'aime;
Mais, quand je pense bien à moi,
Je la hais pour la raison même;
Car elle pourrait me ravir
L'heur de te voir et te servir.

51. *La Pipe*

Assis sur un fagot, une pipe à la main,
Tristement accoudé contre une cheminée,
Les yeux fixés vers terre, et l'âme mutinée,
Je songe aux cruautés de mon sort inhumain.

L'espoir, qui me remet du jour au lendemain,
Essaie à gagner temps sur ma peine obstinée,
Et, me venant promettre une autre destinée,
Me fait monter plus haut qu'un empereur romain.

Mais à peine cette herbe est-elle mise en cendre,
Qu'en mon premier état il me convient descendre
Et passer mes ennuis à redire souvent:

Non, je ne trouve point beaucoup de différence
De prendre du tabac à vivre d'espérance,
Car l'un n'est que fumée et l'autre n'est que vent.

52. *Les Goinfres*

Coucher trois dans un drap, sans feu ni sans chandelle,
Au profond de l'hiver, dans la salle aux fagots,
Où les chats, ruminant le langage des Goths,
Nous éclairent sans cesse en roulant la prunelle;

[51] 11 *passer:* accepter.

Hausser notre chevet avec une escabelle,
Etre deux ans à jeun comme les escargots,
Rêver en grimaçant ainsi que les magots
Qui, bâillant au soleil, se grattent sous l'aisselle;

Mettre au lieu d'un bonnet la coiffe d'un chapeau,
Prendre pour se couvrir la frise d'un manteau
Dont le dessus servit à nous doubler la panse;

Puis souffrir cent brocards d'un vieux hôte irrité,
Qui peut fournir à peine à la moindre dépense,
C'est ce qu'engendre enfin la prodigalité.

VINCENT VOITURE (1598–1648)

53. *La Belle Matineuse*

DES portes du matin l'amante de Céphale
Ses roses épandait dans le milieu des airs,
Et jetait sur les cieux nouvellement ouverts
Ces traits d'or et d'azur qu'en naissant elle étale;

Quand la nymphe divine, à mon repos fatale,
Apparut, et brilla de tant d'attraits divers
Qu'il semblait qu'elle seule éclairait l'univers,
Et remplissait de feux la rive orientale.

Le soleil, se hâtant pour la gloire des cieux,
Vint opposer sa flamme à l'éclat de ses yeux,
Et prit tous les rayons dont l'Olympe se dore;

L'onde, la terre, et l'air s'allumaient alentour:
Mais auprès de Philis on le prit pour l'aurore,
Et l'on crut que Philis était l'astre du jour.

[53] 1 Céphale fut enlevé par l'Aurore.

54. *Sonnet à Uranie (1638)*

Il faut finir mes jours en l'amour d'Uranie!
L'absence ni le temps ne m'en sauraient guérir,
Et je ne vois plus rien qui me pût secourir,
Ni qui sût rappeler ma liberté bannie.

Dès longtemps je connais sa rigueur infinie!
Mais, pensant aux beautés pour qui je dois périr,
Je bénis mon martyre, et content de mourir
Je n'ose murmurer contre sa tyrannie.

Quelquefois ma raison, par de faibles discours,
M'invite à la révolte et me promet secours.
Mais, lorsqu'à mon besoin je me veux servir d'elle,

Après beaucoup de peine et d'efforts impuissants,
Elle dit qu'Uranie est seule aimable et belle,
Et m'y rengage plus que ne font tous mes sens.

55, 56. *Rondeaux*

I

Ma foi, c'est fait de moi, car Isabeau
M'a conjuré de lui faire un rondeau.
Cela me met en une peine extrême.
Quoi! treize vers, huit en *eau*, cinq en *eme*!
Je lui ferais aussitôt un bateau.

[54] Ce sonnet et celui de Benserade sur Job (no. 58) partagèrent pendant quelque temps les précieux et les précieuses de l'Hôtel de Rambouillet en deux factions: les *Uranistes* qui prirent parti pour le sonnet de Voiture, et les *Jobelins*, qui, au contraire, voulaient donner le premier rang à celui de Benserade.

11 *à mon besoin:* aux moments où j'en éprouve le besoin. 14 *m'y rengage:* me rengage à son service (*y* s'employait au XVIIe siècle pour désigner les personnes).

En voilà cinq pourtant en un monceau.
Faisons-en huit en invoquant Brodeau,
Et puis mettons, par quelque stratagème,
Ma foi, c'est fait.

Si je pouvais encor de mon cerveau
Tirer cinq vers, l'ouvrage serait beau:
Mais cependant je suis dedans l'onzième,
Et ci je crois que je fais le douzième;
En voilà treize ajustés au niveau.
Ma foi, c'est fait!

II

En bon Français politique et dévot
Vous discourez, plus grave qu'un magot;
Votre chagrin de tout se formalise,
Et l'on dirait que la France et l'Église
Tournent sur vous, comme sur leur pivot.

A tous propos vous faites le bigot,
Pleurant nos maux avecque maint sanglot;
Et votre cœur espagnol se déguise
En bon Français.

Laissez l'État et n'en dites plus mot;
Il est pourvu d'un très bon matelot;
Car, s'il vous faut parler avec franchise,
Quoique sur tout votre esprit subtilise,
On vous connaît, et vous n'êtes qu'un sot
En bon Français.

7 *Brodeau:* Victor Brodeau, disciple de Clément Marot. A excellé surtout dans le rondeau. 13 *ci:* ici.

[56] 1 *politique:* s'occupant des affaires publiques, de la politique.

Paul Scarron (1610–1660)

57. *Épigramme en Forme de Sonnet*

Superbes monuments de l'orgueil des humains,
Pyramides, tombeaux dont la vaine structure
A témoigné que l'art, par l'adresse des mains
Et l'assidu travail, peut vaincre la nature;

Vieux palais ruinés, chefs-d'œuvre des Romains,
Et les derniers efforts de leur architecture,
Colisée, où souvent ces peuples inhumains
De s'entre-assassiner se donnaient tablature;

Par l'injure des ans vous êtes abolis,
Ou du moins, la plupart, vous êtes démolis:
Il n'est point de ciment que le temps ne dissoude.

Si vos marbres si durs ont senti son pouvoir,
Dois-je trouver mauvais qu'un méchant pourpoint noir,
Qui m'a duré deux ans, soit percé par le coude?

Isaac de Benserade (1612–1691)

58. *Sonnet de Job*

Job, de mille tourments atteint,
Vous rendra sa douleur connue,
Et raisonnablement il craint
Que vous n'en soyez point émue.

Vous verrez sa misère nue:
Il s'est lui-même ici dépeint.
Accoutumez-vous à la vue
D'un homme qui souffre et se plaint.

[57] 8 *se donnaient tablature:* se donnaient de la peine.

[58] 2 *vous rendra sa douleur connue:* vous fera connaître sa douleur.

Bien qu'il eût d'extrêmes souffrances,
On vit aller des patiences
Plus loin que la sienne n'alla.

S'il souffrit des maux incroyables,
Il s'en plaignit, il en parla;
J'en connais de plus misérables.

59. *Rondeau*

Je suis trop las de jouer ce rôlet;
Depuis longtemps je travaille au ballet.
L'office n'est envié de personne,
Et ce n'est pas "office de couronne",
Quelque talent que pour couronne il ait.

Je ne suis plus si gai ni si follet.
Un noir chagrin me saisit au collet,
Et je n'ai plus que la volonté bonne:
Je suis trop las.

De vous promettre à chacune un couplet
C'en est beaucoup pour un homme replet;
Je ne le puis, troupe aimable et mignonne.
A tout le sexe en gros je m'abandonne;
Mais en détail, ma foi, votre valet!
Je suis trop las.

Pierre Corneille (1606–1684)

60. *Épitaphe d'Élisabeth Ranquet*

Ne verse point de pleurs sur cette sépulture,
Passant: ce lit funèbre est un lit précieux,
Où gît d'un corps tout pur la cendre toute pure;
Mais le zèle du cœur vit encore en ces lieux.

[59] 11 *replet:* qui a un peu d'embonpoint.

Avant que de payer le droit à la nature,
Son âme, s'élevant au delà de ses yeux,
Avait au Créateur uni la créature;
Et marchant sur la terre elle était dans les cieux.

Les pauvres bien mieux qu'elle ont senti sa richesse:
L'humilité, la peine étaient son allégresse;
Et son dernier soupir fut un soupir d'amour.

Passant, qu'à son exemple un beau feu te transporte,
Et, loin de la pleurer d'avoir perdu le jour,
Crois qu'on ne meurt jamais quand on meurt de la sorte.

61. *Que la Vérité parle au dedans du Cœur sans aucun Bruit de Paroles*

PARLE, parle, Seigneur, ton serviteur écoute:
Je dis ton serviteur, car enfin je le suis;
Je le suis, je veux l'être, et marcher dans ta route
Et les jours et les nuits.

Remplis-moi d'un esprit qui me fasse comprendre
Ce qu'ordonnent de moi tes saintes volontés,
Et réduis mes désirs au seul désir d'entendre
Tes hautes vérités.

Mais désarme d'éclairs ta divine éloquence,
Fais-la couler sans bruit au milieu de mon cœur:
Qu'elle ait de la rosée et la vive abondance
Et l'aimable douceur.

Vous la craigniez, Hébreux, vous croyiez que la foudre,
Que la mort la suivît, et dût tout désoler,
Vous qui dans le désert ne pouviez vous résoudre
A l'entendre parler.

"Parle-nous, parle-nous, disiez-vous à Moïse,
Mais obtiens du Seigneur qu'il ne nous parle pas;
Des éclats de sa voix la tonnante surprise
Serait notre trépas."

Je n'ai point ces frayeurs alors que je te prie;
Je te fais d'autres vœux que ces fils d'Israël,
Et plein de confiance, humblement je m'écrie
Avec ton Samuel:

"Quoique tu sois le seul qu'ici-bas je redoute,
C'est toi seul qu'ici-bas je souhaite d'ouïr;
Parle donc, ô mon Dieu! ton serviteur écoute,
Et te veut obéir."

Je ne veux ni Moïse à m'enseigner tes voies,
Ni quelque autre prophète à m'expliquer tes lois;
C'est toi qui les instruis, c'est toi qui les envoies,
Dont je cherche la voix.

Comme c'est de toi seul qu'ils ont tous ces lumières
Dont la grâce par eux éclaire notre foi,
Tu peux bien sans eux tous me les donner entières,
Mais eux tous rien sans toi.

Ils peuvent répéter le son de tes paroles,
Mais il n'est pas en eux d'en conférer l'esprit,
Et leurs discours sans toi passent pour si frivoles
Que souvent on s'en rit.

Qu'ils parlent hautement, qu'ils disent des merveilles,
Qu'ils déclarent ton ordre avec pleine vigueur:
Si tu ne parles point, ils frappent les oreilles
Sans émouvoir le cœur.

Ils sèment la parole obscure, simple et nue;
Mais dans l'obscurité tu rends l'œil clairvoyant,
Et joins du haut du ciel à la lettre qui tue
L'esprit vivifiant.

Leur bouche sous l'énigme annonce le mystère,
Mais tu nous en fais voir le sens le plus caché;
Ils nous prêchent tes lois, mais ton secours fait faire
Tout ce qu'ils ont prêché.

Ils montrent le chemin, mais tu donnes la force
D'y porter tous nos pas, d'y marcher jusqu'au bout;
Et tout ce qui vient d'eux ne passe point l'écorce,
Mais tu pénètres tout.

Ils n'arrosent sans toi que les dehors de l'âme,
Mais sa fécondité veut ton bras souverain;
Et tout ce qui l'éclaire, et tout ce qui l'enflamme
Ne part que de ta main.

Ces prophètes enfin ont beau crier et dire:
"Ce ne sont que des voix, ce ne sont que des cris,"
Si, pour en profiter, l'esprit qui les inspire
Ne touche nos esprits.

Silence donc, Moïse! et toi, parle en sa place,
Éternelle, immuable, immense Vérité;
Parle, que je ne meure enfoncé dans la glace
De ma stérilité.

C'est mourir en effet, qu'à ta faveur céleste
Ne rendre point pour fruit des désirs plus ardents;
Et l'avis du dehors n'a rien que de funeste
S'il n'échauffe au dedans.

Cet avis écouté seulement par caprice,
Connu sans être aimé, cru sans être observé,
C'est ce qui vraiment tue, et sur quoi ta justice
Condamne un réprouvé.

Parle donc, ô mon Dieu! ton serviteur fidèle
Pour écouter ta voix réunit tous ses sens,
Et trouve les douceurs de la vie éternelle
En ses divins accents.

Parle pour consoler mon âme inquiétée;
Parle pour la conduire à quelque amendement;
Parle, afin que ta gloire ainsi plus exaltée
Croisse éternellement.

55 *passe:* dépasse. 76 *réprouvé:* exclu du nombre des élus.

Guillaume de Brébeuf (1618–1661)

62. *Désirs de Conversion*

Rebuté des charmes du vice,
Je viens enfin, Seigneur, vous montrer mes regrets,
Je viens solliciter contre votre justice
Ces sources de bonté qu'on ne tarit jamais;
Je veux venger sur moi vos grandeurs offensées,
Opposer mes remords à vos sévérités;
Mais que me servent mes pensées
Si vous ne les exécutez?

Tout mon partage est la misère,
Si vous ne vous montrez prompt à me secourir,
Si vous ne m'instruisez à fléchir la colère
D'un Dieu qui m'a fait naître et que j'ai fait mourir;
Sans vous tous mes projets sont des vœux inutiles,
Sans vous je puis faillir et ne puis réparer,
Et mes pleurs deviennent stériles
Si vous ne m'aidez à pleurer.

L'homme, quoiqu'il pense ou qu'il ose,
N'est qu'un néant superbe et qu'un rien orgueilleux,
Et ce rien toutefois vous devient quelque chose,
Quand vous êtes le tout que cherchent tous ses vœux;
Sitôt qu'il fait de vous l'objet de sa tendresse,
Ce néant fortuné se change entre vos mains,
Et malgré sa propre bassesse
Il se voit propre aux grands desseins.

Faites donc, ô Bonté suprême,
Que la terre à mes yeux n'offre plus rien de doux,
Que j'aime heureusement chercher tout en vous-même,
Et dédaigne ici-bas tout ce qui n'est pas vous!
Que, tout rien que je suis, j'ose pourtant me dire:
Tout ce qui n'est pas Dieu ne vaut point mes désirs,
Et si pour lui je ne soupire,
Rien n'est digne de mes soupirs.

Venez, ô ma sainte Lumière,
Dissiper de mes yeux les longs aveuglements,
Venez, de mon esprit la douceur singulière,
Épancher dans mon cœur de purs ravissements;
De mes maux, ô mon Bien, faites cesser les causes;
Ma vie, affranchissez mon âme du trépas;
Mon Tout, soyez-moi toutes choses;
Mon Sauveur, tendez-moi les bras!

Faites, ô Source de la grâce,
Qu'en tous lieux je vous cherche et vous trouve en tous lieux;
Qu'heureux de vous trouver, cent fois je vous embrasse,
Et que tout mon étude et toute mon envie
Soit de vous envoyer mes soupirs nuit et jour,
Et que le dernier de ma vie,
Soit encore un soupir d'amour!

JEAN DE LA FONTAINE (1621–1695)

63. *Le Chêne et le Roseau*

LE chêne un jour dit au roseau:
Vous avez bien sujet d'accuser la nature;
Un roitelet pour vous est un pesant fardeau:
Le moindre vent qui d'aventure
Fait rider la face de l'eau
Vous oblige à baisser la tête;
Cependant que mon front au Caucase pareil,
Non content d'arrêter les rayons du soleil,
Brave l'effort de la tempête.
Tout vous est aquilon, tout me semble zéphyr;
Encor si vous naissiez à l'abri du feuillage
Dont je couvre le voisinage,
Vous n'auriez pas tant à souffrir;
Je vous défendrais de l'orage;

Mais vous naissez le plus souvent
Sur les humides bords des royaumes du vent.
La nature envers vous me semble bien injuste.
Votre compassion, lui répondit l'arbuste,
Part d'un bon naturel; mais quittez ce souci:
Les vents me sont moins qu'à vous redoutables;
Je plie, et ne romps pas. Vous avez jusqu'ici
Contre leurs coups épouvantables
Résisté sans courber le dos;
Mais attendons la fin. Comme il disait ces mots,
Du bout de l'horizon accourt avec furie
Le plus terrible des enfants
Que le nord eût portés jusque-là dans ses flancs.
L'arbre tient bon; le roseau plie.
Le vent redouble ses efforts,
Et fait si bien qu'il déracine
Celui de qui la tête au ciel était voisine,
Et dont les pieds touchaient à l'empire des morts.

64. *Les Grenouilles qui demandent un Roi*

Les grenouilles, se lassant
De l'état démocratique,
Par leurs clameurs firent tant
Que Jupin les soumit au pouvoir monarchique.
Il leur tomba du ciel un roi tout pacifique:
Ce roi fit toutefois un tel bruit en tombant,
Que la gent marécageuse,
Gent fort sotte et fort peureuse,
S'alla cacher sous les eaux,
Dans les joncs, dans les roseaux,
Dans les trous du marécage,
Sans oser de longtemps regarder au visage
Celui qu'elles croyaient être un géant nouveau.
Or c'était un soliveau,
De qui la gravité fit peur à la première

[64] 4 *Jupin:* Jupiter.

Qui, de le voir s'aventurant,
Osa bien quitter sa tanière.
Elle approcha, mais en tremblant.
Une autre la suivit, une autre en fit autant;
Il en vint une fourmilière:
Et leur troupe à la fin se rendit familière
Jusqu'à sauter sur l'épaule du roi.
Le bon sire le souffre, et se tient toujours coi.
Jupin en a bientôt la cervelle rompue:
Donnez-nous, dit ce peuple, un roi qui se remue.
Le monarque des dieux leur envoie une grue,
Qui les croque, qui les tue,
Qui les gobe à son plaisir:
Et grenouilles de se plaindre;
Et Jupin de leur dire: Eh quoi! votre désir
A ses lois croit-il nous astreindre?
Vous avez dû premièrement
Garder votre gouvernement;
Mais ne l'ayant pas fait, il vous devait suffire
Que votre premier roi fût débonnaire et doux:
De celui-ci contentez-vous,
De peur d'en rencontrer un pire.

65. *Le Pot de Terre et le Pot de Fer*

Le pot de fer proposa
Au pot de terre un voyage.
Celui-ci s'en excusa,
Disant qu'il ferait que sage
De garder le coin du feu:
Car il lui fallait si peu,

29 *et grenouilles de se plaindre:* et les grenouilles commencèrent à se plaindre (cp. v. 30).

[65] 4 *qu'il ferait que sage:* qu'il ferait (ce) que sage (ferait), c.à.d., qu'il agirait en sage.

Si peu que la moindre chose
De son débris serait cause:
Il n'en reviendrait morceau.
"Pour vous, dit-il, dont la peau
Est plus dure que la mienne,
Je ne vois rien qui vous tienne.
— Nous vous mettrons à couvert,
Repartit le pot de fer:
Si quelque matière dure
Vous menace, d'aventure,
Entre deux je passerai,
Et du coup vous sauverai."
Cette offre le persuade.
Pot de fer son camarade
Se met droit à ses côtés.
Mes gens s'en vont à trois pieds
Clopin clopant comme ils peuvent,
L'un contre l'autre jetés
Au moindre hoquet qu'ils treuvent.
Le pot de terre en souffre; il n'eut pas fait cent pas
Que par son compagnon il fut mis en éclats,
Sans qu'il eût lieu de se plaindre.

Ne nous associons qu'avecque nos égaux;
Ou bien il nous faudra craindre
Le destin d'un de ces pots.

66. *Le Coche et la Mouche*

DANS un chemin montant, sablonneux, malaisé,
Et de tous les côtés au soleil exposé,
Six forts chevaux tiraient un coche.
Femmes, moine, vieillards, tout était descendu:
L'attelage suait, soufflait, était rendu.
Une mouche survient, et des chevaux s'approche,

8 *débris:* action de briser. 17 *entre deux:* entre vous deux. 25 *hoquet:* obstacle; *treuvent:* trouvent.

Prétend les animer par son bourdonnement,
Pique l'un, pique l'autre, et pense à tout moment
Qu'elle fait aller la machine,
S'assied sur le timon, sur le nez du cocher.
Aussitôt que le char chemine
Et qu'elle voit les gens marcher,
Elle s'en attribue uniquement la gloire,
Va, vient, fait l'empressée: il semble que ce soit
Un sergent de bataille allant en chaque endroit
Faire avancer ses gens et hâter la victoire.
La mouche, en ce commun besoin,
Se plaint qu'elle agit seule, et qu'elle a tout le soin;
Qu'aucun n'aide aux chevaux à se tirer d'affaire;
Le moine disait son bréviaire:
Il prenait bien son temps! une femme chantait:
C'était bien de chansons qu'alors il s'agissait!
Dame mouche s'en va chanter à leurs oreilles,
Et fait cent sottises pareilles.
Après bien du travail, le coche arrive au haut.
"Respirons maintenant! dit la mouche aussitôt:
J'ai tant fait que nos gens sont enfin dans la plaine.
Çà, messieurs les chevaux, payez-moi de ma peine."

Ainsi certaines gens, faisant les empressés,
S'introduisent dans les affaires:
Ils font partout les nécessaires,
Et, partout importuns, devraient être chassés.

67. *La Laitière et le Pot au Lait*

Perrette, sur sa tête ayant un pot au lait
Bien posé sur un coussinet,
Prétendait arriver sans encombre à la ville.
Légère et court vêtue, elle allait à grands pas,
Ayant mis ce jour-là, pour être plus agile,
Cotillon simple et souliers plats.

[66] 18 *soin:* souci, peine.

Notre laitière ainsi troussée
Comptait déjà dans sa pensée
Tout le prix de son lait, en employait l'argent;
Achetait un cent d'œufs, faisait triple couvée:
La chose allait à bien par son soin diligent.
"Il m'est, disait-elle, facile
D'élever des poulets autour de ma maison;
Le renard sera bien habile
S'il ne m'en laisse assez pour avoir un cochon.
Le porc à s'engraisser coûtera peu de son;
Il était, quand je l'eus, de grosseur raisonnable:
J'aurai, le revendant, de l'argent bel et bon.
Et qui m'empêchera de mettre dans notre étable,
Vu le prix dont il est, une vache et son veau,
Que je verrai sauter au milieu du troupeau?"
Perrette là-dessus saute aussi, transportée:
Le lait tombe; adieu veau, vache, cochon, couvée.
La dame de ces biens, quittant d'un œil marri
Sa fortune ainsi répandue,
Va s'excuser à son mari,
En grand danger d'être battue.
Le récit en farce en fut fait;
On l'appela le *Pot au lait*.

Quel esprit ne bat la campagne?
Qui ne fait châteaux en Espagne?
Picrochole, Pyrrhus, la laitière, enfin tous,
Autant les sages que les fous,
Chacun songe en veillant; il n'est rien de plus doux.
Une flatteuse erreur emporte alors nos âmes;
Tout le bien du monde est à nous,
Tous les honneurs, toutes les femmes.

24 *dame:* maîtresse; *marri:* attristé. 30 *ne bat la campagne:* ne va au hasard, ne divague. 31 *châteaux en Espagne:* "castles in the air". 32 *Picrochole:* personnage de Rabelais qui a soif de conquérir le monde entier.

Quand je suis seul, je fais au plus brave un défi;
Je m'écarte, je vais détrôner le Sophi;
On m'élit roi, mon peuple m'aime,
Les diadèmes vont sur ma tête pleuvant.
Quelque accident fait-il que je rentre en moi-même:
Je suis Gros-Jean comme devant.

68. *Le Savetier et le Financier*

Un savetier chantait du matin jusqu'au soir:
C'était merveille de le voir,
Merveille de l'ouïr; il faisait des passages,
Plus content qu'aucun des sept sages.
Son voisin, au contraire, étant tout cousu d'or,
Chantait peu, dormait moins encor:
C'était un homme de finance.
Si sur le point du jour parfois il sommeillait,
Le savetier alors en chantant l'éveillait;
Et le financier se plaignait
Que les soins de la Providence
N'eussent pas au marché fait vendre le dormir,
Comme le manger et le boire.
En son hôtel il fait venir
Le chanteur, et lui dit: "Or çà, sire Grégoire,
Que gagnez-vous par an?—Par an! ma foi, monsieur,
Dit avec un ton de rieur
Le gaillard savetier, ce n'est point ma manière
De compter de la sorte; et je n'entasse guère

39 *je m'écarte:* je m'écarte du chemin battu, du chemin de la routine; *Sophi:* titre qu'on donnait jadis au schah de Perse. 43 *Gros-Jean:* nom emprunté à Rabelais qui s'en sert pour désigner un personnage insignifiant.

[68] 3 *passages:* traits de chant.

Un jour sur l'autre: il suffit qu'à la fin
J'attrape le bout de l'année;
Chaque jour amène son pain.
—Eh bien! que gagnez-vous, dites-moi, par journée?
—Tantôt plus, tantôt moins: le mal est que toujours
(Et sans cela nos gains seraient assez honnêtes),
Le mal est que dans l'an s'entremêlent des jours
Qu'il faut chômer; on nous ruine en fêtes:
L'une fait tort à l'autre; et monsieur le curé
De quelque nouveau saint charge toujours son prône."
Le financier, riant de sa naïveté,
Lui dit: "Je vous veux mettre aujourd'hui sur le trône.
Prenez ces cent écus; gardez-les avec soin,
Pour vous en servir au besoin."
Le savetier crut voir tout l'argent que la terre
Avait, depuis plus de cent ans,
Produit pour l'usage des gens.
Il retourne chez lui: dans sa cave il enserre
L'argent, et sa joie à la fois.
Plus de chant: il perdit la voix
Du moment qu'il gagna ce qui cause nos peines.
Le sommeil quitta son logis;
Il eut pour hôtes les soucis,
Les soupçons, les alarmes vaines.
Tout le jour il avait l'œil au guet; et la nuit,
Si quelque chat faisait du bruit,
Le chat prenait l'argent. A la fin le pauvre homme
S'en courut chez celui qu'il ne réveillait plus:
"Rendez-moi, lui dit-il, mes chansons et mon somme;
Et reprenez vos cent écus."

20–1 C.à.d., que je joigne les deux bouts à la fin de l'année.
25 *honnêtes:* convenables.

Nicolas Boileau-Despréaux (1636–1711)

69. *Satire VI (1660)*

Les Embarras de Paris

Qui frappe l'air, bon Dieu! de ces lugubres cris?
Est-ce donc pour veiller qu'on se couche à Paris?
Et quel fâcheux démon, durant les nuits entières,
Rassemble ici les chats de toutes les gouttières?
J'ai beau sauter du lit, plein de trouble et d'effroi,
Je pense qu'avec eux tout l'enfer est chez moi:
L'un miaule en grondant comme un tigre en furie,
L'autre roule sa voix comme un enfant qui crie.
Ce n'est pas tout encor: les souris et les rats
Semblent, pour m'éveiller, s'entendre avec les chats,
Plus importuns pour moi, durant la nuit obscure,
Que jamais, en plein jour, ne fut l'abbé de Pure.
Tout conspire à la fois à troubler mon repos,
Et je me plains ici du moindre de mes maux:
Car à peine les coqs, commençant leur ramage,
Auront de cris aigus frappé le voisinage,
Qu'un affreux serrurier, laborieux Vulcain,
Qu'éveillera bientôt l'ardente soif du gain,
Avec un fer maudit, qu'à grand bruit il apprête,
De cent coups de marteau me va fendre la tête.
J'entends déjà partout les charrettes courir,
Les maçons travailler, les boutiques s'ouvrir;
Tandis que dans les airs mille cloches émues
D'un funèbre concert font retentir les nues,
Et, se mêlant au bruit de la grêle et des vents,
Pour honorer les morts font mourir les vivants.
Encor je bénirais la bonté souveraine,
Si le ciel à ces maux avait borné ma peine;

12 *l'abbé de Pure:* méchant poète du temps. 23 *émues:* remuées.

Mais si seul en mon lit je peste avec raison,
C'est encor pis vingt fois en quittant la maison:
En quelque endroit que j'aille il faut fendre la presse
D'un peuple d'importuns qui fourmillent sans cesse.
L'un me heurte d'un ais dont je suis tout froissé,
Je vois d'un autre coup mon chapeau renversé.
Là, d'un enterrement la funèbre ordonnance
D'un pas lugubre et lent vers l'église s'avance;
Et plus loin des laquais, l'un l'autre s'agaçants,
Font aboyer les chiens et jurer les passants.
Des paveurs en ce lieu me bouchent le passage;
Là, je trouve une croix de funeste présage,
Et des couvreurs grimpés au toit d'une maison
En font pleuvoir l'ardoise et la tuile à foison.
Là, sur une charrette une poutre branlante
Vient menaçant de loin la foule qu'elle augmente:
Six chevaux attelés à ce fardeau pesant
Ont peine à l'émouvoir sur le pavé glissant.
D'un carrosse en tournant il accroche une roue,
Et du choc le renverse en un grand tas de boue,
Quand un autre à l'instant, s'efforçant de passer,
Dans le même embarras se vient embarrasser.
Vingt carrosses bientôt arrivant à la file
Y sont en moins de rien suivis de plus de mille;
Et, pour surcroît de maux, un sort malencontreux
Conduit en cet endroit un grand troupeau de bœufs;
Chacun prétend passer: l'un mugit, l'autre jure;
Des mulets en sonnant augmentent le murmure.
Aussitôt cent chevaux, dans la foule appelés,
De l'embarras qui croît ferment les défilés,
Et partout, des passants enchaînant les brigades,
Au milieu de la paix font voir les barricades.

33 *froissé:* meurtri. 40 Cette croix, destinée à avertir du danger, n'en préservait pas toujours les passants. 60 Allusion aux barricades de 1648, pendant la minorité de Louis XIV, au début de la Fronde.

On n'entend que des cris poussés confusément;
Dieu pour s'y faire ouïr tonnerait vainement.
Moi donc, qui dois souvent en certain lieu me rendre,
Le jour déjà baissant, et qui suis las d'attendre,
Ne sachant plus tantôt à quel saint me vouer,
Je me mets au hasard de me faire rouer.
Je saute vingt ruisseaux, j'esquive, je me pousse;
Guénaud sur son cheval en passant m'éclabousse,
Et, n'osant plus paraître en l'état où je suis,
Sans songer où je vais, je me sauve où je puis.
 Tandis que dans un coin en grondant je m'essuie,
Souvent, pour m'achever, il survient une pluie:
On dirait que le ciel, qui se fond tout en eau,
Veuille inonder ces lieux d'un déluge nouveau.
Pour traverser la rue, au milieu de l'orage,
Un ais sur deux pavés forme un étroit passage;
Le plus hardi laquais n'y marche qu'en tremblant;
Il faut pourtant passer sur ce pont chancelant;
Et les nombreux torrents qui tombent des gouttières,
Grossissant les ruisseaux, en ont fait des rivières.
J'y passe en trébuchant; mais, malgré l'embarras,
La frayeur de la nuit précipite mes pas.
 Car, sitôt que du soir les ombres pacifiques
D'un double cadenas font fermer les boutiques;
Que, retiré chez lui, le paisible marchand
Va revoir ses billets et compter son argent;
Que dans le Marché-Neuf tout est calme et tranquille,
Les voleurs à l'instant s'emparent de la ville.
Le bois le plus funeste et le moins fréquenté
Est, au prix de Paris, un lieu de sûreté.
Malheur donc à celui qu'une affaire imprévue
Engage un peu trop tard au détour d'une rue!
Bientôt quatre bandits lui serrant les côtés;
"La bourse!"...Il faut se rendre; ou bien non, résistez,
Afin que votre mort, de tragique mémoire,
Des massacres fameux aille grossir l'histoire.

Pour moi, fermant ma porte, et cédant au sommeil,
Tous les jours je me couche avecque le soleil.
Mais en ma chambre à peine ai-je éteint la lumière
Qu'il ne m'est plus permis de fermer la paupière.
Des filous effrontés, d'un coup de pistolet,
Ébranlent ma fenêtre et percent mon volet;
J'entends crier partout: "Au meurtre! On m'assassine!"
Ou: "Le feu vient de prendre à la maison voisine!"
Tremblant et demi-mort, je me lève à ce bruit,
Et souvent sans pourpoint je cours toute la nuit.
Gar le feu, dont la flamme en ondes se déploie,
Fait de notre quartier une seconde Troie,
Où maint Grec affamé, maint avide Argien,
Au travers des charbons va piller le Troyen.
Enfin sous mille crocs la maison abîmée
Entraîne aussi le feu qui se perd en fumée.
Je me retire donc, encor pâle d'effroi;
Mais le jour est venu quand je rentre chez moi.
Je fais pour reposer un effort inutile:
Ce n'est qu'à prix d'argent qu'on dort en cette ville.
Il faudrait dans l'enclos d'un vaste logement
Avoir loin de la rue un autre appartement.
Paris est pour un riche un pays de Cocagne;
Sans sortir de la ville, il trouve la campagne;
Il peut dans son jardin, tout peuplé d'arbres verts,
Recéler le printemps au milieu des hivers,
Et, foulant le parfum de ses plantes fleuries,
Aller entretenir ses douces rêveries.
Mais moi, grâce au destin, qui n'ai ni feu ni lieu,
Je me loge où je puis, et comme il plaît à Dieu.

70

Extract from *L'ART POÉTIQUE* (1674)
HISTOIRE DE LA POÉSIE FRANÇAISE

DURANT les premiers ans du Parnasse françois,
Le caprice tout seul faisait toutes les lois.
La rime, au bout des mots assemblés sans mesure,
Tenait lieu d'ornements, de nombre, et de césure.
Villon sut le premier, dans ces siècles grossiers,
Débrouiller l'art confus de nos vieux romanciers.
Marot bientôt après fit fleurir les ballades,
Tourna des triolets, rima des mascarades,
A des refrains réglés asservit les rondeaux,
Et montra pour rimer des chemins tout nouveaux.
Ronsard, qui le suivit, par une autre méthode,
Réglant tout, brouilla tout, fit un art à sa mode,
Et toutefois longtemps eut un heureux destin.
Mais sa muse, en français parlant grec et latin,
Vit dans l'âge suivant, par un retour grotesque,
Tomber de ses grands mots le faste pédantesque.
Ce poète orgueilleux, trébuché de si haut,
Rendit plus retenus Desportes et Bertaut.

1 *oi* se prononcait alors *wè* en poésie et dans le discours soutenu, de sorte que *françois* et *lois* riment parfaitement. 1–6 Ces vers, remplis d'erreurs, démontrent que Boileau ignorait l'ancienne littérature française. 6 Boileau entend, sans doute, par "romanciers" les auteurs du *Roman de la Rose* et des romans bretons. 7 La ballade florissait bien avant Marot. 8 Boileau se trompe; Marot ne composa ni triolets ni mascarades. 9 La forme définitive du rondeau était déjà établie. 10 Marot a inventé plusieurs formes strophiques, mais il n'a pas innové en ce qui concerne la rime. 14 Cette assertion est fausse; en réalité Ronsard n'a usé de mots grecs et latins qu'avec la plus grande modération. 17 Ronsard, qui avait joui jusqu'alors d'une réputation sans pareille, tomba, après l'avènement de Malherbe, dans un oubli complet qui dura pendant deux siècles.

Enfin Malherbe vint, et, le premier en France,
Fit sentir dans les vers une juste cadence,
D'un mot mis en sa place enseigna le pouvoir,
Et réduisit la muse aux règles du devoir.
Par ce sage écrivain la langue réparée
N'offrit plus rien de rude à l'oreille épurée.
Les stances avec grâce apprirent à tomber,
Et le vers sur le vers n'osa plus enjamber.
Tout reconnut ses lois; et ce guide fidèle
Aux auteurs de ce temps sert encor de modèle.
Marchez donc sur ses pas; aimez sa pureté,
Et de son tour heureux imitez la clarté.
Si le sens de vos vers tarde à se faire entendre,
Mon esprit aussitôt commence à se détendre,
Et, de vos vains discours prompt à se détacher
Ne suit point un auteur qu'il faut toujours chercher.

71. *Épître à M. Racine (1677)*

QUE tu sais bien, Racine, à l'aide d'un acteur,
Émouvoir, étonner, ravir un spectateur!
Jamais Iphigénie, en Aulide immolée,
N'a coûté tant de pleurs à la Grèce assemblée
Que, dans l'heureux spectacle à nos yeux étalé,
En a fait, sous son nom, verser la Champmeslé.
Ne crois pas toutefois, par tes savants ouvrages,
Entraînant tous les cœurs, gagner tous les suffrages.
Sitôt que d'Apollon un génie inspiré
Trouve loin du vulgaire un chemin ignoré,

24 Ronsard et ses disciples avaient travaillé à enrichir le langage poétique par la création d'une diction plus riche que celle de la prose; Malherbe, au contraire, s'efforça de l'épurer par l'élimination de tout ce qui n'était pas purement français. 26 On sait que Malherbe proscrivit l'enjambement, admis par la Pléiade. 27 Affirmation inexacte en tant qu'elle ne s'applique pas à plusieurs des contemporains de Malherbe (voir les nos. 44 et 49). 30 *tour:* style, forme. 32 *se détendre:* se relâcher, c.à.d., s'égarer.

[71] 6 *la Champmeslé:* célèbre actrice de l'époque.

En cent lieux contre lui les cabales s'amassent;
Ses rivaux obscurcis autour de lui croassent;
Et son trop de lumière, importunant les yeux,
De ses propres amis lui fait des envieux.
La mort seule, ici-bas, en terminant sa vie,
Peut calmer sur son nom l'injustice et l'envie,
Faire au poids du bon sens peser tous ses écrits,
Et donner à ses vers leur légitime prix.
 Avant qu'un peu de terre, obtenu par prière,
Pour jamais sous la tombe eût enfermé Molière,
Mille de ses beaux traits, aujourd'hui si vantés,
Furent des sots esprits à nos yeux rebutés.
L'ignorance et l'erreur à ses naissantes pièces
En habits de marquis, en robes de comtesses,
Venaient pour diffamer son chef-d'œuvre nouveau,
Et secouaient la tête à l'endroit le plus beau.
Le commandeur voulait la scène plus exacte;
Le vicomte indigné sortait au second acte;
L'un, défenseur zélé des bigots mis en jeu,
Pour prix de ces bons mots le condamnait au feu;
L'autre, fougueux marquis, lui déclarant la guerre,
Voulait venger la cour immolée au parterre.
Mais, sitôt que d'un trait de ses fatales mains
La Parque l'eut rayé du nombre des humains,
On reconnut le prix de sa muse éclipsée.
L'aimable Comédie, avec lui terrassée,
En vain d'un coup si rude espéra revenir,
Et sur ses brodequins ne put plus se tenir.
Tel fut chez nous le sort du théâtre comique.
 Toi donc qui, t'élevant sur la scène tragique,

19–20 Molière étant mort sous le coup de l'excommunication qui frappait alors les comédiens, il fallut l'intervention du roi pour obtenir une place à son corps en terre sainte. 27 *le commandeur:* le commandeur Souvré, fin gourmet, dont Boileau s'est moqué dans une de ses *Satires*. 28 *le vicomte:* le vicomte de Broussain, ami du précédent.

Suis les pas de Sophocle, et, seul de tant d'esprits,
De Corneille vieilli sais consoler Paris,
Cesse de t'étonner si l'envie animée,
Attachant à ton nom sa rouille envenimée,
La calomnie en main, quelquefois te poursuit.
En cela, comme en tout, le ciel qui nous conduit,
Racine, fait briller sa profonde sagesse.
Le mérite en repos s'endort dans la paresse;
Mais par les envieux un génie excité
Au comble de son art est mille fois monté:
Plus on veut l'affaiblir, plus il croît et s'élance.
Au Cid persécuté Cinna doit sa naissance;
Et peut-être ta plume aux censeurs de Pyrrhus
Doit les plus nobles traits dont tu peignis Burrhus.

Moi-même, dont la gloire ici moins répandue
Des pâles envieux ne blesse point la vue,
Mais qu'une humeur trop libre, un esprit peu soumis,
De bonne heure a pourvu d'utiles ennemis,
Je dois plus à leur haine, il faut que je l'avoue,
Qu'au faible et vain talent dont la France me loue.
Leur venin, qui sur moi brûle de s'épancher,
Tous les jours en marchant m'empêche de broncher.
Je songe, à chaque trait que ma plume hasarde,
Que d'un œil dangereux leur troupe me regarde.
Je sais sur leurs avis corriger mes erreurs,
Et je mets à profit leurs malignes fureurs.
Sitôt que sur un vice ils pensent me confondre,
C'est en me guérissant que je sais leur répondre;
Et plus en criminel ils pensent m'ériger,
Plus, croissant en vertu, je songe à me venger.

42 Corneille avait alors quitté définitivement le théâtre. 52 Allusion à la cabale contre *le Cid* de Corneille. 53–4 L'*Andromaque* de Racine fut critiquée presque aussi vivement que *le Cid*. Burrhus, gouverneur de Néron, est un des personnages de *Britannicus*, tragédie que Racine composa bientôt après *Andromaque*.

Imite mon exemple; et lorsqu'une cabale,
Un flot de vains auteurs follement te ravale,
Profite de leur haine et de leur mauvais sens,
Ris du bruit passager de leurs cris impuissants.
Que peut contre tes vers une ignorance vaine?
Le Parnasse français, ennobli par ta veine,
Contre tous ces complots saura te maintenir,
Et soulever pour toi l'équitable avenir.
Et qui, voyant un jour la douleur vertueuse
De Phèdre malgré soi perfide, incestueuse,
D'un si noble travail justement étonné,
Ne bénira d'abord le siècle fortuné
Qui, rendu plus fameux par tes illustres veilles,
Vit naître sous ta main ces pompeuses merveilles?
Cependant laisse ici gronder quelques censeurs
Qu'aigrissent de tes vers les charmantes douceurs.
Et qu'importe à nos vers que Perrin les admire;
Que l'auteur de *Jonas* s'empresse pour les lire;
Qu'ils charment de Senlis le poète idiot,
Ou le sec traducteur du français d'Amyot:
Pourvu qu'avec éclat leurs rimes débitées
Soient du peuple, des grands, des provinces goûtées;
Pour qu'ils puissent plaire au plus puissant des rois;
Qu'à Chantilly Condé les souffre quelquefois;
Qu'Enghien en soit touché; que Colbert et Vivonne,
Que La Rochefoucauld, Marsillac et Pomponne,

87 *Perrin:* Pierre Perrin, mort en 1680, traduisit en vers misérables l'*Énéide*, et composa des opéras. 88 *l'auteur de Jonas:* Jacques de Coras (1630–77), qui a laissé plusieurs insipides épopées bibliques. 89 *de Senlis le poète:* François de Linière (1628–1704), connu surtout par ses querelles avec Boileau. 90 *le sec traducteur:* François Tallement (1620–1712), qui, dans sa traduction de Plutarque, avait démarqué la célèbre version de Jacques Amyot (1513–93). 95 *Vivonne:* le duc de Vivonne, frère de madame de Montespan, maîtresse de Louis XIV. 96 *Marsillac:* fils du duc de La Rochefoucauld, auteur du livre des *Maximes*; *Pomponne:* diplomate et ministre d'État.

Et mille autres qu'ici je ne puis faire entrer
A leurs traits délicats se laissent pénétrer?
Et plût au ciel encor, pour couronner l'ouvrage,
Que Montausier voulût leur donner son suffrage!
C'est à de tels lecteurs que j'offre mes écrits.
Mais pour un tas grossier de frivoles esprits,
Admirateurs zélés de toute œuvre insipide,
Que, non loin de la place où Brioché préside,
Sans chercher dans les vers ni cadence ni son,
Il s'en aille admirer le savoir de Pradon!

JEAN RACINE (1639–1699)

72. *Cantique sur les vaines Occupations des Gens du Siècle*

QUEL charme vainqueur du monde
Vers Dieu m'élève aujourd'hui?
Malheureux l'homme qui fonde
Sur les hommes son appui!
Leur gloire fuit et s'efface
En moins de temps que la trace
Du vaisseau qui fend les mers,
Ou de la flèche rapide
Qui, loin de l'œil qui la guide,
Cherche l'oiseau dans les airs.

100 *Montausier:* le duc de Montausier, grand seigneur de la cour de Louis XIV, gouverneur du Dauphin et Mécène littéraire. Il avait épousé la fameuse Julie d'Angennes, fille de la marquise de Rambouillet. 104–6 Non loin de l'endroit, près du Pont-Neuf, où Brioché, montreur de marionnettes, donnait ses représentations, se trouvait le théâtre (l'Hôtel Guénegaud) où fut jouée la *Phèdre et Hippolyte* de Pradon (1632–98), ennemi et rival de Racine.

De la Sagesse immortelle
La voix tonne et nous instruit:
"Enfants des hommes, dit-elle,
De vos soins quel est le fruit?
Par quelle erreur, âmes vaines,
Du plus pur sang de vos veines
Achetez-vous si souvent,
Non un pain qui vous repaisse,
Mais une ombre qui vous laisse
Plus affamés que devant?

"Le pain que je vous propose
Sert aux anges d'aliment;
Dieu lui-même le compose
De la fleur de son froment.
C'est ce pain si délectable
Que ne sert point à sa table
Le monde que vous suivez.
Je l'offre à qui me veut suivre:
Approchez. Voulez-vous vivre?
Prenez, mangez, et vivez."

O Sagesse, ta parole
Fit éclore l'univers,
Posa sur un double pôle
La terre au milieu des mers.
Tu dis, et les cieux parurent,
Et tous les astres coururent
Dans leur ordre se placer.
Avant les siècles tu règnes;
Et qui suis-je, que tu daignes
Jusqu'à moi te rabaisser?

Le Verbe, image du Père,
Laissa son trône éternel,
Et d'une mortelle mère
Voulut naître homme et mortel.
Comme l'orgueil fut le crime
Dont il naissait la victime,

Il dépouilla sa splendeur,
Et vint pauvre et misérable,
Apprendre à l'homme coupable
Sa véritable grandeur.

L'âme heureusement captive
Sous ton joug trouve la paix,
Et s'abreuve d'une eau vive
Qui ne s'épuise jamais.
Chacun peut boire en cette onde,
Elle invite tout le monde;
Mais nous courons follement
Chercher des sources bourbeuses,
Ou des citernes trompeuses
D'où l'eau fuit à tout moment.

73. *Hymne Traduite du Bréviaire Romain*

TANDIS que le sommeil, réparant la nature,
Tient enchaînés le travail et le bruit,
Nous rompons ses liens, ô clarté toujours pure!
Pour te louer dans la profonde nuit.

Que dès notre réveil notre voix te bénisse;
Qu'à te chercher notre cœur empressé
T'offre ses premiers vœux; et que par toi finisse
Le jour par toi saintement commencé.

L'astre dont la présence écarte la nuit sombre
Viendra bientôt recommencer son tour:
O vous, noirs ennemis qui vous glissez dans l'ombre,
Disparaissez à l'approche du jour.

Nous t'implorons, Seigneur: tes bontés sont nos armes:
De tout péché rends-nous purs à tes yeux;
Fais que, t'ayant chanté dans ce séjour de larmes,
Nous te chantions dans le repos des cieux.

Exauce, Père saint, notre ardente prière,
Verbe, son Fils, Esprit, leur nœud divin,
Dieu qui, tout éclatant de ta propre lumière,
Règnes au ciel sans principe et sans fin.

74–76. *Épigrammes*

I

Sur les critiques qu'essuya la tragédie d'Andromaque

Créqui prétend qu'Oreste est un pauvre homme
Qui soutient mal le rang d'ambassadeur;
Et Créqui de ce rang connaît bien la splendeur:
Si quelqu'un l'entend mieux, je l'irai dire à Rome.

II

Sur l'Iphigénie de Leclerc

Entre Leclerc et son ami Coras,
Deux grands auteurs, rimant de compagnie,
N'a pas longtemps s'ourdirent grands débats
Sur le propos de leur *Iphigénie*.
Coras lui dit: La pièce est de mon cru.
Leclerc répond: Elle est mienne et non vôtre.
Mais, aussitôt que la pièce eut paru,
Plus n'ont voulu l'avoir fait l'un ni l'autre.

III

Sur le Germanicus de Pradon

Que je plains le destin du grand Germanicus!
Quel fut le prix de ses rares vertus?
Persécuté par le cruel Tibère,
Empoisonné par le traître Pison,
Il ne lui restait plus, pour dernière misère,
Que d'être chanté par Pradon.

[75] 1 Michel Leclerc (1622–91) avait composé, de collaboration avec Jacques de Coras (voir le no 71, 88), une tragédie d'*Iphigénie*.

Jean-Baptiste Rousseau (1671–1741)

77. *Ode tirée du Cantique d'Ézéchias pour une Personne convalescente*

J'ai vu mes tristes journées
Décliner vers leur penchant;
Au midi de mes années
Je touchais à mon couchant.
La mort, déployant ses ailes,
Couvrait d'ombres éternelles
La clarté dont je jouis;
Et, dans cette nuit funeste,
Je cherchais en vain le reste
De mes jours évanouis.

Grand Dieu, votre main réclame
Les dons que j'en ai reçus:
Elle vient couper la trame
Des jours qu'elle m'a tissus.
Mon dernier soleil se lève,
Et votre souffle m'élève
De la terre des vivants,
Comme la feuille séchée
Qui de sa tige arrachée
Devient le jouet des vents.

Comme un lion plein de rage,
Le mal a brisé mes os;
Le tombeau m'ouvre un passage
Dans ses lugubres cachots.
Victime faible et tremblante,
A cette image sanglante
Je soupire nuit et jour,
Et, dans ma crainte mortelle,
Je suis comme l'hirondelle
Sous les griffes du vautour.

Ainsi, de cris et d'alarmes
Mon mal semblait se nourrir;
Et mes yeux noyés de larmes
Étaient lassés de s'ouvrir.
Je disais à la nuit sombre:
O nuit, tu vas dans ton ombre
M'ensevelir pour toujours!
Je redisais à l'aurore:
Le jour que tu fais éclore
Est le dernier de mes jours!

Mon âme est dans les ténèbres,
Mes sens sont glacés d'effroi:
Écoutez mes cris funèbres,
Dieu juste, répondez-moi.
Mais enfin sa main propice
A comblé le précipice
Qui s'entr'ouvrait sous mes pas:
Son secours me fortifie,
Et me fait trouver la vie
Dans les horreurs du trépas.

Seigneur, il faut que la terre
Connaisse en moi vos bienfaits;
Vous ne m'avez fait la guerre
Que pour me donner la paix.
Heureux l'homme à qui la grâce
Départ ce don efficace
Puisé dans les saints trésors,
Et qui, rallumant sa flamme,
Trouve la santé de l'âme
Dans les souffrances du corps.

C'est pour sauver la mémoire
De vos immortels secours,
C'est pour vous, pour votre gloire,
Que vous prolongez nos jours.
Non, non, vos bontés sacrées
Ne seront point célébrées

Dans l'horreur des monuments;
La mort, aveugle et muette,
Ne sera point l'interprète
De vos saints commandements.

Mais ceux qui de sa menace
Comme moi sont rachetés
Annonceront à leur race
Vos célestes vérités.
J'irai, Seigneur, dans vos temples,
Racheter par mes exemples
Les mortels les plus glacés,
Et, vous offrant mon hommage,
Leur montrer l'unique usage
Des jours que vous leur laissez.

78–80. *Épigrammes*

I

Après avoir bien sué pour entendre
Vos longs discours doctement superflus,
On est d'abord tout surpris de comprendre
Que l'on n'a rien compris, ni vous non plus.
Monsieur l'abbé, dont les tons absolus
Seraient fort bons pour un petit monarque,
Vous croyez être au moins notre Aristarque,
Mais apprenez, et retenez-le bien,
Que qui sait mal (vous en êtes la marque)
Est ignorant plus que qui ne sait rien.

II

Certain ivrogne, après maint long repas,
Tomba malade. Un docteur galénique
Fut appelé. "Je trouve ici deux cas,
Fièvre adurante, et soif plus que cynique.
Or, Hippocras tient pour méthode unique

[79] 2 *galénique:* adjectif forme sur Galen ou Galien, nom d'un célèbre médecin grec (*c.* 130–201). 5 *Hippocras:* Hippocrate.

Qu'il faut guérir la soif premièrement."
Lors le fiévreux lui dit: "Maître Clément,
Ce premier point n'est le plus nécessaire.
Guérissez-moi ma fièvre seulement;
Et pour ma soif, ce sera mon affaire."

III

A SON portrait certain rimeur braillard
Dans un logis se faisait reconnaître;
Car l'ouvrier le fit avec tant d'art
Qu'on bâillait même en le voyant paraître.
"Ha! le voilà! c'est lui! dit un vieux reître;
Et rien ne manque à ce visage-là
Que la parole. — Ami, lui dit le maître,
Il n'en est pas plus mauvais pour cela."

ALEXIS PIRON (1689–1773)

81–87. *Épigrammes*

I

A L'ACADÉMIE FRANÇAISE

GENS de tous états, de tout âge,
Ou bien, ou mal, ou non lettrés,
De cour, de ville ou de village,
Castorisés, casqués, mitrés,
Messieurs les beaux esprits titrés,
Au diable soit la pétaudière
Où l'on dit à Nivelle: Entrez,
Et *Nescio vos* à Molière.

[81] 4 *castorisé:* portant un chapeau en feutre fait de poils de castor. 7 *Nivelle:* Nivelle de La Chaussée (1692–1754), auteur dramatique, inventeur de la "comédie larmoyante". 8 On sait que Molière ne fut jamais de l'Académie Française.

II

CONTRE VOLTAIRE

SON enseigne est *à l'Encyclopédie.*
Que vous plaît-il? de l'anglais, du toscan?
Vers, prose, algèbre, opéra, comédie?
Poème épique, histoire, ode ou roman?
Parlez! C'est fait. Vous lui donnez un an?
Vous l'insultez!...En dix ou douze veilles,
Sujets manqués par l'aîné des Corneilles,
Sujets remplis par le fier Crébillon,
Il refond tout... Peste! voici merveilles!
Et la besogne est-elle bonne?...Oh! non!

III

LES RÉCEPTIONS ACADÉMIQUES

PLUS de ces longs discours dans votre académie!
Tout naturellement, il serait mieux, je croi,
Que le sujet reçu dît: "Je vous remercie,"
Et qu'on lui répondît: "Il n'y a pas de quoi."

IV

CONTRE NIVELLE DE LA CHAUSSÉE

CONNAISSEZ-VOUS sur l'Hélicon
L'une et l'autre Thalie?
L'une est chaussée et l'autre non,
Mais c'est la plus jolie.
L'une a le rire de Vénus,
L'autre est froide et pincée:
Honneur à la belle aux pieds nus,
Nargue de la *Chaussée!*

[84] 8 Jeu de mots sur le nom de Nivelle de La Chaussée (voir le no. 81. 7).

V

Son Épitaphe

Ci-gît... Qui? Quoi? ma foi, personne, rien:
Un qui vivant ne fut valet ni maître,
Juge, artisan, marchand, praticien,
Homme des champs, soldat, rabbin ni prêtre,
Marguillier, même académicien,
Ni franc-maçon. Il ne voulut rien être,
Et vécut nul: en quoi certe il fit bien;
Car, après tout, bien fou qui se propose,
Venu de rien et revenant à rien,
D'être en passant ici-bas quelque chose.

VI

La Même
réduite a ces deux vers pour le soulagement des mémoires

Ci-gît Piron, qui ne fut rien,
Pas même académicien.

VII

Dernière Épitaphe

J'achève ici-bas ma route.
C'était un vrai casse-cou.
J'y vis clair, je n'y vis goutte;
J'y fus sage, j'y fus fou.
Pas à pas j'arrive au trou
Que n'échappe fou ni sage,
Pour aller je ne sais où:
Adieu, Piron; bon voyage!

88. François-Marie Arouet de Voltaire (1694–1778)

Extract from *La Henriade* (1728)

Meurtre de l'Amiral Coligny

Le signal est donné sans tumulte et sans bruit:
C'était à la faveur des ombres de la nuit.
De ce mois malheureux l'inégale courrière
Semblait cacher d'effroi sa tremblante lumière.
Coligny languissait dans les bras du repos,
Et le sommeil trompeur lui versait ses pavots.
Soudain de mille cris le bruit épouvantable
Vient arracher ses sens à ce calme agréable:
Il se lève, il regarde, et voit de tous côtés
Courir des assassins à pas précipités:
Il voit briller partout les flambeaux et les armes,
Son palais embrasé, tout un peuple en alarmes,
Ses serviteurs sanglants dans la flamme étouffés,
Les meurtriers en foule au carnage échauffés,
Criant à haute voix: "Qu'on n'épargne personne:
C'est Dieu, c'est Médicis, c'est le roi qui l'ordonne!"
Il entend retentir le nom de Coligny;
Il aperçoit de loin le jeune Téligny,
Téligny, dont l'amour a mérité sa fille,
L'espoir de son parti, l'honneur de sa famille,
Qui, sanglant, déchiré, traîné par des soldats,
Lui demandait vengeance, et lui tendait les bras.
  Le héros malheureux, sans armes, sans défense,
Voyant qu'il faut périr, et périr sans vengeance,

3 Le massacre de la Saint-Barthélemy eut lieu le 24 août 1572; *l'inégale courrière:* la lune. 5 Coligny, amiral de France et chef des Protestants. 16 Catherine de Médicis, femme de Henri II, fut la grande inspiratrice du massacre de la Saint-Barthélemy. 18 Charles de Téligny, capitaine protestant, avait épousé, dix mois auparavant, la fille de Coligny.

Voulut mourir du moins comme il avait vécu,
Avec toute sa gloire et toute sa vertu.
Déjà des assassins la nombreuse cohorte
Du salon qui l'enferme allait briser la porte;
Il leur ouvre lui-même et se montre à leurs yeux
Avec cet œil serein, ce front majestueux,
Tel que dans les combats, maître de son courage,
Tranquille, il arrêtait ou pressait le carnage.
A cet air vénérable, à cet auguste aspect,
Les meurtriers surpris sont saisis de respect;
Une force inconnue a suspendu leur rage.
"Compagnons, leur dit-il, achevez votre ouvrage,
Et de mon sang glacé souillez ces cheveux blancs,
Que le sort des combats respecta quarante ans;
Frappez, ne craignez rien: Coligny vous pardonne;
Ma vie est peu de chose, et je vous l'abandonne...
J'eusse aimé mieux la perdre en combattant pour vous..."
Ces tigres, à ces mots, tombent à ses genoux:
L'un, saisi d'épouvante, abandonne ses armes;
L'autre embrasse ses pieds, qu'il trempe de ses larmes;
Et de ses assassins ce grand homme entouré
Semblait un roi puissant par son peuple adoré.
Besme, qui dans la cour attendait sa victime,
Monte, accourt, indigné qu'on diffère son crime;
Des assassins trop lents il veut hâter les coups;
Aux pieds de ce héros il les voit trembler tous.
A cet objet touchant lui seul est inflexible:
Lui seul, à la pitié toujours inaccessible,
Aurait cru faire un crime et trahir Médicis,
Si du moindre remords il se sentait surpris.
A travers les soldats, il court d'un pas rapide:
Coligny l'attendait d'un visage intrépide.
Et bientôt dans le flanc ce monstre furieux
Lui plonge son épée, en détournant les yeux,

47 *Besme:* Charles Daniowitz, nommé Besme parce qu'il était natif de Bohême, était la créature des Guise, qui l'avaient élevé.
51 *objet:* spectacle.

De peur que d'un coup d'œil cet auguste visage
Ne fît trembler son bras, et glaçât son courage.
  Du plus grand des Français tel fut le triste sort.
On l'insulte, on l'outrage encore après sa mort:
Son corps, percé de coups, privé de sépulture,
Des oiseaux dévorants fut l'indigne pâture.

89. *La Mule du Pape* (*1733*)

Frères très chers, on lit dans saint Matthieu
Qu'un jour le diable emporta le bon Dieu
Sur la montagne, et puis lui dit: "Beau sire,
Vois-tu ces mers, vois-tu ce vaste empire,
L'État romain de l'un à l'autre bout?"
L'autre reprit: "Je ne vois rien du tout,
Votre montagne en vain serait plus haute."
Le diable dit: "Mon ami, c'est ta faute,
Mais avec moi veux-tu faire un marché?
— Oui-da, dit Dieu, pourvu que sans péché
Honnêtement nous arrangions la chose.
— Or voici donc ce que je te propose,
Reprit Satan. Tout le monde est à moi;
Depuis Adam j'en ai la jouissance;
Je me démets, et tout sera pour toi,
Si tu me veux faire la révérence."
Notre Seigneur, ayant un peu rêvé,
Dit au démon que, quoique en apparence
Avantageux le marché fût trouvé,
Il ne pouvait le faire en conscience;
Car il avait appris dans son enfance
Qu'étant si riche, on fait mal son salut.
  Un temps après, notre ami Belzébut
Alla dans Rome: or c'était l'heureux âge
Où Rome avait fourmilière d'élus;
Le pape était un pauvre personnage,
Pasteur de gens, évêque, et rien de plus.

L'esprit malin s'en va droit au saint-père,
Dans son taudis l'aborde, et lui dit: "Frère,
Je te ferai, si tu veux, grand seigneur."
A ce seul mot l'ultramontain pontife
Tombe à ses pieds, et lui baise la griffe.
Le farfadet, d'un air de sénateur,
Lui met au chef une triple couronne:
"Prenez, dit-il, ce que Satan vous donne;
Servez-le bien, vous aurez sa faveur."
O papegots, voilà la belle source
De tous vos biens, comme savez. Et pource
Que le saint-père avait en ce tracas
Baisé l'ergot de messer Satanas,
Ce fut depuis chose à Rome ordinaire
Que l'on baisât la mule du saint-père.
Ainsi l'ont dit les malins huguenots
Qui du papisme ont blasonné l'histoire:
Mais ces gens-là sentent bien les fagots;
Et, grâce au ciel, je suis loin de les croire.
Que s'il advient que ces petits vers-ci
Tombent ès mains de quelque galant homme,
C'est bien raison qu'il ait quelque souci
De les cacher, s'il fait voyage à Rome.

90

Extract from *LE PAUVRE DIABLE* (1758)

Le Monde des Lettres

J'ÉTAIS sans bien, sans métier, sans génie,
Et j'avais lu quelques méchants auteurs;
Je croyais même avoir des protecteurs.

37 *papegot:* papiste, terme emprunté à Rabelais. 40 *messer:* messire. 48 *ès:* en les.

[90] Le "pauvre diable", qui est à la recherche d'un métier, raconte les déboires qu'il a essuyés, lorsqu'il était au service des hommes de lettres.

4 *la métromanie:* la manie de faire des vers.

Mordu du chien de la métromanie,
Le mal me prit, je fus auteur aussi.
— Ce métier-là ne t'a pas réussi,
Je le vois trop: çà, fais-moi, pauvre diable,
De ton désastre un récit véritable...
— Ma triste voix chantait d'un gosier sec
Le vin mousseux, le frontignan, le grec,
Buvant de l'eau dans un vieux pot à bière;
Faute de bas, passant le jour au lit,
Sans couverture, ainsi que sans habit,
Je fredonnais des vers sur la paresse;
D'après Chaulieu, je vantais la mollesse.
  Enfin, un jour qu'un surtout emprunté
Vêtit à cru ma triste nudité,
Après midi, dans l'antre de Procope,
(C'était le jour que l'on donnait *Mérope*),
Seul en un coin, pensif et consterné,
Rimant une ode et n'ayant pas dîné,
Je m'accostai d'un homme à lourde mine,
Qui sur sa plume a fondé sa cuisine...
Cet animal se nommait Jean Fréron.
  J'étais tout neuf, j'étais jeune, sincère,
Et j'ignorais son naturel félon:
Je m'engageai, sous l'espoir d'un salaire,
A travailler à son hebdomadaire,
Qu'aucuns nommaient alors patibulaire.
Il m'enseigna comment on dépeçait
Un livre entier, comme on le recousait,

15 *Chaulieu:* l'abbé de Chaulieu (1636–1720), poète épicurien. 17 *à cru:* sur la peau nue. 18 *l'antre de Procope:* le célèbre café de Procope, rendez-vous des littérateurs au XVIIIe siècle. 19 *Mérope:* tragédie de Voltaire (1743). 22 Vieille expression du XVIe siècle: je pris pour compagnon un homme. 23 C.à.d., qui vit des produits de sa plume. 24 Fréron (1718–76) fonda en 1754 l'*Année littéraire*, journal hebdomadaire, où il mena une guerre acharnée contre les Encyclopédistes en général et Voltaire en particulier.

Comme on jugeait du tout par la préface,
Comme on louait un sot auteur en place,
Comme on fondait avec lourde roideur
Sur l'écrivain pauvre et sans protecteur.
Je m'enrôlai, je servis le corsaire;
Je critiquai, sans esprit et sans choix,
Impunément le théâtre, la chaire;
Et je mentis pour dix écus par mois.
  Quel fut le prix de ma plate manie?
Je fus connu, mais par mon infamie,
Comme un gredin, que la main de Thémis
A diapré de nobles fleurs de lis,
Par un fer chaud gravé sur l'omoplate.
Triste et honteux, je quittai mon pirate,
Qui me vola, pour fruit de mon labeur,
Mon honoraire en me parlant d'honneur.
  M'étant ainsi sauvé de sa boutique,
Et n'étant plus compagnon satirique,
Manquant de tout, dans mon chagrin poignant,
J'allai trouver Le Franc de Pompignan,
Ainsi que moi natif de Montauban,
Lequel jadis a brodé quelque phrase
Sur la Didon qui fut de Métastase;
Je lui contai tous les tours du croquant:
"Mon cher pays, secourez-moi, lui dis-je,
Fréron me vole, et pauvreté m'afflige."
— "De ce bourbier vos pas seront tirés,
Dit Pompignan, votre dur cas me touche:
Tenez, prenez mes cantiques sacrés;
Sacrés ils sont, car personne n'y touche;
Avec le temps un jour vous les vendrez.

34–5 *on fondait. . . sur:* on attaquait. 51–4 Jean-Jacques Le Franc, marquis de Pompignan (1709–84), né à Montauban, connu surtout par ses *Poèmes sacrés*. Il est aussi l'auteur de deux tragédies: *Didon* (1734), où il suit de près une pièce du même nom composée dix ans auparavant par le poète italien Métastase; et *Zoraïde*, qui ne fut jamais jouée. 55 *croquant:* homme de rien. 56 *pays:* terme populaire pour *compatriote*.

Plus, acceptez mon chef-d'œuvre tragique
De *Zoraïd*; la scène est en Afrique:
A la Clairon vous le présenterez;
C'est un trésor: allez et prospérez."
  Tout ranimé par son ton didactique,
Je cours en hâte au parlement comique,
Bureau de vers, où maint auteur pelé
Vend mainte scène à maint acteur sifflé.
J'entre, je lis d'une voix fausse et grêle
Le triste drame écrit pour la Denèle...
Et, renvoyé penaud par la cohue,
J'allai gronder et pleurer dans la rue.
  De vers, de prose et de honte étouffé,
Je rencontrai Gresset dans un café;
Gresset doué du double privilège
D'être au collège un bel esprit mondain,
Et dans le monde un homme de collège;
Gresset dévot; longtemps petit badin.
Sanctifié par ses palinodies,
Il prétendait avec componction
Qu'il avait fait jadis des comédies,
Dont à la Vierge il demandait pardon.
— Gresset se trompe, il n'est pas si coupable:
Un vers heureux et d'un tour agréable
Ne suffit pas; il faut une action,
De l'intérêt, du comique, une fable,
Des mœurs du temps un portrait véritable,

64 *Zoraïd* pour *Zoraïde:* licence poétique. 65 *la Clairon:* Mlle Clairon (1723–1803), une des plus grandes tragédiennes du XVIIIe siècle. 68 *le parlement comique:* la Comédie Française. 72 *la Denèle:* actrice du temps pour laquelle la tragédie de *Zoraïde* avait été écrite. 73 *la cohue:* les acteurs et les actrices. 76 *Gresset:* Louis Gresset (1709–77), connu surtout par son poème badin de *Vert-Vert* (voir le no. 95) et par sa comédie, *le Méchant* (1717), l'une des meilleurs pièces du XVIIIe siècle. Sur la fin de sa vie Gresset, pris de scrupules religieux, alla s'ensevelir dans la retraite, à Amiens, brûla ses manuscrits et rétracta ses ouvrages. 88 *fable:* suite des faits qui composent l'action d'un poème.

Pour consommer cette œuvre du démon.
Mais que fit-il dans ton affliction?
— Il me donna les conseils les plus sages.
"Quittez, dit-il, les profanes ouvrages;
Soyez dévot, montrez-vous à la cour."
  Je crois mon homme, et je vais à Versaille:
Maudit voyage! hélas! chacun se raille
En ce pays d'un pauvre auteur moral;
Dans l'antichambre il est reçu bien mal,
Et les laquais insultent sa figure
Par un mépris pire encor que l'injure.
Plus que jamais confus, humilié,
Devers Paris je m'en revins à pied.
  L'abbé Trublet alors avait la rage
D'être à Paris un petit personnage;
Au peu d'esprit que le bonhomme avait
L'esprit d'autrui par supplément servait.
Il entassait adage sur adage;
Il compilait, compilait, compilait;
On le voyait sans cesse écrire, écrire
Ce qu'il avait jadis entendu dire,
Et nous lassait sans jamais se lasser:
Il me choisit pour l'aider à penser.
Trois mois entiers ensemble nous pensâmes,
Lûmes beaucoup, et rien n'imaginâmes....

91–94. *Épigrammes*

I

Contre Le Franc

Savez-vous pourquoi Jérémie
A tant pleuré pendant sa vie?
C'est qu'en prophète il prévoyait
Qu'un jour Le Franc le traduirait.

103 *l'abbé Trublet* (1697–1770), auteur d'*Essais de littérature et de morale* (1735).

[91] Sur Le Franc de Pompignan voir le no. 90. 51–4.

II

CONTRE J.-J. ROUSSEAU

CET ennemi du genre humain,
Singe manqué de l'Arétin,
Qui se croit celui de Socrate;
Ce charlatan trompeur et vain,
Changeant vingt fois son mithridate;
Ce basset hargneux et mutin,
Bâtard du chien de Diogène,
Mordant également la main
Ou qui le fesse, ou qui l'enchaîne,
Ou qui lui présente du pain.

III

CONTRE FRÉRON

L'AUTRE jour, au fond d'un vallon,
Un serpent piqua Jean Fréron;
Que pensez-vous qu'il arriva?
Ce fut le serpent qui creva.

IV

ÉPITAPHE DU PAPE CLÉMENT XIII

CI-GÎT des vrais croyants le mufti téméraire,
Et de tous les Bourbons l'ennemi déclaré:
De Jésus sur la terre il s'est dit le vicaire;
Je le crois aujourd'hui mal avec son curé.

[92] 5 *mithridate:* électuaire.
[93] Sur Fréron voir le no. 90. 24.

95. Jean-Baptiste-Louis Gresset (1709–1777)

Extract from *Vert-Vert* (1734)

Un Perroquet Fameux

A Nevers donc, chez les Visitandines,
Vivait naguère un Perroquet fameux,
A qui son art et son cœur généreux,
Ses vertus même et ses grâces badines
Auraient dû faire un sort moins rigoureux,
Si les bons cœurs étaient toujours heureux.
Vert-Vert (c'était le nom du personnage),
Transplanté là de l'indien rivage,
Fut, jeune encor, ne sachant rien de rien,
Au susdit cloître enfermé pour son bien.
Il était beau, brillant, leste et volage,
Aimable et franc, comme on l'est au bel âge,
Né tendre et vif, mais encore innocent;
Bref, digne oiseau d'une si sainte cage,
Par son caquet digne d'être au couvent.
   Pas n'est besoin, je pense, de décrire
Les soins des sœurs; des nonnes, c'est tout dire!
Et chaque mère, après son directeur,
N'aimait rien tant; même dans plus d'un cœur,
Ainsi l'écrit un chroniqueur sincère,
Souvent l'oiseau l'emporta sur le Père.
Il partageait, dans ce paisible lieu,
Tous les sirops dont le cher Père en Dieu,
Grâce aux bienfaits des nonnettes sucrées,
Réconfortait ses entrailles sacrées.
Objet permis à leur oisif amour,
Vert-Vert était l'âme de ce séjour;
Exceptez-en quelques vieilles dolentes,
Des jeunes sœurs jalouses surveillantes,

1 *les Visitandines:* les religieuses de la Visitation. 3 *généreux:* noble.

Il était cher à toute la maison.
N'étant encor dans l'âge de raison,
Libre, il pouvait et tout dire et tout faire;
Il était sûr de charmer et de plaire.
Des bonnes sœurs égayant les travaux,
Il becquetait et guimpes et bandeaux;
Il n'était point d'agréable partie
S'il n'y venait briller, caracoler,
Papillonner, siffler, rossignoler.
Il badinait, mais avec modestie,
Avec cet air timide et tout prudent
Qu'une novice a même en badinant.
Par plusieurs voix interrogé sans cesse,
Il répondait à tout avec justesse:
Tel autrefois César, en même temps,
Dictait à quatre en styles différents.

PONCE-DENIS ÉCOUCHARD-LEBRUN (1729–1807)

96. *Ode au Vaisseau le Vengeur* (*1794*)

AU sommet glacé du Rhodope,
Qu'il soumit tant de fois à ses accords touchants,
Par de timides sons le fils de Calliope
Ne préludait point à ses chants.

Plein d'une audace pindarique,
Il faut que des hauteurs du sublime Hélicon,
Le premier trait que lance un poète lyrique
Soit une flèche d'Apollon.

[96] Dans le combat naval entre la flotte de l'amiral Villaret-Joyeuse et l'escadre anglaise commandée par Lord Howe (1er juin 1794), le capitaine Renaudin, plutôt que de se rendre, fit sauter son vaisseau, *le Vengeur*, dont l'équipage s'abîma dans la Manche aux cris de "Vive la Republique!" Il est à noter que cet épisode est contesté par certains historiens qui maintiennent que les marins du *Vengeur* furent ramassés par les Anglais.

L'Etna, géant incendiaire,
Qui, d'un front embrasé, fend la voûte des airs,
Dédaigne ces volcans dont la froide colère
S'épuise en stériles éclairs.

A peine sa fureur commence,
C'est un vaste incendie et des fleuves brûlants.
Qu'il est beau de courroux, lorsque sa bouche immense
Vomit leurs flots étincelants!

Tel éclate un libre génie,
Quand il lance aux tyrans les foudres de sa voix,
Telle à flots indomptés sa brûlante harmonie
Entraîne les sceptres des rois.

Toi, que je chante et que j'adore,
Dirige, ô Liberté! mon vaisseau dans son cours,
Moins de vents orageux tourmentent le Bosphore
Que la mer terrible où je cours.

Argo, la nef à voix humaine,
Qui mérita l'Olympe et luit au front des cieux,
Quel que fût le succès de sa course lointaine,
Prit un vol moins audacieux.

Vainqueur d'Éole et des Pléiades,
Je sens d'un souffle heureux mon navire emporté:
Il échappe aux écueils des trompeuses Cyclades,
Et vogue à l'immortalité.

Mais des flots fût-il la victime,
Ainsi que le *Vengeur* il est beau de périr;
Il est beau, quand le sort vous plonge dans l'abîme,
De paraître le conquérir.

Trahi par le sort infidèle,
Comme un lion pressé de nombreux léopards,
Seul au milieu de tous, sa fureur étincelle;
Il les combat de toutes parts.

L'airain lui déclare la guerre;
Le fer, l'onde, la flamme entourent ses héros.
Sans doute, ils triomphaient, mais leur dernier tonnerre
Vient de s'éteindre sous les flots.

Captifs! . . . la vie est un outrage!
Ils préfèrent le gouffre à ce bienfait honteux.
L'Anglais, en frémissant, admire leur courage,
Albion pâlit devant eux.

Plus fiers, d'une mort infaillible,
Sans peur, sans désespoir, calmes dans les combats,
De ces républicains l'âme n'est plus sensible
Qu'à l'ivresse d'un beau trépas.

Près de se voir réduits en poudre,
Ils défendent leurs bords enflammés et sanglants;
Voyez-les défier et la vague et la foudre
Sous des mâts rompus et brûlants.

Voyez ce drapeau tricolore,
Qu'agite en périssant leur courage indompté.
Sous le flot qui les couvre, entendez-vous encore
Ce cri: "Vive la Liberté?"

Ce cri, c'est en vain qu'il expire,
Étouffé par la mort et par les flots jaloux.
Sans cesse il revivra répété par ma lyre,
Siècles, il planera sur vous!

Et vous, héros de Salamine,
Dont Thétis vante encor les exploits glorieux,
Non, vous n'égalez pas cette auguste ruine,
Ce naufrage victorieux!

97–99. *Épigrammes*

I

Contre le Poète Dorat

Dorat qui veut tout essayer, tout feindre,
Trompe à la fois et la Gloire et l'Amour;
Il est si bien le poète du jour
Qu'au lendemain il ne saurait atteindre.

II

Sur la Harpe

Ce petit homme à son petit compas,
Veut sans pudeur asservir le génie.
Au bas du Pinde il trotte à petits pas,
Et croit franchir les sommets d'Aonie.
Au grand Corneille il a fait avanie;
Mais, à vrai dire, on riait aux éclats,
De voir ce nain mesurer un Atlas;
Et redoublant ces efforts de Pygmée,
Burlesquement roidir ses petits bras
Pour étouffer si haute renommée!

III

Gasconnade

Nous avons de si riches plaines
Et de si fertiles coteaux,
Disait un Gascon de Bordeaux,
Que si l'on y plantait des gaines,
Il y pousserait des couteaux.

[97] 1 *Dorat:* poète galant et maniéré (1731–80).
[98] 4 *Aonie:* autre nom de la Béotie, où est situé l'Hélicon, montagne consacrée aux Muses.

100. Jacques Delille (1738–1813)

Extract from *LES JARDINS* (1782)

Tristesse d'Automne

Remarquez-les surtout lorsque la pâle automne,
Près de la voir flétrir, embellit sa couronne;
Que de variété! que de pompe et d'éclat!
Le pourpre, l'oranger, l'opale, l'incarnat,
De leurs riches couleurs étalent l'abondance.
Hélas! tout cet éclat marque leur décadence.
Tel est le sort commun. Bientôt les Aquilons
Des dépouilles des bois vont joncher les vallons;
De moment en moment la feuille sur la terre,
En tombant, interrompt le rêveur solitaire.
Mais ces ruines même ont pour moi des attraits.
Là, si mon cœur nourrit quelques profonds regrets,
Si quelque souvenir vient rouvrir ma blessure,
J'aime à mêler mon deuil au deuil de la nature;
De ces bois desséchés, de ces rameaux flétris,
Seul, errant, je me plais à fouler les débris.
Ils sont passés, les jours d'ivresse et de folie:
Viens, je me livre à toi, tendre mélancolie;
Viens, non le front chargé de nuages affreux
Dont marche enveloppé le chagrin ténébreux,
Mais l'œil demi-voilé, mais telle qu'en automne
A travers des vapeurs un jour plus doux rayonne:
Viens, le regard pensif, le front calme, et les yeux
Tout prêts à s'humecter de pleurs délicieux.

1 *les:* les jardins.

101

Extract from *LES TROIS RÈGNES DE LA NATURE* (1809)

LE CAFÉ

IL est une liqueur, au poète plus chère,
Qui manquait à Virgile, et qu'adorait Voltaire:
C'est toi, divin café, dont l'aimable liqueur,
Sans altérer la tête, épanouit le cœur.
Aussi, quand mon palais est émoussé par l'âge,
Avec plaisir encor je goûte ton breuvage.
Que j'aime à préparer ton nectar précieux!
Nul n'usurpe chez moi ce soin délicieux;
Sur le réchaud brûlant moi seul, tournant ta graine,
A l'or de ta couleur fais succéder l'ébène;
Moi seul contre la noix, qu'arment ses dents de fer,
Je fais, en le broyant, crier ton fruit amer;
Charmé de ton parfum, c'est moi seul qui dans l'onde
Infuse à mon foyer ta poussière féconde;
Qui, tour à tour calmant, excitant tes bouillons,
Suis d'un œil attentif tes légers tourbillons.
Enfin de ta liqueur, lentement reposée,
Dans le vase fumant la lie est déposée;
Ma coupe, ton nectar, le miel américain,
Que du suc des roseaux exprima l'Africain,
Tout est prêt: du Japon l'émail reçoit tes ondes,
Et seul tu réunis les tributs des deux mondes.
Viens donc, divin nectar, viens donc, inspire-moi:
Je ne veux qu'un désert, mon Antigone et toi.
A peine j'ai senti ta vapeur odorante,
Soudain de ton climat la chaleur pénétrante
Réveille tous mes sens; sans trouble, sans chaos,
Mes pensers plus nombreux accourent à grands flots.
Mon idée était triste, aride, dépouillée,
Elle rit, elle sort richement habillée,
Et je crois, du génie éprouvant le réveil,
Boire dans chaque goutte un rayon de soleil.

4 *altérer:* troubler. 11 *la noix:* roue dentelée d'un moulin à café.

Nicolas-Laurent-Joseph Gilbert
(1751–1780)

102. *Ode Imitée de Plusieurs Psaumes*

J'ai révélé mon cœur au Dieu de l'innocence;
Il a vu mes pleurs pénitents;
Il guérit mes remords, il m'arme de constance:
Les malheureux sont ses enfants.

Mes ennemis, riant, ont dit dans leur colère:
"Qu'il meure et sa gloire avec lui."
Mais à mon cœur calmé le Seigneur dit en père;
"Leur haine sera ton appui.

"A tes plus chers amis ils ont prêté leur rage:
Tout trompe ta simplicité;
Celui que tu nourris court vendre ton image
Noire de sa méchanceté.

"Mais Dieu t'entend gémir, Dieu vers qui te ramène
Un vrai remords né des douleurs;
Dieu qui pardonne enfin à la nature humaine
D'être faible dans les malheurs.

"J'éveillerai pour toi la pitié, la justice
De l'incorruptible avenir;
Eux-même épureront, par leur long artifice,
Ton honneur qu'ils pensent ternir."

Soyez béni, mon Dieu! vous qui daignez me rendre
L'innocence et son noble orgueil;
Vous qui, pour protéger le repos de ma cendre,
Veillerez près de mon cercueil!

Au banquet de la vie, infortuné convive,
J'apparus un jour, et je meurs:
Je meurs, et sur ma tombe, où lentement j'arrive,
Nul ne viendra verser des pleurs.

Salut, champs que j'aimais, et vous, douce verdure,
Et vous, riant exil des bois!
Ciel, pavillon de l'homme, admirable nature,
Salut pour la dernière fois!

Ah! puissent voir longtemps votre beauté sacrée
Tant d'amis sourds à mes adieux!
Qu'ils meurent pleins de jours, que leur mort soit pleurée,
Qu'un ami leur ferme les yeux!

Evariste de Parny (1753–1814)

103. *Sur la Mort d'une Jeune Fille*

Son âge échappait à l'enfance;
Riante comme l'innocence,
Elle avait les traits de l'Amour.
Quelques mois, quelques jours encore,
Dans ce cœur pur et sans détour
Le sentiment allait éclore.
Mais le ciel avait au trépas
Condamné ses jeunes appas.
Au ciel elle a rendu sa vie,
Et doucement s'est endormie
Sans murmurer contre ses lois.
Ainsi le sourire s'efface;
Ainsi meurt, sans laisser de trace,
Le chant d'un oiseau dans les bois.

104. *A Éléonore*

Au bord d'une onde fugitive,
Reine des buissons d'alentour,
Une rose à demi captive
S'ouvrait aux rayons d'un beau jour.
Égaré par un goût volage,
Dans ces lieux passe le Zéphyr.
Il l'aperçoit, et du plaisir
Lui propose l'apprentissage;

Mais en vain: son air ingénu
Ne touche point la fleur cruelle.
"De grâce, laissez-moi, dit-elle,
A peine vous ai-je entrevu.
Je ne fais encor que de naître.
Revenez ce soir, et peut-être
Serez-vous un peu mieux reçu."
Zéphyr s'envole à tire-d'ailes
Et va se consoler ailleurs;
Ailleurs: car il en est des fleurs
A peu près comme de nos belles.
Tandis qu'il fuit, s'élève un vent
Un peu plus fort que d'ordinaire,
Qui de la rose, en se jouant,
Détache une feuille légère.
La feuille tombe et du courant
Elle suit la pente rapide;
Une autre feuille en fait autant,
Puis trois, puis quatre! en un moment
L'effort de l'Aquilon perfide
Eut moissonné tous ces appas,
Faits pour des dieux plus délicats,
Si la rose eût été plus fine.
Le Zéphyr revint: mais, hélas!
Il ne restait plus que l'épine.

Jean-Pierre Claris de Florian (1755–1794)

105. *La Carpe et les Carpillons*

"Prenez garde, mes fils, côtoyez moins le bord,
Suivez le fond de la rivière;
Craignez la ligne meurtrière,
Ou l'épervier, plus dangereux encor."
C'est ainsi que parlait une carpe de Seine
A de jeunes poissons qui l'écoutaient à peine.

[105] 4 *épervier:* filet qu'on lance pour prendre le poisson.

C'était au mois d'avril: les neiges, les glaçons,
Fondus par les zéphyrs, descendaient des montagnes;
Le fleuve, enflé par eux, s'élève à gros bouillons,
Et déborde dans les campagnes.
"Ah! ah! criaient les carpillons,
Qu'en dis-tu, carpe radoteuse?
Crains-tu pour nous les hameçons?
Nous voilà citoyens de la mer orageuse:
Regarde; on ne voit plus que les eaux et le ciel;
Les arbres sont cachés sous l'onde;
Nous sommes les maîtres du monde,
C'est le déluge universel."
— "Ne croyez pas cela, répond la vieille mère;
Pour que l'eau se retire, il ne faut qu'un instant;
Ne vous éloignez point, et, de peur d'accident,
Suivez, suivez toujours le fond de la rivière."
— "Bah! disent les poissons, tu répètes toujours
Même discours.
Adieu, nous allons voir notre nouveau domaine."
Parlant ainsi, nos étourdis
Sortent tous du lit de la Seine,
Et s'en vont dans les eaux qui couvrent le pays.
Qu'arriva-t-il? Les eaux se retirèrent,
Et les carpillons demeurèrent;
Bientôt ils furent pris
Et frits.
Pourquoi quittaient-ils la rivière?
Pourquoi? Je le sais trop, hélas!
C'est qu'on se croit toujours plus sage que sa mère,
C'est qu'on veut sortir de sa sphère,
C'est que...c'est que...Je ne finirais pas.

106. *Le Vacher et le Garde-Chasse*

Colin gardait un jour les vaches de son père;
Colin n'avait pas de bergère,
Et s'ennuyait tout seul. Le garde sort du bois:
"Depuis l'aube, dit-il, je cours dans cette plaine
Après un vieux chevreuil que j'ai manqué deux fois,
Et qui m'a mis tout hors d'haleine."
— "Il vient de passer par là-bas,
Lui répondit Colin; mais, si vous êtes las,
Reposez-vous, gardez mes vaches à ma place,
Et j'irai faire votre chasse;
Je réponds du chevreuil."—"Ma foi, je le veux bien:
Tiens, voilà mon fusil, prends avec toi mon chien,
Va le tuer." Colin s'apprête,
S'arme, appelle Sultan. Sultan, quoiqu'à regret,
Court avec lui vers la forêt.
Le chien bat les buissons, il va, vient, sent, arrête,
Et voilà le chevreuil. Colin, impatient,
Tire aussitôt, manque la bête,
Et blesse le pauvre Sultan.
A la suite du chien qui crie,
Colin revient à la prairie.
Il trouve le garde ronflant;
De vaches point: elles étaient volées.
Le malheureux Colin, s'arrachant les cheveux,
Parcourt en gémissant les monts et les vallées.
Il ne voit rien. Le soir, sans vaches, tout honteux,
Colin retourne chez son père,
Et lui conte en tremblant l'affaire.
Celui-ci, saisissant un bâton de cormier,
Corrige son cher fils de ses folles idées,
Puis il lui dit: "Chacun son métier,
Les vaches seront bien gardées."

André Chénier (1762–1794)

107–109. *Bucoliques*

I

La Jeune Tarentine

Pleurez, doux alcyons! ô vous, oiseaux sacrés,
Oiseaux chers à Téthis, doux alcyons, pleurez!

Elle a vécu, Myrto, la jeune Tarentine!
Un vaisseau la portait aux bords de Camarine:
Là, l'hymen, les chansons, les flûtes, lentement
Devaient la reconduire au seuil de son amant.
Une clef vigilante a, pour cette journée,
Dans le cèdre enfermé sa robe d'hyménée,
Et l'or dont au festin ses bras seront parés,
Et pour ses blonds cheveux les parfums préparés.
Mais, seule sur la proue, invoquant les étoiles,
Le vent impétueux qui soufflait dans ses voiles
L'enveloppe; étonnée et loin des matelots,
Elle crie, elle tombe, elle est au sein des flots.

Elle est au sein des flots, la jeune Tarentine!
Son beau corps a roulé sous la vague marine,
Téthis, les yeux en pleurs, dans le creux d'un rocher,
Aux monstres dévorants eut soin de le cacher.
Par ses ordres bientôt les belles Néréides
L'élèvent au-dessus des demeures humides,
Le portent au rivage, et dans ce monument
L'ont au cap du Zéphyr déposé mollement;
Puis de loin, à grands cris appelant leurs compagnes,
Et les nymphes des bois, des sources, des montagnes,
Toutes, frappant leur sein et traînant un long deuil,
Répétèrent, hélas! autour de son cercueil:

4 *Camarine:* ville de Sicile. 5 *l'hymen:* c.à.d., le cortège nuptial. 13 *étonnée:* le mot a ici toute sa valeur originelle (*extonare*, frapper de la foudre). 21 *monument:* tombeau. 22 *cap du Zéphyr:* le cap Zéphyrium, au sud de l'Italie. 25 *traînant un long deuil:* menant un long deuil.

"Hélas! chez ton amant tu n'es point ramenée;
Tu n'as point revêtu ta robe d'hyménée;
L'or autour de tes bras n'a point serré de nœuds;
Les doux parfums n'ont point coulé sur tes cheveux."

II

NÉÆRE

Mais telle qu'à sa mort, pour la dernière fois,
Un beau cygne soupire, et de sa douce voix,
De sa voix qui bientôt lui doit être ravie,
Chante, avant de partir, ses adieux à la vie:
Ainsi, les yeux remplis de langueur et de mort,
Pâle, elle ouvrit sa bouche en un dernier effort.
"O vous, du Sébéthus Naïades vagabondes,
Coupez sur mon tombeau vos chevelures blondes.
Adieu, mon Clinias! moi, celle qui te plus,
Moi, celle qui t'aimai, que tu ne verras plus.
O cieux, ô terre, ô mer, prés, montagnes, rivages,
Fleurs, bois mélodieux, vallons, grottes sauvages,
Rappelez-lui souvent, rappelez-lui toujours
Néære, tout son bien, Néære ses amours,
Cette Néære, hélas! qu'il nommait sa Néære;
Qui pour lui criminelle abandonna sa mère;
Qui pour lui fugitive, errant de lieux en lieux,
Aux regards des humains n'osa lever les yeux.
Oh! soit que l'astre pur des deux frères d'Hélène
Calme sous ton vaisseau la vague ionienne;
Soit qu'aux bords de Pœstum, sous ta soigneuse main,
Les roses deux fois l'an couronnent ton jardin,
Au coucher du soleil, si ton âme attendrie
Tombe en une muette et molle rêverie,

[108] 7 *Sébéthus:* rivière de la Campagne romaine, dont la capitale était Capoue. 19–20 Cp. Horace (*Odes*, I–3): *fratres Helenæ, lucida sidera:* c.à.d., Castor et Pollux, propices aux marins. 21 *Pœstum:* ville de Lucanie, fameuse pour ses roses (cp. Virgile, *Georgiques*, IV. 118–19).

Alors, mon Clinias, appelle, appelle-moi.
Je viendrai, Clinias, je volerai vers toi.
Mon âme vagabonde à travers le feuillage
Frémira; sur les vents ou sur quelque nuage
Tu la verras descendre, ou du sein de la mer,
S'élevant comme un songe, étinceler dans l'air;
Et ma voix, toujours tendre et doucement plaintive,
Caresser en fuyant ton oreille attentive...."

III

Invocation a la Poésie

Nymphe tendre et vermeille, ô jeune Poésie!
Quel bois est aujourd'hui ta retraite choisie?
Quelles fleurs, près d'une onde où s'égarent tes pas,
Se courbent mollement sous tes pieds délicats?
Où te faut-il chercher? Vois la saison nouvelle:
Sur son visage blanc quelle pourpre étincelle!
L'hirondelle a chanté; Zéphir est de retour:
Il revient en dansant; il ramène l'amour.
L'ombre, les prés, les fleurs, c'est sa douce famille,
Et Jupiter se plaît à contempler sa fille,
Cette terre où partout, sous tes doigts gracieux,
S'empressent de germer des vers mélodieux.
Le fleuve qui s'étend dans les vallons humides
Roule pour toi des vers doux, sonores, liquides.
Des vers, s'ouvrant en foule aux regards du soleil,
Sont ce peuple de fleurs au calice vermeil.
Et les monts, en torrents qui blanchissent leurs cimes,
Lancent des vers brillants dans le fond des abîmes.

110. *Odes*

La Jeune Captive (1794)

"L'ÉPI naissant mûrit de la faux respecté;
Sans crainte du pressoir, le pampre tout l'été
Boit les doux présents de l'aurore;
Et moi, comme lui belle, et jeune comme lui,
Quoique l'heure présente ait de trouble et d'ennui,
Je ne veux point mourir encore.

"Qu'un stoïque aux yeux secs vole embrasser la mort
Moi je pleure et j'espère; au noir souffle du nord
Je plie et relève la tête.
S'il est des jours amers, il en est de si doux!
Hélas! quel miel jamais n'a laissé de dégoûts?
Quelle mer n'a point de tempête?

"L'illusion féconde habite dans mon sein.
D'une prison sur moi les murs pèsent en vain,
J'ai les ailes de l'espérance;
Échappée aux réseaux de l'oiseleur cruel,
Plus vive, plus heureuse, aux campagnes du ciel
Philomèle chante et s'élance.

"Est-ce à moi de mourir? Tranquille je m'endors,
Et tranquille je veille, et ma veille aux remords
Ni mon sommeil ne sont en proie.
Ma bienvenue au jour me rit dans tous les yeux;
Sur des fronts abattus mon aspect dans ces lieux
Ranime presque de la joie.

Ce poème fut composé dans la prison de Saint-Lazard où Chénier resta quatre mois et demi jusqu'à son exécution, le 20 juillet 1794, "comme ennemi du peuple". Il fut inspiré par une compagne de captivité, Aimée de Coigny, duchesse de Fleury (1769–1820), laquelle d'ailleurs ne partagea pas le sort de Chénier: elle épousa plus tard, après divorce, M. de Montrond, qu'elle avait connu en prison.

22 *ma bienvenue au jour:* c.à.d., le bon accueil que je fais à la vie.

"Mon beau voyage encore est si loin de sa fin!
Je pars, et des ormeaux qui bordent le chemin
J'ai passé les premiers à peine.
Au banquet de la vie à peine commencé,
Un instant seulement mes lèvres ont pressé
La coupe en mes mains encor pleine.

"Je ne suis qu'au printemps, je veux voir la moisson;
Et comme le soleil, de saison en saison,
Je veux achever mon année.
Brillante sur ma tige et l'honneur du jardin,
Je n'ai vu luire encor que les feux du matin:
Je veux achever ma journée.

"O Mort! tu peux attendre; éloigne, éloigne-toi;
Va consoler les cœurs que la honte, l'effroi,
Le pâle désespoir dévore.
Pour moi Palès encore a des asiles verts,
Les Amours des baisers, les Muses des concerts;
Je ne veux point mourir encore!"

Ainsi, triste et captif, ma lyre toutefois
S'éveillait, écoutant ces plaintes, cette voix,
Ces vœux d'une jeune captive;
Et secouant le faix de mes jours languissants,
Aux douces lois des vers je pliai les accents
De sa bouche aimable et naïve.

Ces chants, de ma prison témoins harmonieux,
Feront à quelque amant des loisirs studieux
Chercher quelle fut cette belle:
La grâce décorait son front et ses discours,
Et, comme elle, craindront de voir finir leurs jours
Ceux qui les passeront près d'elle.

43 *triste et captif:* tout triste et captif que j'étais.

111. *Iambes*

SAINT-LAZARE (1794)

COMME un dernier rayon, comme un dernier zéphyre
Animе la fin d'un beau jour,
Au pied de l'échafaud j'essaie encor ma lyre.
Peut-être est-ce bientôt mon tour;
Peut-être avant que l'heure en cercle promenée
Ait posé sur l'émail brillant,
Dans les soixante pas où sa route est bornée,
Son pied sonore et vigilant,
Le sommeil du tombeau pressera ma paupière.
Avant que de ses deux moitiés
Ce vers que je commence ait atteint la dernière,
Peut-être en ces murs effrayés
Le messager de mort, noir recruteur des ombres,
Escorté d'infâmes soldats,
Ébranlant de mon nom ces longs corridors sombres,
Où, seul dans la foule à grands pas
J'erre, aiguisant ces dards persécuteurs du crime,
Du juste trop faibles soutiens,
Sur mes lèvres soudain va suspendre la rime;
Et chargeant mes bras de liens,
Me traîner, amassant en foule à mon passage
Mes tristes compagnons reclus,
Qui me connaissaient tous avant l'affreux message,
Mais qui ne me connaissent plus.
Eh bien! j'ai trop vécu. Quelle franchise auguste,
De mâle constance et d'honneur
Quels exemples sacrés doux à l'âme du juste,
Pour lui quelle ombre de bonheur,

C'est également dans sa prison que Chénier a composé ses *Iambes*, ainsi nommés parce que le vers iambique, avec lequel ils n'ont, il va sans dire, aucun rapport métrique, était chez les anciens le vers employé dans la poésie satirique.

3 Ces derniers vers de Chénier ont dû être écrits quelques jours avant son exécution.

Quelle Thémis terrible aux têtes criminelles,
    Quels pleurs d'une noble pitié,
Des antiques bienfaits quels souvenirs fidèles,
    Quels beaux échanges d'amitié,
Font digne de regrets l'habitacle des hommes?
    La peur blême et louche est leur Dieu,
La bassesse, la feinte. Ah! lâches que nous sommes!
    Tous, oui, tous. Adieu, terre, adieu.
Vienne, vienne la mort! que la mort me délivre!
    Ainsi donc, mon cœur abattu
Cède au poids de ses maux! Non, non, puissé-je vivre!
    Ma vie importe à la vertu.
Car l'honnête homme enfin, victime de l'outrage,
    Dans les cachots, près du cercueil,
Relève plus altiers son front et son langage,
    Brillant d'un généreux orgueil.
S'il est écrit aux cieux que jamais une épée
    N'étincellera dans mes mains,
Dans l'encre et l'amertume une autre arme trempée
    Peut encor servir les humains.
Justice, vérité, si ma main, si ma bouche,
    Si mes pensers les plus secrets
Ne froncèrent jamais votre sourcil farouche,
    Et si les infâmes progrès,
Si la risée atroce, ou plus atroce injure,
    L'encens de hideux scélérats,
Ont pénétré vos cœurs d'une longue blessure,
    Sauvez-moi; conservez un bras
Qui lance votre foudre, un amant qui vous venge.
    Mourir sans vider mon carquois!
Sans percer, sans fouler, sans pétrir dans leur fange
    Ces borreaux barbouilleurs de lois!
Ces vers cadavéreux de la France asservie,
    Égorgée! ô mon cher trésor,

50 *pensers:* pensées. 54 Robespierre et ses amis ne se lassaient jamais d'invoquer la justice et la vérité.

O ma plume, fiel, bile, horreur, dieux de ma vie!
    Par vous seuls je respire encor:
Comme la poix brûlante agitée en ses veines
    Ressuscite un flambeau mourant.
Je souffre; mais je vis. Par vous, loin de mes peines,
    D'espérance un vaste torrent
Me transporte. Sans vous, comme un poison livide,
    L'invisible dent du chagrin,
Mes amis opprimés, du menteur homicide
    Les succès, le sceptre d'airain,
Des bons proscrits par lui la mort ou la ruine,
    L'opprobre de subir sa loi,
Tout eût tari ma vie, ou contre ma poitrine
    Dirigé mon poignard. Mais quoi!
Nul ne resterait donc pour attendrir l'histoire
    Sur tant de justes massacrés!
Pour consoler leurs fils, leurs veuves, leur mémoire!
    Pour que des brigands abhorrés
Frémissent aux portraits noirs de leur ressemblance!
    Pour descendre jusqu'aux enfers
Nouer le triple fouet, le fouet de la vengeance,
    Déjà levé sur ces pervers!
Pour cracher sur leurs noms, pour chanter leur supplice!
    Allons, étouffe tes clameurs;
Souffre, ô cœur gros de haine, affamé de justice.
    Toi, Vertu, pleure, si je meurs.

81 *noirs de leur ressemblance:* c.à.d., noirs parce qu'ils leur ressemblent. 83 *le triple fouet:* les déesses de la Vengeance étaient au nombre de trois: Mégère, Alecto, Tisiphone.

112

Extract from *ÉPÎTRE SUR SES OUVRAGES*

L'Imitation

Ami, Phébus ainsi me verse ses largesses.
Souvent des vieux auteurs j'envahis les richesses.
Plus souvent leurs écrits, aiguillons généreux,
M'embrasent de leur flamme, et je crée avec eux.
Un juge sourcilleux, épiant mes ouvrages,
Tout à coup à grands cris dénonce vingt passages
Traduits de tel auteur qu'il nomme; et, les trouvant,
Il s'admire et se plaît de se voir si savant.
Que ne vient-il vers moi? je lui ferai connaître
Mille de mes larcins qu'il ignore peut-être.
Mon doigt sur mon manteau lui dévoile à l'instant
La couture invisible et qui va serpentant
Pour joindre à mon étoffe une pourpre étrangère.
Je lui montrerai l'art, ignoré du vulgaire,
De séparer aux yeux, en suivant leur lien,
Tous ces métaux unis dont j'ai formé le mien.
Tout ce que des Anglais la muse inculte et brave,
Tout ce que des Toscans la voix fière et suave,
Tout ce que les Romains, ces rois de l'univers,
M'offraient d'or et de soie, est passé dans mes vers.
Je m'abreuve surtout des flots que le Permesse
Plus féconds et plus purs fit couler dans la Grèce;
Là, Prométhée ardent, je dérobe les feux
Dont j'anime l'argile et dont je fais des dieux.
Tantôt chez un auteur j'adopte une pensée,
Mais qui revêt, chez moi, souvent entrelacée,
Mes images, mes tours, jeune et frais ornement;
Tantôt je ne retiens que les mots seulement:

1 Phébus ou Apollon, dieu des arts. 17 Chénier avait passé trois ans à Londres, comme secrétaire d'ambassade et goûtait beaucoup la littérature anglaise. Il a surtout imité Shakespeare et Young, l'auteur de *Night Thoughts* (1742–44). 26 *entrelacée:* mêlée à d'autres.

J'en détourne le sens, et l'art sait les contraindre
Vers des objets nouveaux qu'ils s'étonnent de peindre.
La prose plus souvent vient subir d'autres lois,
Et se transforme, et fuit mes poétiques doigts;
De rimes couronnée, et légère et dansante,
En nombres mesurés elle s'agite et chante.
Des antiques vergers ces rameaux empruntés
Croissent sur mon terrain mollement transplantés;
Aux troncs de mon verger ma main avec adresse
Les attache, et bientôt même écorce les presse.
De ce mélange heureux l'insensible douceur
Donne à mes fruits nouveaux une antique saveur.
Dévot adorateur de ces maîtres antiques,
Je veux m'envelopper de leurs saintes reliques.
Dans leur triomphe admis, je veux le partager,
Ou bien de ma défense eux-mêmes les charger.
Le critique imprudent, qui se croit bien habile,
Donnera sur ma joue un soufflet à Virgile.
Et ceci (tu peux voir si j'observe ma loi),
Montaigne, il t'en souvient, l'avait dit avant moi.

CHARLES LIOULT DE CHÊNEDOLLÉ (1769–1833)

113. *Le Clair de Lune de Mai*

AU bout de sa longue carrière,
Déjà le soleil moins ardent
Plonge, et dérobe sa lumière
Dans la pourpre de l'occident.

42 *reliques:* restes. 46–8 Allusion au passage suivant de Montaigne à l'adresse des critiques étroits qui lui reprochaient d'imiter les anciens: "Je veux qu'ils donnent une nasarde (chiquenaude sur le nez) à Plutarque sur mon nez, et qu'ils s'échaudent à injurier Sénèque en moi".

La terre n'est plus embrasée
Du souffle brûlant des chaleurs,
Et le Soir aux pieds de rosée
S'avance, en ranimant les fleurs.

Sous l'ombre par degrés naissante,
Le coteau devient plus obscur,
Et la lumière décroissante
Rembrunit le céleste azur.

Parais, ô Lune désirée!
Monte doucement dans les cieux:
Guide la paisible soirée
Sur son trône silencieux.

Amène la brise légère
Qui, dans l'air, précède tes pas,
Douce haleine, à nos champs si chère
Qu'aux cités on ne connaît pas.

A travers la cime agitée
Du saule incliné sur les eaux,
Verse ta lueur argentée,
Flottante en mobiles réseaux.

Que ton image réfléchie
Tombe sur le ruisseau brillant,
Et que la vague au loin blanchie
Roule ton disque vacillant!

Descends, comme une faible aurore,
Sur des objets trop éclatants;
En l'adoucissant, pare encore
La jeune pompe du printemps.

Aux fleurs nouvellement écloses
Prête un demi-jour enchanté,
Et blanchis ces vermeilles roses
De ta pâle et molle clarté.

Et toi, sommeil, de ma paupière
Écarte tes pesants pavots.
Phœbé, j'aime mieux ta lumière
Que tous les charmes du repos.

Je veux, dans sa marche insensible,
Ivre d'un poétique amour,
Contempler ton astre paisible
Jusqu'au réveil brillant du jour.

CHARLES-HUBERT MILLEVOYE (1782–1816)

114, 115. *Élégies* (*1812–1814*)

I

LA CHUTE DES FEUILLES

DE la dépouille de nos bois
L'automne avait jonché la terre;
Le bocage était sans mystère,
Le rossignol était sans voix.
Triste, et mourant à son aurore,
Un jeune malade, à pas lents,
Parcourait une fois encore
Le bois cher à ses premiers ans:

"Bois que j'aime, adieu! je succombe:
Ton deuil m'avertit de mon sort,
Et dans chaque feuille qui tombe
Je vois un présage de mort.
Fatal oracle d'Épidaure,
Tu m'as dit: 'Les feuilles des bois
A tes yeux jauniront encore;
Mais c'est pour la dernière fois.

[114] 10 *ton deuil:* ton aspect désolé. 13 *Épidaure:* ville d'Argolide, dont le temple élevé en l'honneur d'Esculape, dieu de la médecine, contenait un oracle célèbre.

L'éternel cyprès se balance;
Déjà sur la tête en silence
Il incline ses longs rameaux:
Ta jeunesse sera flétrie
Avant l'herbe de la prairie,
Avant le pampre des coteaux."
Et je meurs! De leur froide haleine
M'ont touché les sombres autans,
Et j'ai vu, comme une ombre vaine,
S'évanouir mon beau printemps.
Tombe, tombe, feuille éphémère!
Couvre, hélas! ce triste chemin,
Cache au désespoir de ma mère
La place où je serai demain.
Mais si mon amante voilée
Au détour de la sombre allée
Venait pleurer quand le jour fuit,
Éveille par un léger bruit
Mon ombre un instant consolée."

Il dit, s'éloigne...et, sans retour!
La dernière feuille qui tombe
A signalé son dernier jour.
Sous le chêne on creusa sa tombe.
Mais son amante ne vint pas
Visiter la pierre isolée;
Et le pâtre de la vallée
Troubla seul du bruit de ses pas
Le silence du mausolée.

II

Le Poète Mourant

Le poète chantait: de sa lampe fidèle
S'éteignaient par degrés les rayons pâlissants;
Et lui, près de mourir comme elle,
Exhalait ces tristes accents:

"La fleur de ma vie est fanée;
Il fut rapide, mon destin!
De mon orageuse journée
Le soir toucha presqu'au matin.

"Il est sur un lointain rivage
Un arbre où le Plaisir habite avec la Mort.
Sous ses rameaux trompeurs malheureux qui s'endort.
Volupté des amours! cet arbre est ton image.
Et moi, j'ai reposé sous le mortel ombrage;
Voyageur imprudent, j'ai mérité mon sort.

"Brise-toi, lyre tant aimée!
Tu ne survivras point à mon dernier sommeil,
Et tes hymnes sans renommée
Sous la tombe avec moi dormiront sans réveil.
Je ne paraîtrai pas devant le trône austère
Où la postérité, d'une inflexible voix,
Juge les gloires de la terre,
Comme l'Égypte, au bord de son lac solitaire,
Jugeait les ombres de ses rois.

"Compagnons dispersés de mon triste voyage,
O mes amis! ô vous qui me fûtes si chers!
De mes chants imparfaits recueillez l'héritage,
Et sauvez de l'oubli quelques-uns de mes vers.
Et vous par qui je meurs, vous à qui je pardonne,
Femmes, vos traits encore à mon œil incertain
S'offrent comme un rayon d'automne,
Ou comme un songe du matin.

11 Allusion au mancenillier, arbre des Antilles, dont l'ombre, selon une croyance populaire, versait l'ivresse et la mort.

Doux fantômes! venez, mon ombre vous demande
Un dernier souvenir de douleur et d'amour:
Au pied de mon cyprès effeuillez pour offrande
Les roses qui vivent un jour."

Le poète chantait: quand la lyre fidèle
S'échappa tout à coup de sa débile main;
Sa lampe mourut, et comme elle
Il s'éteignit le lendemain.

Jean-Pierre de Béranger (1780–1857)

116. *Les Souvenirs du Peuple* (*1828*)

On parlera de sa gloire
Sous le chaume bien longtemps;
L'humble toit, dans cinquante ans,
Ne connaîtra plus d'autre histoire.
Là viendront les villageois
Dire alors à quelque vieille:
"Par des récits d'autrefois,
Mère, abrégez notre veille.
Bien, dit-on, qu'il nous ait nui,
Le peuple encor le révère,
Oui, le révère.
Parlez-nous de lui, grand'mère;
Parlez-nous de lui.

— Mes enfants, dans ce village,
Suivi de rois, il passa.
Voilà bien longtemps de ça:
Je venais d'entrer en ménage.
A pied grimpant le coteau
Où pour voir je m'étais mise,
Il avait petit chapeau
Avec redingote grise.

[116] 1 *sa gloire:* la gloire de Napoléon Ier.

Près de lui je me troublai;
Il me dit: "Bonjour, ma chère,
Bonjour, ma chère."
— Il vous a parlé, grand'mère!
Il vous a parlé!

— L'an d'après, moi, pauvre femme,
A Paris étant un jour,
Je le vis avec sa cour:
Il se rendait à Notre-Dame.
Tous les cœurs étaient contents;
On admirait son cortège.
Chacun disait: "Quel beau temps!
Le ciel toujours le protège."
Son sourire était bien doux;
D'un fils Dieu le rendait père,
Le rendait père.
— Quel beau jour pour vous, grand'mère!
Quel beau jour pour vous!

— Mais, quand la pauvre Champagne
Fut en proie aux étrangers,
Lui, bravant tous les dangers,
Semblait seul tenir la campagne.
Un soir, tout comme aujourd'hui,
J'entends frapper à la porte;
J'ouvre. Bon Dieu! c'était lui,
Suivi d'une faible escorte.
Il s'assoit où me voilà,
S'écriant: "Oh! quelle guerre!
Oh! quelle guerre!"
— Il s'est assis là, grand'mere!
Il s'est assis là!

30 Pour le baptême de son fils, le roi de Rome, né le 20 mars, 1811. 40–1 Pendant la campagne des Cent Jours.

— "J'ai faim," dit-il; et bien vite
Je sers piquette et pain bis;
Puis il sèche ses habits,
Même à dormir le feu l'invite.
Au réveil, voyant mes pleurs,
Il me dit: "Bonne espérance!
Je cours, de tous ses malheurs,
Sous Paris, venger la France."
Il part; et, comme un trésor,
J'ai depuis gardé son verre,
Gardé son verre.
— Vous l'avez encor, grand'mère!
Vous l'avez encor!

— Le voici. Mais à sa perte
Le héros fut entraîné.
Lui, qu'un pape a couronné,
Est mort dans une île déserte.
Longtemps aucun ne l'a cru;
On disait: "Il va paraître;
Par mer il est accouru;
L'étranger va voir son maître."
Quand d'erreur on nous tira,
Ma douleur fut bien amère!
Fut bien amère!
— Dieu vous bénira, grand'mère;
Dieu vous bénira.

117. *Mon Habit*

Sois-moi fidèle, ô pauvre habit que j'aime!
Ensemble nous devenons vieux.
Depuis dix ans je te brosse moi-même,
Et Socrate n'eût pas fait mieux.
Quand le sort à ta mince étoffe
Livrerait de nouveaux combats,
Imite-moi, résiste en philosophe:
Mon vieil ami, ne nous séparons pas.

Je me souviens, car j'ai bonne mémoire,
Du premier jour où je te mis.
C'était ma fête, et, pour comble de gloire,
Tu fus chanté par mes amis.
Ton indigence, qui m'honore,
Ne m'a point banni de leurs bras;
Tous ils sont prêts à nous fêter encore:
Mon vieil ami, ne nous séparons pas.

A ton revers j'admire une reprise:
C'est encore un doux souvenir.
Feignant un soir de fuir la tendre Lise,
Je sens sa main me retenir.
On te déchire, et cet outrage
Auprès d'elle enchaîne mes pas.
Lisette a mis deux jours à tant d'ouvrage:
Mon vieil ami, ne nous séparons pas.

T'ai-je imprégné des flots de musc et d'ambre
Qu'un fat exhale en se mirant?
M'a-t-on jamais vu dans une antichambre
T'exposer au mépris d'un grand?
Pour des rubans la France entière
Fut en proie à de longs débats;
La fleur des champs brille à ta boutonnière:
Mon vieil ami, ne nous séparons pas.

Ne crains plus tant ces jours de courses vaines
Où notre destin fut pareil;
Ces jours mêlés de plaisirs et de peines,
Mêlés de pluie et de soleil.
Je dois bientôt, il me le semble,
Mettre pour jamais habit bas.
Attends un peu; nous finirons ensemble;
Mon vieil ami, ne nous séparons pas.

11 *ma fête:* la Saint-Pierre, le 29 juin. 17 *revers:* les deux pointes d'un habit repliées sur la poitrine.

118. *Les Hirondelles*

CAPTIF au rivage du More,
Un guerrier, courbé sous ses fers,
Disait: "Je vous revois encore,
Oiseaux ennemis des hivers.
Hirondelles, que l'espérance
Suit jusqu'en ces brûlants climats,
Sans doute vous quittez la France:
De mon pays ne me parlez-vous pas?

"Depuis trois ans je vous conjure
De m'apporter un souvenir
Du vallon où ma vie obscure
Se berçait d'un doux avenir.
Au détour d'une eau qui chemine
A flots purs sous de frais lilas,
Vous avez vu notre chaumine:
De ce vallon ne me parlez-vous pas?

"L'une de vous peut-être est née
Au toit où j'ai reçu le jour;
Là d'une mère infortunée
Vous avez dû plaindre l'amour.
Mourante, elle croit à toute heure
Entendre le bruit de mes pas;
Elle écoute, et puis elle pleure.
De son amour ne me parlez-vous pas?

"Ma sœur est-elle mariée?
Avez-vous vu de nos garçons
La foule, aux noces conviée,
La célébrer dans leurs chansons?
Et ces compagnons du jeune âge
Qui m'ont suivi dans les combats,
Ont-ils revu tous le village?
De tant d'amis ne me parlez-vous pas?

"Sur leurs corps l'étranger, peut-être,
Du vallon reprend le chemin;
Sous mon chaume il commande en maître,
De ma sœur il trouble l'hymen.
Pour moi plus de mère qui prie,
Et partout des fers ici-bas.
Hirondelles de ma patrie,
De ses malheurs ne me parlez-vous pas?"

ALPHONSE DE LAMARTINE (1790–1869)

119, 120. *Premières Méditations Poétiques (1820)*

I

LE LAC (1817)

AINSI, toujours poussés vers de nouveaux rivages,
Dans la nuit éternelle emportés sans retour,
Ne pourrons-nous jamais sur l'océan des âges
Jeter l'ancre un seul jour?

O lac! l'année à peine a fini sa carrière,
Et près des flots chéris qu'elle devait revoir,
Regarde! je viens seul m'asseoir sur cette pierre
Où tu la vis s'asseoir!

[119] En septembre 1816 Lamartine avait rencontré sur les bords du lac du Bourget, près d'Aix-les-Bains en Savoie, celle qu'il a chantée sous le nom d'Elvire et qui s'appelait en réalité Julie. Ils devaient se revoir au mois de septembre de l'année suivante, mais la jeune femme, atteinte d'une maladie de poitrine dont elle mourut quelques mois plus tard, ne put rejoindre son amant. C'est alors que Lamartine composa cette méditation, un an exactement après avoir fait la connaissance d'Elvire (cp. le v. 5).

Tu mugissais ainsi sous ces roches profondes,
Ainsi tu te brisais sur leurs flancs déchirés,
Ainsi le vent jetait l'écume de tes ondes
Sur ses pieds adorés.

Un soir, t'en souvient-il? nous voguions en silence;
On n'entendait au loin, sur l'onde et sous les cieux,
Que le bruit des rameurs qui frappaient en cadence
Tes flots harmonieux.

Tout à coup des accents inconnus à la terre
Du rivage charmé frappèrent les échos:
Le flot fut attentif, et la voix qui m'est chère
Laissa tomber ces mots:

"O temps! suspends ton vol; et vous, heures propices,
Suspendez votre cours:
Laissez-nous savourer les rapides délices
Des plus beaux de nos jours!

"Assez de malheureux ici-bas vous implorent,
Coulez, coulez pour eux;
Prenez avec leurs jours les soins qui les dévorent,
Oubliez les heureux.

"Mais je demande en vain quelques moments encore,
Le temps m'échappe et fuit;
Je dis à cette nuit: "Sois plus lente"; et l'aurore
Va dissiper la nuit.

"Aimons donc, aimons donc! de l'heure fugitive,
Hâtons-nous, jouissons!
L'homme n'a point de port, le temps n'a point de rive;
Il coule, et nous passons!"

27 *soins:* soucis.

Temps jaloux, se peut-il que ces moments d'ivresse,
Où l'amour à longs flots nous verse le bonheur,
S'envolent loin de nous de la même vitesse
Que les jours de malheur?

Eh quoi! n'en pourrons-nous fixer au moins la trace?
Quoi! passés pour jamais! quoi! tout entiers perdus!
Ce temps qui les donna, ce temps qui les efface,
Ne nous les rendra plus!

Éternité, néant, passé, sombres abîmes,
Que faites-vous des jours que vous engloutissez?
Parlez: nous rendrez-vous ces extases sublimes
Que vous nous ravissez?

O lac! rochers muets! grottes! forêt obscure!
Vous que le temps épargne ou qu'il peut rajeunir,
Gardez de cette nuit, gardez, belle nature,
Au moins le souvenir!

Qu'il soit dans ton repos, qu'il soit dans tes orages,
Beau lac, et dans l'aspect de tes riants coteaux,
Et dans ces noirs sapins, et dans ces rocs sauvages
Qui pendent sur tes eaux!

Qu'il soit dans le zéphyr qui frémit et qui passe,
Dans les bruits de tes bords par tes bords répétés,
Dans l'astre au front d'argent qui blanchit ta surface
De ses molles clartés!

Que le vent qui gémit, le roseau qui soupire,
Que les parfums légers de ton air embaumé,
Que tout ce qu'on entend, l'on voit ou l'on respire,
Tout dise: "Ils ont aimé!"

59 *l'astre au front d'argent:* la lune.

II

L'Isolement (1818)

Souvent sur la montagne, à l'ombre du vieux chêne,
Au coucher du soleil, tristement je m'assieds;
Je promène au hasard mes regards sur la plaine,
Dont le tableau changeant se déroule à mes pieds.

Ici, gronde le fleuve aux vagues écumantes;
Il serpente, et s'enfonce en un lointain obscur;
Là, le lac immobile étend ses eaux dormantes
Où l'étoile du soir se lève dans l'azur.

Au sommet de ces monts couronnés de bois sombres,
Le crépuscule encor jette un dernier rayon,
Et le char vaporeux de la reine des ombres
Monte, et blanchit déjà les bords de l'horizon.

Cependant, s'élançant de la flèche gothique,
Un son religieux se répand dans les airs:
Le voyageur s'arrête, et la cloche rustique
Aux derniers bruits du jour mêle de saints concerts.

Mais à ces doux tableaux mon âme indifférente
N'éprouve devant eux ni charme, ni transports,
Je contemple la terre ainsi qu'une âme errante;
Le soleil des vivants n'échauffe plus les morts.

De colline en colline en vain portant ma vue,
Du sud à l'aquilon, de l'aurore au couchant,
Je parcours tous les points de l'immense étendue,
Et je dis: "Nulle part le bonheur ne m'attend."

Que me font ces vallons, ces palais, ces chaumières,
Vains objets dont pour moi le charme est envolé?
Fleuves, rochers, forêts, solitudes si chères,
Un seul être vous manque, et tout est dépeuplé.

Pièce inspirée par la mort d'Elvire.

8 L'azur du ciel et l'étoile se réfléchissent dans les eaux dormantes du lac.

Que le tour du soleil ou commence ou s'achève,
D'un œil indifférent je le suis dans son cours;
En un ciel sombre ou pur qu'il se couche ou se lève,
Qu'importe le soleil? je n'attends rien des jours.

Quand je pourrais le suivre en sa vaste carrière,
Mes yeux verraient partout le vide et les déserts:
Je ne désire rien de tout ce qu'il éclaire,
Je ne demande rien à l'immense univers.

Mais peut-être au delà des bornes de sa sphère,
Lieux où le vrai soleil éclaire d'autres cieux,
Si je pouvais laisser ma dépouille à la terre,
Ce que j'ai tant rêvé paraîtrait à mes yeux?

Là, je m'enivrerais à la source où j'aspire;
Là, je retrouverais et l'espoir et l'amour,
Et ce bien idéal que tout âme désire,
Et qui n'a pas de nom au terrestre séjour!

Que ne puis-je, porté sur le char de l'aurore,
Vague objet de mes vœux, m'élancer jusqu'à toi!
Sur la terre d'exil pourquoi resté-je encore?
Il n'est rien de commun entre la terre et moi.

Quand la feuille des bois tombe dans la prairie,
Le vent du soir s'élève et l'arrache aux vallons;
Et moi, je suis semblable à la feuille flétrie:
Emportez-moi comme elle, orageux aquilons!

33 *quand je pourrais:* même si je pouvais. 34 *les déserts:* c.à.d., les vastes espaces du ciel. 46 *vague:* immatériel, idéal.

121. *Nouvelles Méditations Poétiques (1823)*

Le Crucifix (1823 ?)

Toi que j'ai recueilli sur sa bouche expirante
Avec son dernier souffle et son dernier adieu,
Symbole deux fois saint, don d'une main mourante,
Image de mon Dieu;

Que de pleurs ont coulé sur tes pieds que j'adore,
Depuis l'heure sacrée où, du sein d'un martyr,
Dans mes tremblantes mains tu passas tiède encore
De son dernier soupir!

Les saints flambeaux jetaient une dernière flamme;
Le prêtre murmurait ces doux chants de la mort,
Pareils aux chants plaintifs que murmure une femme
A l'enfant qui s'endort.

De son pieux espoir son front gardait la trace,
Et sur ses traits, frappés d'une auguste beauté,
La douleur fugitive avait empreint sa grâce,
La mort sa majesté.

Le vent qui caressait sa tête échevelée
Me montrait tour à tour ou me voilait ses traits,
Comme l'on voit flotter sur un blanc mausolée
L'ombre des noirs cyprès.

Ce poème semble avoir été conçu au lendemain même de la mort d'Elvire, mais il ne fut achevé que beaucoup plus tard.

1 *j'ai recueilli:* Lamartine n'assistait pas, on le sait, à la mort d'Elvire; c'est de son ami Virieu qu'il reçut le crucifix qui avait reposé sur ses lèvres dans son agonie. 6 *martyr:* l'abbé de Keravenant, confesseur d'Elvire, que Lamartine qualifie du nom de "martyr", parce qu'il avait été emprisonné pendant la Terreur et qu'il avait failli être executé. 17–20 Il est difficile de croire que la fenêtre de la chambre mortuaire était ouverte en décembre, lorsque s'éteignit Elvire. Cette strophe a dû être inspirée par le souvenir d'Elvire évanouie un jour sur les bords du lac du Bourget, dans une humble chambre de pêcheur, les cheveux épars au vent du lac.

Un de ses bras pendait de la funèbre couche;
L'autre, languissamment replié sur son cœur,
Semblait chercher encor et presser sur sa bouche
L'image du Sauveur.

Ses lèvres s'entrouvraient pour l'embrasser encore;
Mais son âme avait fui dans ce divin baiser,
Comme un léger parfum que la flamme dévore
Avant de l'embraser.

Maintenant tout dormait sur sa bouche glacée,
Le souffle se taisait dans son sein endormi,
Et sur l'œil sans regard la paupière abaissée
Retombait à demi.

Et moi, debout, saisi d'une terreur secrète,
Je n'osais m'approcher de ce reste adoré,
Comme si du trépas la majesté muette
L'eût déjà consacré.

Je n'osais!...Mais le prêtre entendit mon silence,
Et, de ses doigts glacés prenant le crucifix:
"Voilà le souvenir, et voilà l'espérance:
Emportez-les, mon fils!"

Oui, tu me resteras, ô funèbre héritage!
Sept fois, depuis ce jour, l'arbre que j'ai planté
Sur sa tombe sans nom a changé de feuillage:
Tu ne m'as pas quitté.

Placé près de ce cœur, hélas! où tout s'efface,
Tu l'as contre le temps défendu de l'oubli,
Et mes yeux goutte à goutte ont imprimé leur trace
Sur l'ivoire amolli.

O dernier confident de l'âme qui s'envole,
Viens, reste sur mon cœur! parle encore, et dis-moi
Ce qu'elle te disait quand sa faible parole
N'arrivait plus qu'à toi!

27–8 L'âme qui fuit est comparée au parfum d'un encens que le feu consume sans avoir même le temps de l'embraser. 37 *entendit:* comprit la signification.

A cette heure douteuse où l'âme recueillie,
Se cachant sous le voile épaissi sur nos yeux,
Hors de nos sens glacés pas à pas se replie,
Sourde aux derniers adieux;

Alors qu'entre la vie et la mort incertaine,
Comme un fruit par son poids détaché du rameau,
Notre âme est suspendue et tremble à chaque haleine
Sur la nuit du tombeau;

Quand des chants, des sanglots, la confuse harmonie
N'éveille déjà plus notre esprit endormi,
Aux lèvres du mourant collé dans l'agonie,
Comme un dernier ami;

Pour éclaircir l'horreur de cet étroit passage,
Pour relever vers Dieu son regard abattu,
Divin consolateur, dont nous baisons l'image,
Réponds! Que lui dis-tu?

Tu sais, tu sais mourir! et tes larmes divines,
Dans cette nuit terrible où tu prias en vain,
De l'olivier sacré baignèrent les racines
Du soir jusqu'au matin!

De la croix, où ton œil sonda ce grand mystère,
Tu vis ta mère en pleurs et la nature en deuil;
Tu laissas comme nous, tes amis sur la terre,
Et ton corps au cercueil!

Au nom de cette mort, que ma faiblesse obtienne
De rendre sur ton sein ce douloureux soupir:
Quand mon heure viendra, souviens-toi de la tienne,
O toi qui sais mourir!

Je chercherai la place où sa bouche expirante
Exhala sur tes pieds l'irrévocable adieu,
Et son âme viendra guider mon âme errante
Au sein du même Dieu!

Ah! puisse, puisse alors sur ma funèbre couche,
Triste et calme à la fois, comme un ange éploré,
Une figure en deuil recueillir sur ma bouche
        L'heritage sacré!

Soutiens ses derniers pas, charme sa dernière heure;
Et, gage consacré d'espérance et d'amour,
De celui qui s'éloigne à celui qui demeure
        Passe ainsi tour à tour,

Jusqu'au jour où, des morts perçant la voûte sombre,
Une voix dans le ciel, les appelant sept fois,
Ensemble éveillera ceux qui dorment à l'ombre
        De l'éternelle croix!

122, 123. *Harmonies Poétiques et Religieuses* (*1830*)

LE CHÊNE (1829)

VOILÀ ce chêne solitaire
Dont le rocher s'est couronné:
Parlez à ce tronc séculaire,
Demandez comment il est né.

Un gland tombe de l'arbre et roule sur la terre;
L'aigle à la serre vide, en quittant les vallons,
S'en saisit en jouant et l'emporte à son aire
Pour aiguiser le bec de ses jeunes aiglons;
Bientôt du nid désert qu'emporte la tempête
Il roule confondu dans les débris mouvants,
Et sur la roche nue un grain de sable arrête
Celui qui doit un jour rompre l'aile des vents.
        L'été vient, l'aquilon soulève
La poudre des sillons, qui pour lui n'est qu'un jeu,
Et sur le germe éteint où couve encor la séve
        En laisse retomber un peu.

93 *la voûte:* le tombeau.

Le printemps, de sa tiède ondée,
L'arrose comme avec la main:
Cette poussière est fécondée,
Et la vie y circule enfin.

La vie! A ce seul mot tout œil, toute pensée,
S'inclinent confondus et n'osent pénétrer;
Au seuil de l'infini c'est la borne placée,
Où la sage ignorance et l'audace insensée
Se rencontrent pour adorer!

Il vit, ce géant des collines;
Mais avant de paraître au jour,
Il se creuse avec ses racines
Des fondements comme une tour.
Il sait quelle lutte s'apprête,
Et qu'il doit contre la tempête
Chercher sous la terre un appui;
Il sait que l'ouragan sonore
L'attend au jour!...ou, s'il l'ignore,
Quelqu'un du moins le sait pour lui!

Ainsi quand le jeune navire
Où s'élancent les matelots,
Avant d'affronter son empire,
Veut s'apprivoiser sur les flots,
Laissant filer son vaste câble,
Son ancre va chercher le sable
Jusqu'au fond des vallons mouvants,
Et sur ce fondement mobile
Il balance son mât fragile
Et dort au vain roulis des vents.

Il vit! le colosse superbe
Qui couvre un arpent tout entier,
Dépasse à peine le brin d'herbe
Que le moucheron fait plier!
Mais sa feuille boit la rosée,
Sa racine fertilisée

Grossit comme une eau dans son cours,
Et dans son cœur qu'il fortifie
Circule un sang ivre de vie
Pour qui les siècles sont des jours!

Les sillons où les blés jaunissent
Sous les pas changeants des saisons,
Se dépouillent et se vêtissent
Comme un troupeau de ses toisons;
Le fleuve naît, gronde et s'écoule,
La tour monte, vieillit, s'écroule,
L'hiver effeuille le granit,
Des générations sans nombre
Vivent et meurent sous son ombre:
Et lui? voyez! il rajeunit!

Son tronc que l'écorce protège,
Fortifié par mille nœuds,
Pour porter sa feuille ou sa neige
S'élargit sur ses pieds noueux;
Ses bras que le temps multiplie,
Comme un lutteur qui se replie
Pour mieux s'élancer en avant,
Jetant leurs coudes en arrière,
Se recourbent dans la carrière
Pour mieux porter le poids du vent!

Et son vaste et pesant feuillage,
Répandant la nuit alentour,
S'étend, comme un large nuage,
Entre la montagne et le jour;
Comme de nocturnes fantômes,
Les vents résonnent dans ses dômes;

58 *vêtissent:* Lamartine emploie cette forme au lieu de *vêtent*, et *vêtissait* (voir le no. 123, v. 12) au lieu de *vêtait*, selon l'usage, aujourd'hui incorrect, du XVIIIe siècle.

Les oiseaux y viennent dormir,
Et pour saluer la lumière
S'élèvent comme une poussière,
Si sa feuille vient à frémir!

La nef, dont le regard implore
Sur les mers un phare certain,
Le voit, tout noyé dans l'aurore,
Pyramider dans le lointain.
Le soir fait pencher sa grande ombre
Des flancs de la colline sombre
Jusqu'au pied des derniers coteaux.
Un seul des cheveux de sa tête
Abrite contre la tempête
Et le pasteur et les troupeaux!

Et pendant qu'au vent des collines
Il berce ses toits habités,
Des empires dans ses racines,
Sous son écorce des cités;
Là, près des ruches des abeilles,
Arachné tisse ses merveilles,
Le serpent siffle, et la fourmi
Guide à des conquêtes de sables
Ses multitudes innombrables
Qu'écrase un lézard endormi!

Et ces torrents d'âme et de vie,
Et ce mystérieux sommeil,
Et cette sève rajeunie
Qui remonte avec le soleil;
Cette intelligence divine
Qui pressent, calcule, devine
Et s'organise pour sa fin;
Et cette force qui renferme
Dans un gland le germe du germe
D'êtres sans nombres et sans fin!

89 *pyramider:* s'élever en pyramide. 110 *divine:* émanée de Dieu.

Et ces mondes de créatures
Qui, naissant et vivant de lui,
Y puisent être et nourritures
Dans les siècles comme aujourd'hui,
Tout cela n'est qu'un gland fragile
Qui tombe sur le roc stérile
Du bec de l'aigle ou du vautour!
Ce n'est qu'une aride poussière
Que le vent sème en sa carrière
Et qu'échauffe un rayon du jour!

Et moi, je dis: "Seigneur, c'est toi seul, c'est ta force,
Ta sagesse et ta volonté,
Ta vie et ta fécondité,
Ta prévoyance et ta bonté!
Le ver trouve ton nom gravé sous son écorce,
Et mon œil dans sa masse et son éternité!"

Extract from *MILLY OU LA TERRE NATALE* (1827)

Voilà le banc rustique où s'asseyait mon père,
La salle où résonnait sa voix mâle et sévère,
Quand les pasteurs, assis sur leurs socs renversés,
Lui comptaient les sillons par chaque heure tracés,
Ou qu'encor palpitant des scènes de sa gloire,
De l'échafaud des rois il nous disait l'histoire,

119 *dans les siècles:* éternellement. 130 *son* renvoie au mot *chêne.*

[123] Le village de Milly, où Lamartine passa son enfance, est situé à quatorze kilomètres à l'ouest de Mâcon. Le père du poète, le chevalier Pierre de Lamartine, était venu s'y installer dans les dernières années du XVIIIe siècle. Lamartine devint propriétaire de la maison de famille en 1830; mais accablé de dettes, il fut réduit à la vendre en 1861.

5 *de sa gloire:* le père de Lamartine, capitaine de l'armée royale, avait été blessé à la journée du 10 août 1792. 6 Allusion à l'exécution de Louis XVI et de la reine.

Et, plein du grand combat qu'il avait combattu,
En racontant sa vie enseignait la vertu.
Voilà la place vide où ma mère, à toute heure,
Au plus léger soupir, sortait de sa demeure
Et, nous faisant porter ou la laine ou le pain,
Vêtissait l'indigence ou nourrissait la faim;
Voilà les toits de chaume où sa main attentive
Versait sur la blessure ou le miel ou l'olive,
Ouvrait près du chevet des vieillards expirants
Ce livre où l'espérance est permise aux mourants,
Recueillait leurs soupirs sur leur bouche oppressée,
Faisait tourner vers Dieu leur dernière pensée,
Et, tenant par la main les plus jeunes de nous,
A la veuve, à l'enfant, qui tombaient à genoux,
Disait, en essuyant les pleurs de leurs paupières:
"Je vous donne un peu d'or, rendez-leur vos prières!"
Voilà le seuil, à l'ombre, où son pied nous berçait,
La branche du figuier que sa main abaissait;
Voici l'étroit sentier où, quand l'airain sonore
Dans le temple lointain vibrait avec l'aurore,
Nous montions sur sa trace à l'autel du Seigneur
Offrir deux purs encens, innocence et bonheur!
C'est ici que sa voix pieuse et solennelle
Nous expliquait un Dieu que nous sentions en elle
Et, nous montrant l'épi dans son germe enfermé,
La grappe distillant son breuvage embaumé,
La génisse en lait pur changeant le suc des plantes,
Le rocher qui s'entr'ouvre aux sources ruisselantes,
La laine des brebis dérobée aux rameaux
Servant à tapisser les doux nids des oiseaux,
Et le soleil exact à ses douze demeures
Partageant aux climats les saisons et les heures,

14 *l'olive:* l'huile d'olive. 16 *ce livre:* la Bible. 25 *l'airain sonore:* la cloche de l'église. 29 *ici:* alors. 37 *douze demeures:* les douze signes du zodiaque, que les astrologues appelaient les "maisons" de l'astre.

Et ces astres des nuits que Dieu seul peut compter,
Mondes où la pensée ose à peine monter,
Nous enseignait la foi par la reconnaissance,
Et faisait admirer à notre simple enfance
Comment l'astre et l'insecte invisible à nos yeux
Avaient, ainsi que nous, leur père dans les cieux!
Ces bruyères, ces champs, ces vignes, ces prairies,
Ont tous leurs souvenirs et leurs ombres chéries.
Là, mes sœurs folâtraient, et le vent dans leurs jeux
Les suivait en jouant avec leurs blonds cheveux;
Là, guidant les bergers aux sommets des collines,
J'allumais des bûchers de bois mort et d'épines,
Et mes yeux, suspendus aux flammes du foyer,
Passaient heure après heure à les voir ondoyer.
Là, contre la fureur de l'aquilon rapide,
Le saule caverneux nous prêtait son tronc vide,
Et j'écoutais siffler dans son feuillage mort
Des brises dont mon âme a retenu l'accord.
Voilà le peuplier qui, penché sur l'abîme,
Dans la saison des nids nous berçait sur sa cime,
Le ruisseau dans les prés, dont les dormantes eaux
Submergeaient lentement nos barques de roseaux,
Le chêne, le rocher, le moulin monotone,
Et le mur au soleil où, dans les jours d'automne,
Je venais, sur la pierre assis près des vieillards,
Suivre le jour qui meurt de mes derniers regards.
Tout est encor debout; tout renaît à sa place;
De nos pas sur le sable on suit encor la trace;
Rien ne manque à ces lieux qu'un cœur pour en jouir:
Mais, hélas! l'heure baisse et va s'évanouir!

56 *l'accord:* l'harmonie. 64 *de mes derniers regards:* c.à.d., jusqu'au moment où ils disparaissent à mes yeux. 65 *tout renaît:* c.à.d., tout le passé revit. 68 *l'heure baisse et va s'évanouir:* c.à.d., le crépuscule de la vie va bientôt venir et la nuit du tombeau approche.

La vie a dispersé, comme l'épi sur l'aire,
Loin du champ paternel les enfants et la mère,
Et ce foyer chéri ressemble aux nids déserts
D'où l'hirondelle a fui pendant de longs hivers.
Déjà l'herbe qui croît sur les dalles antiques
Efface autour des murs les sentiers domestiques,
Et le lierre, flottant comme un manteau de deuil,
Couvre à demi la porte et rampe sur le seuil...

124

Extract from *JOCELYN* (1836)

Le Labourage

Laissant souffler ses bœufs, le jeune homme s'appuie
Debout au tronc d'un chêne, et de sa main essuie
La sueur du sentier sur son front mâle et doux;
La femme et les enfants tout petits, à genoux
Devant les bœufs privés baissant leur corne à terre,
Leur cassent des rejets de frêne et de fougère,
Et jettent devant eux en verdoyants monceaux
Les feuilles que leurs mains émondent des rameaux.
Ils ruminent en paix, pendant que l'ombre obscure
Sous le soleil montant se replie à mesure,
Et, laissant de la glèbe attiédir la froideur,
Vient mourir, et border les pieds du laboureur.
Il rattache le joug, sous la forte courroie,
Aux cornes qu'en pesant sa main robuste ploie.

70–6 Au début de 1827, lorsque Lamartine composa cette "harmonie", de ses cinq sœurs, trois étaient mariées et deux étaient mortes. La mère du poète vécut jusqu'à la fin de 1829 et son père jusqu'en août 1840; mais, depuis 1825, les parents de Lamartine n'habitaient plus guère que Mâcon, de sorte que la maison de Milly restait presque constamment inoccupée, ce qui explique le mot *vide* du vers 9.

[124] 5 *privés:* domestiques, apprivoisés. 8 *émondent:* arrachent. 10 *à mesure:* c.à.d., à mesure que le soleil monte. 14 *en pesant:* en pesant sur elles.

Les enfants vont cueillir des rameaux découpés,
Des gouttes de rosée encore tout trempés,
Au joug avec la feuille en verts festons les nouent,
Que sur leurs fronts voilés les fiers taureaux secouent,
Pour que leur flanc qui bat et leur poitrail poudreux
Portent sous le soleil un peu d'ombre avec eux...
La terre, qui se fend sous le soc qu'elle aiguise,
En tronçons palpitants s'amoncelle et se brise,
Et, tout en s'entr'ouvrant, fume comme une chair
Qui se fend et palpite et fume sous le fer.
En deux monceaux poudreux les ailes la renversent;
Ses racines à nu, ses herbes se dispersent;
Ses reptiles, ses vers, par le soc déterrés,
Se tordent sur son sein en tronçons torturés.
L'homme les foule aux pieds, et, secouant le manche,
Enfonce plus avant le glaive qui les tranche;
Le timon plonge et tremble, et déchire ses doigts;
La femme parle aux bœufs du geste et de la voix;
Les animaux, courbés sur leur jarret qui plie,
Pèsent de tout leur front sur le joug qui les lie;
Comme un cœur généreux leurs flancs battent d'ardeur;
Ils font bondir le sol jusqu'en sa profondeur.
L'homme presse ses pas, la femme suit à peine;
Tous au bout du sillon arrivent hors d'haleine;
Ils s'arrêtent: le bœuf rumine, et les enfants
Chassent avec la main les mouches de leurs flancs.

ALFRED DE VIGNY (1797–1863)

125. *Moïse* (*1822*)

LE soleil prolongeait sur la cime des tentes
Ces obliques rayons, ces flammes éclatantes,
Ces larges traces d'or qu'il laisse dans les airs,
Lorsqu'en un lit de sable il se couche aux déserts.

31 *le timon:* il s'agit ici de la pièce de bois qui joint le manche de la charrue au coutre.

La pourpre et l'or semblaient revêtir la campagne.
Du stérile Nébo gravissant la montagne,
Moïse, homme de Dieu, s'arrête, et, sans orgueil,
Sur le vaste horizon promène un long coup d'œil.
Il voit d'abord Phasga, que des figuiers entourent;
Puis, au delà des monts que ses regards parcourent,
S'étend tout Galaad, Éphraïm, Manassé,
Dont le pays fertile à sa droite est placé;
Vers le Midi, Juda, grand et stérile, étale
Ses sables où s'endort la mer occidentale;
Plus loin dans un vallon que le soir a pâli,
Couronné d'oliviers, se montre Nephtali;
Dans des plaines de fleurs magnifiques et calmes,
Jéricho s'aperçoit: c'est la ville des palmes;
Et, prolongeant ses bois, des plaines de Phogor,
Le lentisque touffu s'étend jusqu'à Ségor.
Il voit tout Chanaan, et la terre promise,
Où sa tombe, il le sait, ne sera point admise.
Il voit; sur les Hébreux étend sa grande main,
Puis vers le haut du mont il reprend son chemin.

Or, des champs de Moab couvrant la vaste enceinte,
Pressés au large pied de la montagne sainte,
Les enfants d'Israël s'agitaient au vallon
Comme les blés épais qu'agite l'aquilon.
Dès l'heure où la rosée humecte l'or des sables
Et balance sa perle au sommet des érables,
Prophète centenaire, environné d'honneur,
Moïse était parti pour trouver le Seigneur.
On le suivait des yeux aux flammes de sa tête,
Et, lorsque du grand mont il atteignit le faîte,
Lorsque son front perça le nuage de Dieu
Qui couronnait d'éclairs la cime du haut lieu,

9 *Phasga:* principal sommet du mont Nébo, montagne du pays de Moab, où Moïse alla mourir. 33 Quand Moïse descendit du Sinaï, son visage avait un tel éclat que les Israëlites n'osaient s'approcher de lui. Cp. v. 93 ("mes yeux de flamme").

L'encens brûla partout sur les autels de pierre,
Et six cent mille Hébreux, courbés dans la poussière,
A l'ombre du parfum par le soleil doré,
Chantèrent d'une voix le cantique sacré;
Et les fils de Lévi, s'élevant sur la foule,
Tel qu'un bois de cyprès sur le sable qui roule,
Du peuple avec la harpe accompagnant les voix,
Dirigeaient vers le ciel l'hymne du Roi des Rois.

Et, debout devant Dieu, Moïse ayant pris place,
Dans le nuage obscur lui parlait face à face.

Il disait au Seigneur: "Ne finirai-je pas?
Où voulez-vous encor que je porte mes pas?
Je vivrai donc toujours puissant et solitaire?
Laissez-moi m'endormir du sommeil de la terre.
Que vous ai-je donc fait pour être votre élu?
J'ai conduit votre peuple où vous avez voulu.
Voilà que son pied touche à la terre promise.
De vous à lui qu'un autre accepte l'entremise,
Au coursier d'Israël qu'il attache le frein;
Je lui lègue mon livre et la verge d'airain.

"Pourquoi vous fallut-il tarir mes espérances,
Ne pas me laisser homme avec mes ignorances,
Puisque du mont Horeb jusques au mont Nébo
Je n'ai pas pu trouver le lieu de mon tombeau?
Hélas! vous m'avez fait sage parmi les sages!
Mon doigt du peuple errant a guidé les passages.
J'ai fait pleuvoir le feu sur la tête des rois;
L'avenir à genoux adorera mes lois;
Des tombes des humains j'ouvre la plus antique,
La mort trouve à ma voix une voix prophétique,

50 *sommeil de la terre:* sommeil du tombeau. 56 *mon livre:* le Pentateuque, qui forme les cinq premiers livres de la Bible. 65–6 Vers obscurs. Peut-être s'agit-il de la tombe de Joseph, dont Moïse emporta les ossements.

Je suis très grand, mes pieds sont sur les nations,
Ma main fait et défait les générations. —
Hélas! je suis, Seigneur, puissant et solitaire,
Laissez-moi m'endormir du sommeil de la terre!

Hélas! je sais aussi tous les secrets des cieux,
Et vous m'avez prêté la force de vos yeux.
Je commande à la nuit de déchirer ses voiles;
Ma bouche par leur nom a compté les étoiles,
Et, dès qu'au firmament mon geste l'appela,
Chacune s'est hâtée en disant: "Me voilà."
J'impose mes deux mains sur le front des nuages
Pour tarir dans leurs flancs la source des orages;
J'engloutis les cités sous les sables mouvants;
Je renverse les monts sous les ailes des vents;
Mon pied infatigable est plus fort que l'espace;
Le fleuve aux grandes eaux se range quand je passe,
Et la voix de la mer se tait devant ma voix.
Lorsque mon peuple souffre, ou qu'il lui faut des lois,
J'élève mes regards, votre esprit me visite;
La terre alors chancelle et le soleil hésite,
Vos anges sont jaloux et m'admirent entre eux.
Et cependant, Seigneur, je ne suis pas heureux;
Vous m'avez fait vieillir puissant et solitaire,
Laissez-moi m'endormir du sommeil de la terre.

"Sitôt que votre souffle a rempli le berger,
Les hommes se sont dit: 'Il nous est étranger';
Et leurs yeux se baissaient devant mes yeux de flamme,
Car il venaient, hélas! d'y voir plus que mon âme.
J'ai vu l'amour s'éteindre et l'amitié tarir;
Les vierges se voilaient et craignaient de mourir.
M'enveloppant alors de la colonne noire,
J'ai marché devant tous, triste et seul dans ma gloire,

68 Allusion à la mort des premiers-nés des Égyptiens (Exode xii. 29). 82 Vigny attribue à Moïse un miracle (le passage du Jourdain) dû à Josué. 86 L'Écriture attribue ce miracle à Josué.

Et j'ai dit dans mon cœur: 'Que vouloir à présent?'
Pour dormir sur un sein mon front est trop pesant,
Ma main laisse l'effroi sur la main qu'elle touche,
L'orage est dans ma voix, l'éclair est sur ma bouche;
Aussi, loin de m'aimer, voilà qu'ils tremblent tous,
Et quand j'ouvre les bras, on tombe à mes genoux.
O Seigneur! j'ai vécu puissant et solitaire,
Laissez-moi m'endormir du sommeil de la terre!"

Or, le peuple attendait, et, craignant son courroux,
Priait sans regarder le mont du Dieu jaloux;
Car, s'il levait les yeux, les flancs noirs du nuage
Roulaient et redoublaient les foudres de l'orage,
Et le feu des éclairs, aveuglant les regards,
Enchaînait tous les fronts courbés de toutes parts.
Bientôt le haut du mont reparut sans Moïse.
Il fut pleuré. — Marchant vers la terre promise,
Josué s'avançait pensif, et pâlissant,
Car il était déjà l'élu du Tout-Puissant.

126. *Le Mont des Oliviers* (*1843*)

Alors il était nuit, et Jésus marchait seul,
Vêtu de blanc ainsi qu'un mort de son linceul;
Les disciples dormaient au pied de la colline,
Parmi les oliviers, qu'un vent sinistre incline;
Jésus marche à grands pas en frissonnant comme eux;
Triste jusqu'à la mort, l'œil sombre et ténébreux,
Le front baissé, croisant les deux bras sur sa robe
Comme un voleur de nuit cachant ce qu'il dérobe,
Connaissant les rochers mieux qu'un sentier uni,
Il s'arrête en un lieu nommé Gethsémani.
Il se courbe, à genoux, le front contre la terre;
Puis regarde le ciel en appelant: "Mon père!"
— Mais le ciel reste noir, et Dieu ne répond pas.

Il se lève étonné, marche encore à grands pas,
Froissant les oliviers qui tremblent. Froide et lente
Découle de sa tête une sueur sanglante.

Il recule, il descend, il crie avec effroi:
"Ne pourriez-vous prier et veiller avec moi?"
Mais un sommeil de mort accable les apôtres.
Pierre à la voix du maître est sourd comme les autres.
Le Fils de l'Homme alors remonte lentement;
Comme un pasteur d'Égypte, il cherche au firmament
Si l'Ange ne luit pas au fond de quelque étoile.
Mais un nuage en deuil s'étend comme le voile
D'une veuve, et ses plis entourent le désert.
Jésus, se rappelant ce qu'il avait souffert
Depuis trente-trois ans, devint homme, et la crainte
Serra son cœur mortel d'une invincible étreinte.
Il eut froid. Vainement il appela trois fois:
"Mon père!" Le vent seul répondit à sa voix.
Il tomba sur le sable assis, et, dans sa peine,
Eut sur le monde et l'homme une pensée humaine.
— Et la terre trembla, sentant la pesanteur
Du Sauveur qui tombait aux pieds du Créateur.

Jésus disait: "O Père, encor laisse-moi vivre!
Avant le dernier mot ne ferme pas mon livre!
Ne sens-tu pas le monde et tout le genre humain
Qui souffre avec ma chair et frémit dans ta main?
C'est que la Terre a peur de rester seule et veuve,
Quand meurt celui qui dit une parole neuve;
Et que tu n'as laissé dans son sein desséché
Tomber qu'un mot du ciel par ma bouche épanché.
Mais ce mot est si pur, et sa douceur est telle,
Qu'il a comme enivré la famille mortelle
D'une goutte de vie et de divinité,
Lorsqu'en ouvrant les bras j'ai dit: 'Fraternité.'

"Père, oh! si j'ai rempli mon douloureux message,
Si j'ai caché le Dieu sous la face du sage,
Du sacrifice humain si j'ai changé le prix,
Pour l'offrande des corps recevant les esprits,

47 *message:* mission. 49 *sacrifice humain:* sacrifice offert par les hommes.

Substituant partout aux choses le symbole,
La parole au combat, comme au trésor l'obole,
Aux flots rouges du sang les flots vermeils du vin,
Aux membres de la chair le pain blanc sans levain;
Si j'ai coupé les temps en deux parts, l'une esclave
Et l'autre libre; — au nom du passé que je lave,
Par le sang de mon corps qui souffre et va finir,
Versons-en la moitié pour laver l'avenir!
Père libérateur! jette aujourd'hui, d'avance,
La moitié de ce sang d'amour et d'innocence
Sur la tête de ceux qui viendront en disant:
"Il est permis pour tous de tuer l'innocent."
Nous savons qu'il naîtra, dans le lointain des âges,
Des dominateurs durs escortés de faux sages
Qui troubleront l'esprit de chaque nation
En donnant un faux sens à ma rédemption.
— Hélas! je parle encor, que déjà ma parole
Est tournée en poison dans chaque parabole;
Éloigne ce calice impur et plus amer
Que le fiel, ou l'absinthe, ou les eaux de la mer.
Les verges qui viendront, la couronne d'épine,
Les clous des mains, la lance au fond de ma poitrine,
Enfin toute la croix qui se dresse et m'attend,
N'ont rien, mon Père, oh! rien qui m'épouvante autant!
Quand les Dieux veulent bien s'abattre sur les mondes,
Ils n'y doivent laisser que des traces profondes;
Et, si j'ai mis le pied sur ce globe incomplet,
Dont le gémissement sans repos m'appelait,
C'était pour y laisser deux Anges à ma place
De qui la race humaine aurait baisé la trace,
La Certitude heureuse et l'Espoir confiant,
Qui, dans le paradis, marchent en souriant.
Mais je vais la quitter, cette indigente terre,
N'ayant que soulevé ce manteau de misère

52 *l'obole:* l'offrande de la pauvre veuve, plus méritoire que celle des riches (Luc xxi. 1–4). 55 *en deux parts:* en deux parties; allusion au poème des *Destinées.* 66 *ma rédemption:* le rachat que j'accomplis.

Qui l'entoure à grands plis, drap lugubre et fatal,
Que d'un bout tient le Doute et de l'autre le Mal.

"Mal et Doute! En un mot je puis les mettre en poudre.
Vous les aviez prévus, laissez-moi vous absoudre
De les avoir permis. — C'est l'accusation
Qui pèse de partout sur la création! —
Sur son tombeau désert faisons monter Lazare.
Du grand secret des morts qu'il ne soit plus avare,
Et de ce qu'il a vu donnons-lui souvenir;
Qu'il parle. — Ce qui dure et ce qui doit finir,
Ce qu'a mis le Seigneur au cœur de la Nature,
Ce qu'elle prend et donne à toute créature,
Quels sont avec le ciel ses muets entretiens,
Son amour ineffable et ses chastes liens;
Comment tout s'y détruit et tout s'y renouvelle,
Pourquoi ce qui s'y cache et ce qui s'y révèle;
Si les astres des cieux tour à tour éprouvés
Sont comme celui-ci coupables et sauvés;
Si la terre est pour eux ou s'ils sont pour la terre;
Ce qu'a de vrai la fable et de clair le mystère,
D'ignorant le savoir et de faux la raison;
Pourquoi l'âme est liée en sa faible prison,
Et pourquoi nul sentier entre deux larges voies
Entre l'ennui du calme et des paisibles joies
Et la rage sans fin des vagues passions,
Entre la léthargie et les convulsions;
Et pourquoi pend la Mort comme une sombre épée
Attristant la Nature à tout moment frappée;
Si le juste et le bien, si l'injuste et le mal
Sont de vils accidents en un cercle fatal,
Ou si de l'univers ils sont les deux grands pôles,
Soutenant terre et cieux sur leurs vastes épaules;
Et pourquoi les Esprits du mal sont triomphants
Des maux immérités, de la mort des enfants;

114 *vils:* sans importance. 117–18 *triomphants des maux:* trouvant leur triomphe dans les malheurs.

Et si les Nations sont des femmes guidées
Par les étoiles d'or des divines idées,
Ou de folles enfants sans lampes dans la nuit,
Se heurtant et pleurant, et que rien ne conduit;
Et si, lorsque des temps l'horloge périssable
Aura jusqu'au dernier versé ses grains de sable,
Un regard de vos yeux, un cri de votre voix,
Un soupir de mon cœur, un signe de ma croix,
Pourra faire ouvrir l'ongle aux Peines éternelles,
Lâcher leur proie humaine et reployer leurs ailes.
— Tout sera révélé dès que l'homme saura
De quels lieux il arrive et dans quels il ira."

Ainsi le divin Fils parlait au divin Père.
Il se prosterne encore, il attend, il espère,
Mais il remonte et dit: "Que votre volonté
Soit faite et non la mienne, et pour l'éternité!"
Une terreur profonde, une angoisse infinie
Redoublent sa torture et sa lente agonie.
Il regarde longtemps, longtemps cherche sans voir.
Comme un marbre de deuil tout le ciel était noir;
La Terre, sans clartés, sans astre et sans aurore,
Et sans clartés de l'âme ainsi qu'elle est encore,
Frémissait. — Dans le bois il entendit des pas,
Et puis il vit rôder la torche de Judas.

LE SILENCE

S'il est vrai qu'au Jardin sacré des Écritures,
Le Fils de l'homme ait dit ce qu'on voit rapporté;
Muet, aveugle et sourd au cri des créatures,
Si le Ciel nous laissa comme un monde avorté,
Le juste opposera le dédain à l'absence,
Et ne répondra plus que par un froid silence
Au silence éternel de la Divinité.

143–9 Lorsque *Le Mont des Oliviers* parut en 1843 il s'arrêtait au vers 142. La strophe du *Silence*, composée en 1862, ne fut publiée qu'après la mort de Vigny.

127. *La Mort du Loup* (*1843*)

Les nuages couraient sur la lune enflammée
Comme sur l'incendie on voit fuir la fumée,
Et les bois étaient noirs jusques à l'horizon.
Nous marchions, sans parler, dans l'humide gazon,
Dans la bruyère épaisse et dans les hautes brandes,
Lorsque, sous des sapins pareils à ceux des Landes,
Nous avons aperçu les grands ongles marqués
Par les loups voyageurs que nous avions traqués.
Nous avons écouté, retenant notre haleine
Et le pas suspendu. — Ni le bois ni la plaine
Ne poussaient un soupir dans les airs; seulement
La girouette en deuil criait au firmament;
Car le vent, élevé, bien au-dessus des terres,
N'effleurait de ses pieds que les tours solitaires,
Et les chênes d'en bas, contre les rocs penchés,
Sur leurs coudes semblaient endormis et couchés.
Rien ne bruissait donc, lorsque, baissant la tête,
Le plus vieux des chasseurs qui s'étaient mis en quête
A regardé le sable en s'y couchant; bientôt,
Lui que jamais ici on ne vit en défaut,
A déclaré tout bas que ces marques récentes
Annonçaient la démarche et les griffes puissantes
De deux grands loups-cerviers et de deux louveteaux.
Nous avons tous alors préparé nos couteaux,
Et, cachant nos fusils et leurs lueurs trop blanches,
Nous allions pas à pas en écartant les branches.
Trois s'arrêtent, et moi, cherchant ce qu'ils voyaient,
J'aperçois tout à coup deux yeux qui flamboyaient,
Et je vois au delà quatre formes légères
Qui dansaient sous la lune au milieu des bruyères,
Comme font chaque jour, à grand bruit sous nos yeux,
Quand le maître revient, les lévriers joyeux.

5 *brande:* sorte de bruyère. 12 *la girouette en deuil criait:* c.à.d., le grincement de la girouette rappelait les cris que le deuil arrache.

Leur forme était semblable et semblable la danse;
Mais les enfants du Loup se jouaient en silence,
Sachant bien qu'à deux pas, ne dormant qu'à demi,
Se couche dans ses murs l'homme, leur ennemi.
Le père était debout, et plus loin, contre un arbre,
Sa louve reposait comme celle de marbre
Qu'adoraient les Romains, et dont les flancs velus
Couvaient les demi-dieux Rémus et Romulus.
Le Loup vient et s'assied, les deux jambes dressées,
Par leurs ongles crochus dans le sable enfoncées.
Il s'est jugé perdu, puisqu'il était surpris,
Sa retraite coupée et tous ses chemins pris;
Alors il a saisi, dans sa gorge brûlante,
Du chien le plus hardi la gorge pantelante,
Et n'a pas desserré ses mâchoires de fer,
Malgré nos coups de feu qui traversaient sa chair,
Et nos couteaux aigus qui, comme des tenailles,
Se croisaient en plongeant dans ses larges entrailles,
Jusqu'au dernier moment où le chien étranglé,
Mort longtemps avant lui, sous ses pieds a roulé.
Le Loup le quitte alors et puis il nous regarde.
Les couteaux lui restaient au flanc jusqu'à la garde,
Le clouaient au gazon tout baigné dans son sang;
Nos fusils l'entouraient en sinistre croissant.
Il nous regarde encore, ensuite il se recouche,
Tout en lêchant le sang répandu sur sa bouche,
Et, sans daigner savoir comment il a péri,
Refermant ses grands yeux, meurt sans jeter un cri.

J'ai reposé mon front sur mon fusil sans poudre,
Me prenant à penser, et n'ai pu me résoudre
A poursuivre sa Louve et ses fils, qui, tous trois,
Avaient voulu l'attendre, et, comme je le crois,
Sans ses deux louveteaux, la belle et sombre veuve
Ne l'eût pas laissé seul subir la grande épreuve;

40 *couvaient:* abritaient, réchauffaient. 41 Le loup, cerné de toutes parts, se retourne et fait face aux chasseurs.

Mais son devoir était de les sauver, afin
De pouvoir leur apprendre à bien souffrir la faim,
A ne jamais entrer dans le pacte des villes
Que l'homme a fait avec les animaux serviles
Qui chassent devant lui, pour avoir le coucher,
Les premiers possesseurs du bois et du rocher.

Hélas! ai-je pensé, malgré ce grand nom d'Hommes,
Que j'ai honte de nous, débiles que nous sommes!
Comment on doit quitter la vie et tous ses maux,
C'est vous qui le savez, sublimes animaux!
A voir ce que l'on fut sur terre et ce qu'on laisse,
Seul le silence est grand; tout le reste est faiblesse.
— Ah! je t'ai bien compris, sauvage voyageur,
Et ton dernier regard m'est allé jusqu'au cœur!
Il disait: "Si tu peux, fais que ton âme arrive,
A force de rester studieuse et pensive,
Jusqu'à ce haut degré de stoïque fierté
Où, naissant dans les bois, j'ai tout d'abord monté.
Gémir, pleurer, prier, est également lâche.
Fais énergiquement ta longue et lourde tâche
Dans la voie où le sort a voulu t'appeler,
Puis, après, comme moi, souffre et meurs sans parler."

128. *L'Esprit Pur (1863)*

Si l'orgueil prend ton cœur quand le peuple me nomme,
Que de mes livres seuls te vienne ta fierté.
J'ai mis sur le cimier doré du gentilhomme
Une plume de fer qui n'est pas sans beauté.
J'ai fait illustre un nom qu'on m'a transmis sans gloire.
Qu'il soit ancien, qu'importe? il n'aura de mémoire
Que du jour seulement où mon front l'a porté.

82 *studieuse:* réfléchie. 84 *tout d'abord:* dès ma naissance.

[128] 3 *cimier:* ici terme de blason; la pièce posée sur le timbre du casque qui surmonte l'écu des armoiries. 6 *il n'aura de mémoire:* il ne vivra dans le souvenir des hommes.

Dans le caveau des miens plongeant mes pas nocturnes,
J'ai compté mes aïeux, suivant leur vieille loi.
J'ouvris leurs parchemins, je fouillai dans leurs urnes
Empreintes sur le flanc des sceaux de chaque roi.
A peine une étincelle a relui dans leur cendre.
C'est en vain que d'eux tous le sang m'a fait descendre;
Si j'écris leur histoire, ils descendront de moi.

Ils furent opulents, seigneurs de vastes terres,
Grands chasseurs devant Dieu, comme Nemrod, jaloux
Des beaux cerfs qu'ils lançaient des bois héréditaires
Jusqu'où voulait la mort les livrer à leurs coups;
Suivant leur forte meute à travers deux provinces,
Coupant les chiens du roi, déroutant ceux des princes,
Forçant les sangliers et détruisant les loups;

Galants guerriers sur terre et sur mer, se montrèrent
Gens d'honneur en tout temps comme en tous lieux, cherchant
De la Chine au Pérou les Anglais, qu'ils brûlèrent
Sur l'eau qu'ils écumaient du levant au couchant;
Puis, sur leur talon rouge, en quittant les batailles,
Parfumés et blessés revenaient à Versailles
Jaser à l'Œil-de-Bœuf avant de voir leur champ.

Mais les champs de la Beauce avaient leurs cœurs, leurs âmes,
Leurs soins. Ils les peuplaient d'innombrables garçons,
De filles qu'ils donnaient aux chevaliers pour femmes,
Dignes de suivre en tout l'exemple et les leçons;
Simples et satisfaits si chacun de leur race
Apposait saint Louis en croix sur sa cuirasse,
Comme leurs vieux portraits qu'aux murs noirs nous plaçons.

20–1 *couper* se dit des chiens qui en devancent d'autres et les forcent de s'arrêter; *dérouter:* mettre hors de la route; *forcer:* mettre aux abois: termes de vénerie. 28 *l'Œil-de-Bœuf:* salle du palais de Versailles, où les courtisans attendaient le roi, ainsi nommée à cause de la forme de la fenêtre qui l'éclairait. 34 L'ordre de Saint-Louis, à laquelle il est fait allusion ici, récompensait, sous l'ancienne monarchie, les services militaires.

Mais aucun, au sortir d'une rude campagne,
Ne sut se recueillir, quitter le destrier,
Dételer pour un jour ses palefrois d'Espagne,
Ni des coursiers de chasse enlever l'étrier
Pour graver quelque page et dire en quelque livre
Comme son temps vivait et comment il sut vivre,
Dès qu'ils n'agissaient plus, se hâtant d'oublier.

Tous sont morts en laissant leur nom sans auréole;
Mais sur le disque d'or voilà qu'il est écrit,
Disant: "Ici passaient deux races de la Gaule
Dont le dernier vivant monte au temple et s'inscrit,
Non sur l'obscur amas des vieux noms inutiles,
Des orgueilleux méchants et des riches futiles,
Mais sur le pur tableau des livres de l'ESPRIT."

Ton règne est arrivé, PUR ESPRIT, roi du monde!
Quand ton aile d'azur dans la nuit nous surprit,
Déesse de nos mœurs, la guerre vagabonde
Régnait sur nos aïeux. Aujourd'hui, c'est l'ÉCRIT,
L'ÉCRIT UNIVERSEL, parfois impérissable,
Que tu graves au marbre ou traînes sur le sable,
Colombe au bec d'airain! **VISIBLE SAINT-ESPRIT**!

Seul et dernier anneau de deux chaînes brisées,
Je reste. Et je soutiens encor dans les hauteurs,
Parmi les maîtres purs de nos savants musées,
L'IDÉAL du poète et des graves penseurs.
J'éprouve sa durée en vingt ans de silence,
Et toujours, d'âge en âge, encor je vois la France
Contempler mes tableaux et leur jeter des fleurs.

46 *au temple:* c.à.d., au temple de Mémoire. 57 Vigny n'avait pas eu d'enfant. 59 *musées*, au sens étymologique: établissement destiné à la culture des lettres, que personnifient les Muses. 61 Depuis 1844, Vigny n'avait rien publié.

Jeune postérité d'un vivant qui vous aime!
Mes traits dans vos regards ne sont pas effacés;
Je peux en ce miroir *me connaître moi-même*,
Juge toujours nouveau de nos travaux passés!
Flots d'amis renaissants! Puissent mes destinées
Vous amener à moi, de dix en dix années,
Attentifs à mon œuvre, et pour moi c'est assez!

Victor Hugo (1802–1885)

129. *Les Orientales (1829)*

Les Djinns (1828)

Murs, ville,
Et port,
Asile
De mort,
Mer grise
Où brise
La brise,
Tout dort.

Dans la plaine
Naît un bruit.
C'est l'haleine
De la nuit.
Elle brame
Comme une âme
Qu'une flamme
Toujours suit.

La voix plus haute
Semble un grelot.
D'un nain qui saute
C'est le galop.

[129] *Djinn:* démon; mot emprunté de l'arabe.

Il fuit, s'élance,
Puis en cadence
Sur un pied danse
Au bout d'un flot.

La rumeur approche,
L'écho la redit.
C'est comme la cloche
D'un couvent maudit,
Comme un bruit de foule
Qui tonne et qui roule,
Et tantôt s'écroule,
Et tantôt grandit.

Dieu! la voix sépulcrale
Des Djinns!... — Quel bruit ils font!
Fuyons sous la spirale
De l'escalier profond!
Déjà s'éteint ma lampe,
Et l'ombre de la rampe,
Qui le long du mur rampe,
Monte jusqu'au plafond.

C'est l'essaim des Djinns qui passe,
Et tourbillonne en sifflant.
Les ifs, que leur vol fracasse,
Craquent comme un pin brûlant.
Leur troupeau lourd et rapide,
Volant dans l'espace vide,
Semble un nuage livide
Qui porte un éclair au flanc.

Il sont tout près! — Tenons fermée
Cette salle où nous les narguons.
Quel bruit dehors! Hideuse armée
De vampires et de dragons!
La poutre du toit descellée
Ploie ainsi qu'une herbe mouillée,
Et la vieille porte rouillée
Tremble à déraciner ses gonds.

Cris de l'enfer! voix qui hurle et qui pleure:
L'horrible essaim, poussé par l'aquilon,
Sans doute, ô ciel! s'abat sur ma demeure.
Le mur fléchit sous le noir bataillon.
La maison crie et chancelle penchée,
Et l'on dirait que, du sol arrachée,
Ainsi qu'il chasse une feuille séchée,
Le vent la roule avec leur tourbillon!

Prophète! si ta main me sauve
De ces impurs démons des soirs,
J'irai prosterner mon front chauve
Devant tes sacrés encensoirs!
Fais que sur ces portes fidèles
Meure leur souffle d'étincelles,
Et qu'en vain l'ongle de leurs ailes
Grince et crie à ces vitraux noirs!

Ils sont passés! — Leur cohorte
S'envole et fuit, et leurs pieds
Cessent de battre ma porte
De leurs coups multipliés.
L'air est plein d'un bruit de chaînes,
Et dans les forêts prochaines
Frissonnent tous les grands chênes,
Sous leur vol de feu pliés!

De leurs ailes lointaines
Le battement décroît,
Si confus dans les plaines,
Si faible, que l'on croit
Ouïr la sauterelle
Crier d'une voix grêle,
Ou petiller la grêle
Sur le plomb d'un vieux toit.

D'étranges syllabes
Nous viennent encor:
Ainsi, des Arabes
Quand sonne le cor,

Un chant sur la grève
Par instants s'élève,
Et l'enfant qui rêve
Fait des rêves d'or.

Les Djinns funèbres,
Fils du trépas,
Dans les ténèbres
Pressent leurs pas;
Leur essaim gronde:
Ainsi, profonde,
Murmure une onde
Qu'on ne voit pas.

Ce bruit vague
Qui s'endort,
C'est la vague
Sur le bord;
C'est la plainte
Presque éteinte
D'une sainte
Pour un mort.

On doute
La nuit..
J'écoute:
Tout fuit,
Tout passe;
L'espace
Efface
Le bruit.

130. *Les Feuilles d'Automne* (*1831*)

Ce qu'on entend sur la Montagne (1829)

Avez-vous quelquefois, calme et silencieux,
Monté sur la montagne, en présence des cieux?
Était-ce aux bords du Sund? aux côtes de Bretagne?
Aviez-vous l'océan au pied de la montagne?
Et là, penché sur l'onde et sur l'immensité,
Calme et silencieux avez-vous écouté?

Voici ce qu'on entend: — Du moins un jour qu'en rêve
Ma pensée abattit son vol sur une grève,
Et, du sommet d'un mont plongeant au gouffre amer,
Vit d'un côté la terre et de l'autre la mer,
J'écoutai, j'entendis, et jamais voix pareille
Ne sortit d'une bouche et n'émut une oreille.

Ce fut d'abord un bruit large, immense, confus,
Plus vague que le vent dans les arbres touffus,
Plein d'accords éclatants, de suaves murmures,
Doux comme un chant du soir, fort comme un choc d'armures
Quand la sourde mêlée étreint les escadrons
Et souffle, furieuse, aux bouches des clairons.
C'était une musique ineffable et profonde,
Qui, fluide, oscillait sans cesse autour du monde,
Et dans les vastes cieux, par ses flots rajeunis,
Roulait, élargissant ses orbes infinis
Jusqu'au fond où son flux s'allait perdre dans l'ombre
Avec le temps, l'espace, et la forme, et le nombre.
Comme une autre atmosphère épars et débordé,
L'hymne éternel couvrait tout le globe inondé.
Le monde, enveloppé dans cette symphonie,
Comme il vogue dans l'air, voguait dans l'harmonie.

Et pensif, j'écoutais ces harpes de l'éther,
Perdu dans cette voix comme dans une mer.

Bientôt je distinguai, confuses et voilées,
Deux voix dans cette voix l'une à l'autre mêlées,
De la terre et des mers s'épanchant jusqu'au ciel,
Qui chantaient à la fois le chant universel;
Et je les distinguai dans la rumeur profonde,
Comme on voit deux courants qui se croisent sous l'onde.

L'une venait des mers; chant de gloire! hymne heureux!
C'était la voix des flots qui se parlaient entre eux;
L'autre, qui s'élevait de la terre où nous sommes,
Était triste; c'était le murmure des hommes;
Et dans ce grand concert, qui chantait jour et nuit,
Chaque onde avait sa voix et chaque homme son bruit.

Or, comme je l'ai dit, l'océan magnifique
Épandait une voix joyeuse et pacifique,
Chantait comme la harpe aux temples de Sion,
Et louait la beauté de la création.
Sa clameur, qu'emportaient la brise et la rafale,
Incessamment vers Dieu montait plus triomphale,
Et chacun de ses flots, que Dieu seul peut dompter,
Quand l'autre avait fini, se levait pour chanter.
Comme ce grand lion dont Daniel fut l'hôte,
L'océan par moments abaissait sa voix haute,
Et moi je croyais voir, vers le couchant en feu,
Sous sa crinière d'or passer la main de Dieu.

Cependant, à côté de l'auguste fanfare,
L'autre voix, comme un cri de coursier qui s'effare,
Comme le gond rouillé d'une porte d'enfer,
Comme l'archet d'airain sur la lyre de fer,
Grinçait; et pleurs, et cris, l'injure, l'anathème,
Refus du viatique et refus du baptême,
Et malédiction, et blasphème, et clameur,
Dans le flot tournoyant de l'humaine rumeur
Passaient, comme le soir on voit dans les vallées
De noirs oiseaux de nuit qui s'en vont par volées.
Qu'était-ce que ce bruit dont mille échos vibraient?
Hélas! c'était la terre et l'homme qui pleuraient.

Frères! de ces deux voix étranges, inouïes,
Sans cesse renaissant, sans cesse évanouies,
Qu'écoute l'Éternel durant l'éternité,
L'une disait: NATURE! et l'autre: HUMANITÉ!

Alors je méditai; car mon esprit fidèle,
Hélas! n'avait jamais déployé plus grande aile;
Dans mon ombre jamais n'avait lui tant de jour;
Et je rêvai longtemps, contemplant tour à tour,
Après l'abîme obscur que me cachait la lame,
L'autre abîme sans fond qui s'ouvrait dans mon âme.
Et je me demandai pourquoi l'on est ici,
Quel peut être après tout le but de tout ceci,
Que fait l'âme, lequel vaut mieux d'être ou de vivre,
Et pourquoi le Seigneur, qui seul lit à son livre,
Mêle éternellement dans un fatal hymen
Le chant de la nature au cri du genre humain?

131. *Les Chants du Crépuscule* (*1835*)

PUISQUE J'AI MIS MA LÈVRE... (1835)

PUISQUE j'ai mis ma lèvre à ta coupe encor pleine,
Puisque j'ai dans tes mains posé mon front pâli,
Puisque j'ai respiré parfois la douce haleine
De ton âme, parfum dans l'ombre enseveli,

Puisqu'il me fut donné de t'entendre me dire
Les mots où se répand le cœur mystérieux,
Puisque j'ai vu pleurer, puisque j'ai vu sourire
Ta bouche sur ma bouche et tes yeux sur mes yeux;

Puisque j'ai vu briller sur ma tête ravie
Un rayon de ton astre, hélas! voilé toujours,
Puisque j'ai vu tomber dans l'onde de ma vie
Une feuille de rose arrachée à tes jours,

[131] Sur le manuscrit de ce poème est écrit "A ma Juliette", c.à.d., Juliette Drouet, l'amie de Victor Hugo.

Je puis maintenant dire aux rapides années:
— Passez! passez toujours! je n'ai plus à vieillir!
Allez-vous-en avec vos fleurs toutes fanées;
J'ai dans l'âme une fleur que nul ne peut cueillir!

Votre aile en le heurtant ne fera rien répandre
Du vase où je m'abreuve et que j'ai bien rempli.
Mon âme a plus de feu que vous n'avez de cendre!
Mon cœur a plus d'amour que vous n'avez d'oubli!

132. *Les Rayons et les Ombres* (*1840*)

Tristesse d'Olympio

Les champs n'étaient point noirs, les cieux n'étaient pas mornes;
Non, le jour rayonnait dans un azur sans bornes
Sur la terre étendu,
L'air était plein d'encens et les prés de verdures
Quand il revit ces lieux où par tant de blessures
Son cœur s'est répandu!

L'automne souriait; les coteaux vers la plaine
Penchaient leurs bois charmants qui jaunissaient à peine;
Le ciel était doré;
Et les oiseaux, tournés vers celui que tout nomme,
Disant peut-être à Dieu quelque chose de l'homme,
Chantaient leur chant sacré!

Il voulut tout revoir, l'étang près de la source,
La masure où l'aumône avait vidé leur bourse,
Le vieux frêne plié,
Les retraites d'amour au fond des bois perdues,
L'arbre où dans les baisers leurs âmes confondues
Avaient tout oublié!

[132] Sous ce nom d'Olympio Victor Hugo se peint lui-même. Il écrivit ce poème en octobre 1837 après avoir visité la vallée de la Bièvre, où deux ans plus tôt il était venu avec Juliette Drouet.

Il chercha le jardin, la maison isolée,
La grille d'où l'œil plonge en une oblique allée,
Les vergers en talus.
Pâle, il marchait. — Au bruit de son pas grave et sombre,
Il voyait à chaque arbre, hélas! se dresser l'ombre
Des jours qui ne sont plus!

Il entendait frémir dans la forêt qu'il aime
Ce doux vent qui, faisant tout vibrer en nous-même,
Y réveille l'amour,
Et, remuant le chêne ou balançant la rose,
Semble l'âme de tout qui va sur chaque chose
Se poser tour à tour!

Les feuilles qui gisaient dans le bois solitaire,
S'efforçant sous ses pas de s'élever de terre,
Couraient dans le jardin;
Ainsi, parfois, quand l'âme est triste, nos pensées
S'envolent un moment sur leurs ailes blessées,
Puis retombent soudain.

Il contempla longtemps les formes magnifiques
Que la nature prend dans les champs pacifiques;
Il rêva jusqu'au soir;
Tout le jour il erra le long de la ravine,
Admirant tour à tour le ciel, face divine,
Le lac, divin miroir!

Hélas! se rappelant ses douces aventures,
Regardant, sans entrer, par-dessus les clôtures,
Ainsi qu'un paria,
Il erra tout le jour. Vers l'heure où la nuit tombe,
Il se sentit le cœur triste comme une tombe,
Alors il s'écria:

"O douleur! j'ai voulu, moi dont l'âme est troublée,
Savoir si l'urne encor conservait la liqueur,
Et voir ce qu'avait fait cette heureuse vallée
De tout ce que j'avais laissé là de mon cœur!

"Que peu de temps suffit pour changer toutes choses!
Nature au front serein, comme vous oubliez!
Et comme vous brisez dans vos métamorphoses
Les fils mystérieux où nos cœurs sont liés!

"Nos chambres de feuillage en halliers sont changées!
L'arbre où fut notre chiffre est mort ou renversé;
Nos roses dans l'enclos ont été ravagées
Par les petits enfants qui sautent le fossé.

"Un mur clôt la fontaine où, par l'heure échauffée,
Folâtre, elle buvait en descendant des bois;
Elle prenait de l'eau dans sa main, douce fée,
Et laissait retomber des perles de ses doigts!

"On a pavé la route âpre et mal aplanie,
Où, dans le sable pur se dessinant si bien,
Et de sa petitesse étalant l'ironie,
Son pied charmant semblait rire à côté du mien!

"La borne du chemin, qui vit des jours sans nombre,
Où jadis pour m'attendre elle aimait à s'asseoir,
S'est usée en heurtant, lorsque la route est sombre,
Les grands chars gémissants qui reviennent le soir.

"La forêt ici manque et là s'est agrandie.
De tout ce qui fut nous presque rien n'est vivant;
Et, comme un tas de cendre éteinte et refroidie,
L'amas des souvenirs se disperse à tout vent!

"N'existons-nous donc plus? Avons-nous eu notre heure?
Rien ne la rendra-t-il à nos cris superflus?
L'air joue avec la branche au moment où je pleure;
Ma maison me regarde et ne me connaît plus.

"D'autres vont maintenant passer où nous passâmes.
Nous y sommes venus, d'autres vont y venir;
Et le songe qu'avaient ébauché nos deux âmes,
Ils le continueront sans pouvoir le finir!

"Car personne ici-bas ne termine et n'achève;
Les pires des humains sont comme les meilleurs;
Nous nous réveillons tous au même endroit du rêve.
Tout commence en ce monde et tout finit ailleurs.

"Oui, d'autres à leur tour viendront, couples sans tache,
Puiser dans cet asile heureux, calme, enchanté,
Tout ce que la nature à l'amour qui se cache
Mêle de rêverie et de solennité!

"D'autres auront nos champs, nos sentiers, nos retraites,
Ton bois, ma bien-aimée, est à des inconnus.
D'autres femmes viendront, baigneuses indiscrètes,
Troubler le flot sacré qu'ont touché tes pieds nus!

"Quoi donc! c'est vainement qu'ici nous nous aimâmes!
Rien ne nous restera de ces coteaux fleuris
Où nous fondions notre être en y mêlant nos flammes!
L'impassible nature a déjà tout repris.

"Oh! dites-moi, ravins, frais ruisseaux, treilles mûres,
Rameaux chargés de nids, grottes, forêts, buissons,
Est-ce que vous ferez pour d'autres vos murmures?
Est-ce que vous direz à d'autres vos chansons?

"Nous vous comprenions tant! doux, attentifs, austères,
Tous nos échos s'ouvraient si bien à votre voix!
Et nous prêtions si bien, sans troubler vos mystères,
L'oreille aux mots profonds que vous dites parfois!

"Répondez, vallon pur, répondez, solitude,
O nature abritée en ce désert si beau,
Lorsque nous dormirons tous deux dans l'attitude
Que donne aux morts pensifs la forme du tombeau,

"Est-ce que vous serez à ce point insensible
De nous savoir couchés, morts avec nos amours,
Et de continuer votre fête paisible,
Et de toujours sourire et de chanter toujours?

"Est-ce que, nous sentant errer dans vos retraites,
Fantômes reconnus par vos monts et vos bois,
Vous ne nous direz pas de ces choses secrètes
Qu'on dit en revoyant des amis d'autrefois?

"Est-ce que vous pourrez, sans tristesse et sans plainte,
Voir nos ombres flotter où marchèrent nos pas,
Et la voir m'entraîner, dans une morne étreinte,
Vers quelque source en pleurs qui sanglote tout bas?

"Et s'il est quelque part, dans l'ombre où rien ne veille,
Deux amants sous vos fleurs abritant leurs transports,
Ne leur irez-vous pas murmurer à l'oreille:
— Vous qui vivez, donnez une pensée aux morts?

"Dieu nous prête un moment les prés et les fontaines,
Les grands bois frissonnants, les rocs profonds et sourds,
Et les cieux azurés et les lacs et les plaines,
Pour y mettre nos cœurs, nos rêves, nos amours;

"Puis il nous les retire. Il souffle notre flamme;
Il plonge dans la nuit l'antre où nous rayonnons;
Et dit à la vallée, où s'imprima notre âme,
D'effacer notre trace et d'oublier nos noms.

"Eh bien! oubliez-nous, maison, jardin, ombrages!
Herbe, use notre seuil! ronce, cache nos pas!
Chantez, oiseaux! ruisseaux, coulez! croissez, feuillages!
Ceux que vous oubliez ne vous oublieront pas.

"Car vous êtes pour nous l'ombre de l'amour même!
Vous êtes l'oasis qu'on rencontre en chemin!
Vous êtes, ô vallon, la retraite suprême
Où nous avons pleuré nous tenant par la main!

"Toutes les passions s'éloignent avec l'âge,
L'une emportant son masque et l'autre son couteau,
Comme un essaim chantant d'histrions en voyage
Dont le groupe décroît derrière le coteau.

"Mais toi, rien ne t'efface, amour! toi qui nous charmes,
Toi qui, torche ou flambeau, luis dans notre brouillard!
Tu nous tiens par la joie, et surtout par les larmes.
Jeune homme on te maudit, on t'adore vieillard.

"Dans ces jours où la tête au poids des ans s'incline,
Où l'homme, sans projets, sans but, sans visions,
Sent qu'il n'est déjà plus qu'une tombe en ruine
Où gisent ses vertus et ses illusions;

"Quand notre âme en rêvant descend dans nos entrailles,
Comptant dans notre cœur, qu'enfin la glace atteint,
Comme on compte les morts sur un champ de batailles,
Chaque douleur tombée et chaque songe éteint,

"Comme quelqu'un qui cherche en tenant une lampe,
Loin des objets réels, loin du monde rieur,
Elle arrive à pas lents par une obscure rampe
Jusqu'au fond désolé du gouffre intérieur;

"Et là, dans cette nuit qu'aucun rayon n'étoile,
L'âme, en un repli sombre où tout semble finir,
Sent quelque chose encor palpiter sous un voile... —
C'est toi qui dors dans l'ombre, ô sacré souvenir!"

133, 134. *Les Châtiments* (*1853*)

I

Extract from *L'EXPIATION* (1852)

I

Il neigeait. On était vaincu par sa conquête.
Pour la première fois l'aigle baissait la tête.
Sombres jours! L'empereur revenait lentement,
Laissant derrière lui brûler Moscou fumant.
Il neigeait. L'âpre hiver fondait en avalanche.
Après la plaine blanche une autre plaine blanche.
On ne connaissait plus les chefs ni le drapeau.
Hier la grande armée, et maintenant troupeau.

On ne distinguait plus les ailes ni le centre.
Il neigeait. Les blessés s'abritaient dans le ventre
Des chevaux morts; au seuil des bivouacs désolés
On voyait des clairons à leur poste gelés,
Restés debout, en selle et muets, blancs de givre,
Collant leur bouche en pierre aux trompettes de cuivre.
Boulets, mitraille, obus, mêlés aux flocons blancs,
Pleuvaient; les grenadiers, surpris d'être tremblants,
Marchaient pensifs, la glace à leur moustache grise.
Il neigeait, il neigeait toujours! La froide bise
Sifflait; sur le verglas, dans des lieux inconnus,
On n'avait pas de pain et l'on allait pieds nus.
Ce n'étaient plus des cœurs vivants, des gens de guerre,
C'était un rêve errant dans la brume, un mystère,
Une procession d'ombres sous le ciel noir.
La solitude, vaste, épouvantable à voir,
Partout apparaissait, muette vengeresse.
Le ciel faisait sans bruit avec la neige épaisse
Pour cette immense armée un immense linceul.
Et, chacun se sentant mourir, on était seul.
— Sortira-t-on jamais de ce funeste empire?
Deux ennemis! le czar, le nord. Le nord est pire.
On jetait les canons pour brûler les affûts.
Qui se couchait, mourait. Groupe morne et confus,
Ils fuyaient; le désert dévorait le cortège.
On pouvait, à des plis qui soulevaient la neige,
Voir que des régiments s'étaient endormis là.
O chutes d'Annibal! lendemains d'Attila!
Fuyards, blessés, mourants, caissons, brancards, civières,
On s'écrasait aux ponts pour passer les rivières,
On s'endormait dix mille, on se réveillait cent.
Ney, que suivait naguère une armée, à présent
S'évadait, disputant sa montre à trois cosaques.
Toutes les nuits, qui-vive! alerte! assauts! attaques!
Ces fantômes prenaient leur fusil, et sur eux
Ils voyaient se ruer, effrayants, ténébreux,
Avec des cris pareils aux voix des vautours chauves,

D'horribles escadrons, tourbillons d'hommes fauves.
Toute une armée ainsi dans la nuit se perdait.
L'empereur était là, debout, qui regardait.
Il était comme un arbre en proie à la cognée.
Sur ce géant, grandeur jusqu'alors épargnée,
Le malheur, bûcheron sinistre, était monté;
Et lui, chêne vivant, par la hache insulté,
Tressaillant sous le spectre aux lugubres revanches,
Il regardait tomber autour de lui ses branches.
Chefs, soldats, tous mouraient. Chacun avait son tour.
Tandis qu'environnant sa tente avec amour,
Voyant son ombre aller et venir sur la toile,
Ceux qui restaient, croyant toujours à son étoile,
Accusaient le destin de lèse-majesté,
Lui se sentit soudain dans l'âme épouvanté.
Stupéfait du désastre et ne sachant que croire,
L'empereur se tourna vers Dieu; l'homme de gloire
Trembla; Napoléon comprit qu'il expiait
Quelque chose peut-être, et, livide, inquiet,
Devant ses légions sur la neige semées:
— Est-ce le châtiment, dit-il, Dieu des armées? —
Alors il s'entendit appeler par son nom
Et quelqu'un qui parlait dans l'ombre lui dit: Non.

II

Waterloo! Waterloo! Waterloo! morne plaine!
Comme une onde qui bout dans une urne trop pleine,
Dans ton cirque de bois, de coteaux, de vallons,
La pâle mort mêlait les sombres bataillons.
D'un côté c'est l'Europe et de l'autre la France.
Choc sanglant! des héros Dieu trompait l'espérance;
Tu désertais, victoire, et le sort était las.
O Waterloo! je pleure et je m'arrête, hélas!

53 *aux lugubres revanches:* cette épithète se rapporte au malheur (v. 51), comparé à un spectre. 75 *le sort était las:* c.à.d., la fortune était lasse de favoriser Napoléon.

Car ces derniers soldats de la dernière guerre
Furent grands; ils avaient vaincu toute la terre,
Chassé vingt rois, passé les Alpes et le Rhin,
Et leur âme chantait dans les clairons d'airain!

Le soir tombait; la lutte était ardente et noire.
Il avait l'offensive et presque la victoire;
Il tenait Wellington acculé sur un bois.
Sa lunette à la main, il observait parfois
Le centre du combat, point obscur où tressaille
La mêlée, effroyable et vivante broussaille,
Et parfois l'horizon, sombre comme la mer.
Soudain, joyeux, il dit: Grouchy! — C'était Blücher!
L'espoir changea de camp, le combat changea d'âme,
La mêlée en hurlant grandit comme une flamme.
La batterie anglaise écrasa nos carrés.
La plaine, où frissonnaient les drapeaux déchirés,
Ne fut plus, dans les cris des mourants qu'on égorge,
Qu'un gouffre flamboyant, rouge comme une forge;
Gouffre où les régiments comme des pans de murs
Tombaient, où se couchaient comme des épis mûrs
Les hauts tambours-majors aux panaches énormes,
Où l'on entrevoyait des blessures difformes!
Carnage affreux! moment fatal! L'homme inquiet
Sentit que la bataille entre ses mains pliait.
Derrière un mamelon la garde était massée.
La garde, espoir suprême et suprême pensée!
— Allons! faites donner la garde! — cria-t-il.
Et, lanciers, grenadiers aux guêtres de coutil,
Dragons que Rome eût pris pour des légionnaires,
Cuirassiers, canonniers qui traînaient des tonnerres,
Portant le noir colback ou le casque poli,
Tous, ceux de Friedland et ceux de Rivoli,

103 *faites donner la garde:* donnez l'ordre à la Garde d'engager le combat. 107 *colback:* ancien bonnet à poil de la cavalerie légère, en forme de cône tronqué.

Comprenant qu'ils allaient mourir dans cette fête,
Saluèrent leur dieu, debout dans la tempête.
Leur bouche, d'un seul cri, dit: vive l'empereur!
Puis, à pas lents, musique en tête, sans fureur,
Tranquille, souriant à la mitraille anglaise,
La garde impériale entra dans la fournaise.
Hélas! Napoléon, sur sa garde penché,
Regardait, et, sitôt qu'ils avaient débouché
Sous les sombres canons crachant des jets de soufre,
Voyait, l'un après l'autre, en cet horrible gouffre,
Fondre ces régiments de granit et d'acier
Comme fond une cire au souffle d'un brasier.
Ils allaient, l'arme au bras, front haut, graves, stoïques.
Pas un ne recula. Dormez, morts héroïques!
Le reste de l'armée hésitait sur leurs corps
Et regardait mourir la garde. — C'est alors
Qu'élevant tout à coup sa voix désespérée,
La Déroute, géante à la face effarée,
Qui, pâle, épouvantant les plus fiers bataillons,
Changeant subitement les drapeaux en haillons,
A de certains moments, spectre fait de fumées,
Se lève grandissante au milieu des armées,
La Déroute apparut au soldat qui s'émeut,
Et, se tordant les bras, cria: Sauve qui peut!
Sauve qui peut! — affront! horreur! — toutes les bouches
Criaient; à travers champs, fous, éperdus, farouches,
Comme si quelque souffle avait passé sur eux,
Parmi les lourds caissons et les fourgons poudreux,
Roulant dans les fossés, se cachant dans les seigles,
Jetant shakos, manteaux, fusils, jetant les aigles,
Sous les sabres prussiens, ces vétérans, ô deuil!
Tremblaient, hurlaient, pleuraient, couraient! — En un clin d'œil,
Comme s'envole au vent une paille enflammée,
S'évanouit ce bruit qui fut la grande armée,

138 *les aigles:* les étendards dont la hampe était surmontée de l'aigle impériale.

Et cette plaine, hélas, où l'on rêve aujourd'hui,
Vit fuir ceux devant qui l'univers avait fui!
Quarante ans sont passés, et ce coin de la terre,
Waterloo, ce plateau funèbre et solitaire,
Ce champ sinistre où Dieu mêla tant de néants,
Tremble encor d'avoir vu la fuite des géants!

Napoléon les vit s'écouler comme un fleuve;
Hommes, chevaux, tambours, drapeaux; — et dans l'épreuve
Sentant confusément revenir son remords,
Levant les mains au ciel, il dit: — Mes soldats morts,
Moi vaincu! mon empire est brisé comme verre.
Est-ce le châtiment cette fois, Dieu sévère? —
Alors parmi les cris, les rumeurs, le canon,
Il entendit la voix qui lui répondait: Non!

II

Ultima Verba (1853)

La conscience humaine est morte; dans l'orgie,
Sur elle il s'accroupit; ce cadavre lui plaît;
Par moments, gai, vainqueur, la prunelle rougie,
Il se retourne et donne à la morte un soufflet.

La prostitution du juge est la ressource.
Les prêtres font frémir l'honnête homme éperdu;
Dans le champ du potier ils déterrent la bourse;
Sibour revend le Dieu que Judas a vendu.

Ils disent: — César règne, et le Dieu des armées
L'a fait son élu. Peuple, obéis, tu le dois! —
Pendant qu'ils vont chantant, tenant leurs mains fermées,
On voit le sequin d'or qui passe entre leurs doigts.

[134] Une des dernières pièces dirigées contre Napoléon III. Écrite pendant l'exil de Victor Hugo à Jersey.

8 *Sibour:* archevêque de Paris depuis 1848, fervent adhérent de Napoléon III.

Oh! tant qu'on le verra trôner, ce gueux, ce prince,
Par le pape béni, monarque malandrin,
Dans une main le sceptre et dans l'autre la pince,
Charlemagne taillé par Satan dans Mandrin;

Tant qu'il se vautrera, broyant dans ses mâchoires
Le serment, la vertu, l'honneur religieux,
Ivre, affreux, vomissant sa honte sur nos gloires;
Tant qu'on verra cela sous le soleil des cieux;

Quand même grandirait l'abjection publique
A ce point d'adorer l'exécrable trompeur;
Quand même l'Angleterre et même l'Amérique
Diraient à l'exilé: — Va-t'en! nous avons peur!

Quand même nous serions comme la feuille morte;
Quand, pour plaire à César, on nous renîrait tous;
Quand le proscrit devrait s'enfuir de porte en porte,
Aux hommes déchiré comme un haillon aux clous;

Quand le désert, où Dieu contre l'homme proteste,
Bannirait les bannis, chasserait les chassés;
Quand même, infâme aussi, lâche comme le reste,
Le tombeau jetterait dehors les trépassés;

Je ne fléchirai pas! Sans plainte dans la bouche,
Calme, le deuil au cœur, dédaignant le troupeau,
Je vous embrasserai dans mon exil farouche,
Patrie, ô mon autel! Liberté, mon drapeau!

Mes nobles compagnons, je garde votre culte;
Bannis, la république est là qui nous unit.
J'attacherai la gloire à tout ce qu'on insulte;
Je jetterai l'opprobre à tout ce qu'on bénit!

15 *pince:* levier servant à forcer les portes. 16 *Mandrin:* célèbre chef de bandits, mis sur la roue en 1755. 26 *renîrait:* pour *renierait*, à cause de la mesure du vers. Cp. *oublîrai* (v. 54).

Je serai, sous le sac de cendre qui me couvre,
La voix qui dit: malheur! la bouche qui dit: non!
Tandis que tes valets te montreront ton Louvre,
Moi, je te montrerai, césar, ton cabanon.

Devant les trahisons et les têtes courbées,
Je croiserai les bras, indigné, mais serein.
Sombre fidélité pour les choses tombées,
Sois ma force et ma joie et mon pilier d'airain!

Oui, tant qu'il sera là, qu'on cède ou qu'on persiste,
O France! France aimée et qu'on pleure toujours,
Je ne reverrai pas ta terre douce et triste,
Tombeau de mes aïeux et nid de mes amours!

Je ne reverrai pas ta rive qui nous tente,
France! hors le devoir, hélas! j'oublîrai tout.
Parmi les éprouvés je planterai ma tente.
Je resterai proscrit, voulant rester debout.

J'accepte l'âpre exil, n'eût-il ni fin ni terme,
Sans chercher à savoir et sans considérer
Si quelqu'un a plié qu'on aurait cru plus ferme,
Et si plusieurs s'en vont qui devraient demeurer.

Si l'on n'est plus que mille, eh bien, j'en suis! Si même
Ils ne sont plus que cent, je brave encor Sylla;
S'il en demeure dix, je serai le dixième;
Et s'il n'en reste qu'un, je serai celui-là!

41 Cp. Esther iv. 1–3: "Mardochée...se couvrit d'un sac et de cendre." 56. V. Hugo refusa toute amnestie et ne rentra en France qu'après la chute de Napoléon III. 62 *Sylla:* L. Cornelius Sulla, qui se proclama dictateur à Rome, à la fin de la première guerre civile, et dont la cruauté est notoire.

135–139. *Les Contemplations* (*1856*)

I

Le Rouet d'Omphale

Il est dans l'atrium, le beau rouet d'ivoire.
La roue agile est blanche, et la quenouille est noire;
La quenouille est d'ébène incrusté de lapis.
Il est dans l'atrium sur un riche tapis.

Un ouvrier d'Égine a sculpté sur la plinthe
Europe, dont un dieu n'écoute pas la plainte.
Le taureau blanc l'emporte. Europe, sans espoir,
Crie, et, baissant les yeux, s'épouvante de voir
L'océan monstrueux qui baise ses pieds roses.

Des aiguilles, du fil, des boîtes demi-closes,
Les laines de Milet, peintes de pourpre et d'or,
Emplissent un panier près du rouet qui dort.

Cependant, odieux, effroyables, énormes,
Dans le fond du palais, vingt fantômes difformes,
Vingt monstres tout sanglants, qu'on ne voit qu'à demi,
Errent en foule autour du rouet endormi:
Le lion néméen, l'hydre affreuse de Lerne,
Cacus, le noir brigand de la noire caverne,
Le triple Géryon, et les typhons des eaux
Qui le soir à grand bruit soufflent dans les roseaux;
De la massue au front tous ont l'empreinte horrible,
Et tous, sans approcher, rôdant d'un air terrible,
Sur le rouet, où pend un fil souple et lié,
Fixent de loin dans l'ombre un œil humilié.

Omphale: reine de Lydie, dont Hercule fut l'esclave pendant trois ans. 17–21 Allusion aux travaux d'Hercule.

II

Viens ! — une flûte invisible

Viens ! — une flûte invisible
Soupire dans les vergers. —
La chanson la plus paisible
Est la chanson des bergers.

Le vent ride, sous l'yeuse,
Le sombre miroir des eaux. —
La chanson la plus joyeuse
Est la chanson des oiseaux.

Que nul soin ne te tourmente.
Aimons-nous ! aimons toujours ! —
La chanson la plus charmante
Est la chanson des amours.

III

Demain, dès l'aube... (1847)

Demain, dès l'aube, à l'heure où blanchit la campagne,
Je partirai. Vois-tu, je sais que tu m'attends.
J'irai par la forêt, j'irai par la montagne.
Je ne puis demeurer loin de toi plus longtemps.

Je marcherai les yeux fixés sur mes pensées,
Sans rien voir au dehors, sans entendre aucun bruit,
Seul, inconnu, le dos courbé, les mains croisées,
Triste, et le jour pour moi sera comme la nuit.

Je ne regarderai ni l'or du soir qui tombe,
Ni les voiles au loin descendant vers Harfleur,
Et quand j'arriverai, je mettrai sur ta tombe
Un bouquet de houx vert et de bruyère en fleur.

IV

Pasteurs et Troupeaux (1855)

Le vallon où je vais tous les jours est charmant,
Serein, abandonné, seul sous le firmament,
Plein de ronces en fleurs; c'est un sourire triste.
Il vous fait oublier que quelque chose existe,
Et, sans le bruit des champs remplis de travailleurs,
On ne saurait plus là si quelqu'un vit ailleurs.
Là, l'ombre fait l'amour; l'idylle naturelle
Rit; le bouvreuil avec le verdier s'y querelle,
Et la fauvette y met de travers son bonnet;
C'est tantôt l'aubépine et tantôt le genêt;
De noirs granits bourrus, puis des mousses riantes;
Car Dieu fait un poème avec des variantes;
Comme le vieil Homère, il rabâche parfois,
Mais c'est avec les fleurs, les monts, l'onde et les bois!
Une petite mare est là, ridant sa face,
Prenant des airs de flot pour la fourmi qui passe,
Ironie étalée au milieu du gazon,
Qu'ignore l'océan grondant à l'horizon.
J'y rencontre parfois sur la roche hideuse
Un doux être; quinze ans, yeux bleus, pieds nus, gardeuse
De chèvres, habitant, au fond d'un ravin noir,
Un vieux chaume croulant qui s'étoile le soir;
Ses sœurs sont au logis et filent leur quenouille;
Elle essuie aux roseaux ses pieds que l'étang mouille;
Chèvres, brebis, béliers, paissent; quand, sombre esprit,
J'apparais le pauvre ange a peur, et me sourit;
Et moi, je la salue, elle étant l'innocence.
Ses agneaux, dans le pré plein de fleurs qui l'encense,
Bondissent, et chacun, au soleil s'empourprant,
Laisse aux buissons, à qui la bise le reprend,
Un peu de sa toison, comme un flocon d'écume.
Je passe; enfant, troupeau, s'effacent dans la brume;
Le crépuscule étend sur les longs sillons gris
Ses ailes de fantôme et de chauve-souris;

J'entends encore au loin dans la plaine ouvrière
Chanter derrière moi la douce chevrière;
Et, là-bas, devant moi, le vieux gardien pensif
De l'écume, du flot, de l'algue, du récif,
Et des vagues sans trêve et sans fin remuées,
Le pâtre promontoire au chapeau de nuées,
S'accoude et rêve au bruit de tous les infinis,
Et dans l'ascension des nuages bénis,
Regarde se lever la lune triomphale,
Pendant que l'ombre tremble, et que l'âpre rafale
Disperse à tous les vents avec son souffle amer
La laine des moutons sinistres de la mer.

V

J'AI CUEILLI CETTE FLEUR... (1855)

J'AI cueilli cette fleur pour toi sur la colline.
Dans l'âpre escarpement qui sur le flot s'incline,
Que l'aigle connaît seul et seul peut approcher,
Paisible, elle croissait aux fentes du rocher.
L'ombre baignait les flancs du morne promontoire;
Je voyais, comme on dresse au lieu d'une victoire
Un grand arc de triomphe éclatant et vermeil,
A l'endroit où s'était englouti le soleil,
La sombre nuit bâtir un porche de nuées.
Des voiles s'enfuyaient, au loin diminuées;
Quelques toits, s'éclairant au fond d'un entonnoir,
Semblaient craindre de luire et de se laisser voir.
J'ai cueilli cette fleur pour toi, ma bien-aimée.
Elle est pâle, et n'a pas de corolle embaumée,
Sa racine n'a pris sur la crête des monts
Que l'amère senteur des glauques goëmons;
Moi, j'ai dit: Pauvre fleur, du haut de cette cime,
Tu devais t'en aller dans cet immense abîme
Où l'algue et le nuage et les voiles s'en vont.
Va mourir sur un cœur, abîme plus profond.

[139] 13 *ma bien-aimée:* Juliette Drouet.

Fane-toi sur ce sein en qui palpite un monde.
Le ciel, qui te créa pour t'effeuiller dans l'onde,
Te fit pour l'océan, je te donne à l'amour. —
Le vent mêlait les flots; il ne restait du jour
Qu'une vague lueur, lentement effacée.
Oh! comme j'étais triste au fond de ma pensée
Tandis que je songeais, et que le gouffre noir
M'entrait dans l'âme avec tous les frissons du soir!

140, 141. *La Légende des Siècles* (*1859–1883*)

I

La Conscience (1859)

Lorsque avec ses enfants vêtus de peaux de bêtes,
Échevelé, livide au milieu des tempêtes,
Caïn se fut enfui de devant Jéhovah,
Comme le soir tombait, l'homme sombre arriva
Au bas d'une montagne en une grande plaine;
Sa femme fatiguée et ses fils hors d'haleine
Lui dirent: "Couchons-nous sur la terre, et dormons."
Caïn, ne dormant pas, songeait au pied des monts.
Ayant levé la tête, au fond des cieux funèbres,
Il vit un œil, tout grand ouvert dans les ténèbres,
Et qui le regardait dans l'ombre fixement.
"Je suis trop près", dit-il avec un tremblement.
Il réveilla ses fils dormant, sa femme lasse,
Et se remit à fuir sinistre dans l'espace.
Il marcha trente jours, il marcha trente nuits.
Il allait, muet, pâle et frémissant aux bruits,
Furtif, sans regarder derrière lui, sans trêve,
Sans repos, sans sommeil; il atteignit la grève
Des mers, dans le pays qui fut depuis Assur.
"Arrêtons-nous, dit-il, car cet asile est sûr.
Restons-y. Nous avons du monde atteint les bornes."
Et, comme il s'asseyait, il vit dans les cieux mornes

[140] 19 *Assur:* l'Assyrie.

L'œil à la même place au fond de l'horizon.
Alors il tressaillit en proie au noir frisson.
"Cachez-moi!" cria-t-il; et, le doigt sur la bouche,
Tous ses fils regardaient trembler l'aïeul farouche.
Caïn dit à Jabel, père de ceux qui vont
Sous des tentes de poil dans le désert profond:
"Étends de ce côté la toile de la tente."
Et l'on développa la muraille flottante;
Et, quand on l'eut fixée avec des poids de plomb:
"Vous ne voyez plus rien?" dit Tsilla, l'enfant blond,
La fille de ses fils, douce comme l'aurore;
Et Caïn répondit: "Je vois cet œil encore!"
Jubal, père de ceux qui passent dans les bourgs
Soufflant dans des clairons et frappant des tambours,
Cria: "Je saurai bien construire une barrière."
Il fit un mur de bronze et mit Caïn derrière.
Et Caïn dit: "Cet œil me regarde toujours!"
Hénoch dit: "Il faut faire une enceinte de tours
Si terrible, que rien ne puisse approcher d'elle.
Bâtissons une ville avec sa citadelle.
Bâtissons une ville, et nous la fermerons."
Alors Tubalcaïn, père des forgerons,
Construisit une ville énorme et surhumaine.
Pendant qu'il travaillait, ses frères, dans la plaine,
Chassaient les fils d'Énos et les enfants de Seth,
Et l'on crevait les yeux à quiconque passait;
Et, le soir, on lançait des flèches aux étoiles.
Le granit remplaça la tente aux murs de toiles,
On lia chaque bloc avec des nœuds de fer,
Et la ville semblait une ville d'enfer;
L'ombre des tours faisait la nuit dans les campagnes;
Ils donnèrent aux murs l'épaisseur des montagnes;
Sur la porte on grava: "Défense à Dieu d'entrer."
Quand ils eurent fini de clore et de murer,
On mit l'aïeul au centre en une tour de pierre.

28 *de poil:* c.à.d., faites avec des peaux de bêtes.

Et lui restait lugubre et hagard. — O mon père!
L'œil a-t-il disparu? dit en tremblant Tsilla.
Et Caïn répondit: — "Non, il est toujours là."
Alors il dit: — "Je veux habiter sous la terre
Comme dans son sépulcre un homme solitaire;
Rien ne me verra plus, je ne verrai plus rien." —
On fit donc une fosse, et Caïn dit: "C'est bien!"
Puis il descendit seul sous cette voûte sombre.
Quand il se fut assis sur sa chaise dans l'ombre
Et qu'on eut sur son front fermé le souterrain,
L'œil était dans la tombe et regardait Caïn.

II

Le Mariage de Roland (1859)

Ils se battent—combat terrible!—corps à corps.
Voilà déjà longtemps que leurs chevaux sont morts;
Ils sont là seuls tous deux dans une île du Rhône.
Le fleuve à grand bruit roule un flot rapide et jaune,
Le vent trempe en sifflant les brins d'herbe dans l'eau.
L'archange saint Michel attaquant Apollo
Ne ferait pas un choc plus étrange et plus sombre.
Déjà, bien avant l'aube, ils combattaient dans l'ombre.
Qui, cette nuit, eût vu s'habiller ces barons,
Avant que la visière eût dérobé leurs fronts,
Eût vu deux pages blonds, roses comme des filles.
Hier, c'étaient deux enfants riant à leurs familles,
Beaux, charmants; — aujourd'hui, sur ce fatal terrain,
C'est le duel effrayant de deux spectres d'airain,
Deux fantômes auxquels le démon prête une âme,
Deux masques dont les trous laissent voir de la flamme.
Ils luttent, noirs, muets, furieux, acharnés.
Les bateliers pensifs qui les ont amenés
Ont raison d'avoir peur et de fuir dans la plaine,
Et d'oser, de bien loin, les épier à peine;
Car de ces deux enfants, qu'on regarde en tremblant,
L'un s'appelle Olivier et l'autre a nom Roland.

58 *hagard:* à l'aspect farouche.

Et, depuis qu'ils sont là, sombres, ardents, farouches,
Un mot n'est pas encor sorti de ces deux bouches.

Olivier, sieur de Vienne et comte souverain,
A pour père Gérard et pour aïeul Garin.

Il fut pour ce combat habillé par son père.
Sur sa targe est sculpté Bacchus faisant la guerre
Aux Normands, Rollon ivre, et Rouen consterné,
Et le dieu souriant par des tigres traîné,
Chassant, buveur de vin, tous ces buveurs de cidre.
Son casque est enfoui sous les ailes d'une hydre;
Il porte le haubert que portait Salomon;
Son estoc resplendit comme l'œil d'un démon;
Il y grava son nom afin qu'on s'en souvienne;
Au moment du départ, l'archevêque de Vienne
A béni son cimier de prince féodal.

Roland a son habit de fer, et Durandal.

Ils luttent de si près avec de sourds murmures,
Que leur souffle âpre et chaud s'empreint sur leurs armures
Le pied presse le pied; l'île à leurs noirs assauts
Tressaille au loin; l'acier mord le fer; des morceaux
De heaume et de haubert, sans que pas un s'émeuve,
Sautent à chaque instant dans l'herbe et dans le fleuve;
Leurs brassards sont rayés de longs filets de sang
Qui coule de leur crâne et dans leurs yeux descend.
Soudain, sire Olivier, qu'un coup affreux démasque,
Voit tomber à la fois son épée et son casque.
Main vide et tête nue, et Roland l'œil en feu!
L'enfant songe à son père et se tourne vers Dieu.
Durandal sur son front brille. Plus d'espérance!
— Çà, dit Roland, je suis neveu du roi de France,
Je dois me comporter en franc neveu de roi.
Quand j'ai mon ennemi désarmé devant moi,
Je m'arrête. Va donc chercher une autre épée,
Et tâche, cette fois, qu'elle soit bien trempée.

25 *Vienne:* sur la rive gauche du Rhône (dép. Isère), à trente kilomètres environ de Lyon.

Tu feras apporter à boire en même temps,
Car j'ai soif.
— Fils, merci, dit Olivier.
— J'attends,
Dit Roland, hâte-toi.
Sire Olivier appelle
Un batelier caché derrière une chapelle.

— Cours à la ville, et dis à mon père qu'il faut
Une autre épée à l'un de nous, et qu'il fait chaud.

Cependant les héros, assis dans les broussailles,
S'aident à délacer leurs capuchons de mailles,
Se lavent le visage, et causent un moment.
Le batelier revient, il a fait promptement;
L'homme a vu le vieux comte; il rapporte une épée
Et du vin, de ce vin qu'aimait le grand Pompée
Et que Tournon récolte au flanc de son vieux mont.
L'épée est cette illustre et fière Closamont,
Que d'autres quelquefois appellent Haute-Claire.
L'homme a fui. Les héros achèvent sans colère
Ce qu'ils disaient, le ciel rayonne au-dessus d'eux;
Olivier verse à boire à Roland; puis tous deux
Marchent droit l'un vers l'autre, et le duel recommence.
Voilà que par degrés de sa sombre démence
Le combat les enivre, il leur revient au cœur
Ce je ne sais quel dieu qui veut qu'on soit vainqueur,
Et qui, s'exaspérant aux armures frappées,
Mêle l'éclair des yeux aux lueurs des épées.

Ils combattent, versant à flots leur sang vermeil.
Le jour entier se passe ainsi. Mais le soleil
Baisse vers l'horizon. La nuit vient.
— Camarade,
Dit Roland, je ne sais, mais je me sens malade.
Je ne me soutiens plus, et je voudrais un peu
De repos.
— Je prétends, avec l'aide de Dieu,

Dit le bel Olivier, le sourire à la lèvre,
Vous vaincre par l'épée et non point par la fièvre.
Dormez sur l'herbe verte; et, cette nuit, Roland,
Je vous éventerai de mon panache blanc.
Couchez-vous et dormez.

— Vassal, ton âme est neuve,
Dit Roland. Je riais, je faisais une épreuve.
Sans m'arrêter et sans me reposer, je puis
Combattre quatre jours encore, et quatre nuits.

Le duel reprend. La mort plane, le sang ruisselle.
Durandal heurte et suit Closamont; l'étincelle
Jaillit de toutes parts sous leurs coups répétés.
L'ombre autour d'eux s'emplit de sinistres clartés.

Ils frappent; le brouillard du fleuve monte et fume;
Le voyageur s'effraie et croit voir dans la brume
D'étranges bûcherons qui travaillent la nuit.

Le jour naît, le combat continue à grand bruit;
La pâle nuit revient, ils combattent; l'aurore
Reparaît dans les cieux, ils combattent encore.

Nul repos. Seulement, vers le troisième soir,
Sous un arbre, en causant, ils sont allés s'asseoir;
Puis ont recommencé.

Le vieux Gérard dans Vienne
Attend depuis trois jours que son enfant revienne.
Il envoie un devin regarder sur les tours;
Le devin dit: Seigneur, ils combattent toujours.

Quatre jours sont passés, et l'île et le rivage
Tremblent sous ce fracas monstrueux et sauvage.
Ils vont, viennent, jamais fuyant, jamais lassés,
Froissent le glaive au glaive et sautent les fossés,
Et passent, au milieu des ronces remuées,
Comme deux tourbillons et comme deux nuées.
O chocs affreux! terreur! tumulte étincelant!
Mais enfin Olivier saisit au corps Roland,

Qui de son propre sang en combattant s'abreuve,
Et jette d'un revers Durandal dans le fleuve.
— C'est mon tour maintenant, et je vais envoyer
Chercher un autre estoc pour vous, dit Olivier.
Le sabre du géant Sinnagog est à Vienne.
C'est, après Durandal, le seul qui vous convienne.
Mon père le lui prit alors qu'il le défit.
Acceptez-le.

Roland sourit. — Il me suffit
De ce bâton. — Il dit, et déracine un chêne.

Sire Olivier arrache un orme dans la plaine
Et jette son épée, et Roland, plein d'ennui,
L'attaque. Il n'aimait pas qu'on vînt faire après lui
Les générosités qu'il avait déjà faites.

Plus d'épée en leurs mains, plus de casque à leurs têtes,
Ils luttent maintenant, sourds, effarés, béants,
A grands coups de troncs d'arbre, ainsi que des géants.

Pour la cinquième fois, voici que la nuit tombe.
Tout à coup Olivier, aigle aux yeux de colombe,
S'arrête et dit:

— Roland, nous n'en finirons point.
Tant qu'il nous restera quelque tronçon au poing,
Nous lutterons ainsi que lions et panthères.
Ne vaudrait-il pas mieux que nous devinssions frères?
Écoute, j'ai ma sœur, la belle Aude au bras blanc,
Épouse-la.

— Pardieu! je veux bien, dit Roland.
Et maintenant buvons, car l'affaire était chaude. —

C'est ainsi que Roland épousa la belle Aude.

144 Roland n'épousa pas Aude; il trouva la mort à Roncevaux peu après leurs fiançailles.

142, 143. *Les Chansons des Rues et des Bois* (*1865*)

I

Jour de Fête aux Environs de Paris

Midi chauffe et sème la mousse;
Les champs sont pleins de tambourins;
On voit dans une lueur douce
Des groupes vagues et sereins.

Là-bas, à l'horizon, poudroie
Le vieux donjon de saint Louis;
Le soleil dans toute sa joie
Accable les champs éblouis.

L'air brûlant fait, sous ses haleines
Sans murmures et sans échos,
Luire en la fournaise des plaines
La braise des coquelicots.

Les brebis paissent inégales;
Le jour est splendide et dormant;
Presque pas d'ombre; les cigales
Chantent sous le bleu flamboiement.

Voilà les avoines rentrées.
Trêve au travail. Amis, du vin!
Des larges tonnes éventrées
Sort l'éclat de rire divin.

Le buveur chancelle à la table
Qui boite fraternellement.
L'ivrogne se sent véritable;
Il oublie, ô clair firmament,

Tout, la ligne droite, la gêne,
La loi, le gendarme, l'effroi,
L'ordre; et l'échalas de Surène
Raille le poteau de l'octroi.

L'âne broute, vieux philosophe;
L'oreille est longue; l'âne en rit,
Peu troublé d'un excès d'étoffe,
Et content si le pré fleurit.

Les enfants courent par volée.
Clichy montre, honneur aux anciens!
Sa grande muraille étoilée
Par la mitraille des Prussiens.

La charrette roule et cahote;
Paris élève au loin sa voix,
Noir chiffonnier qui dans sa hotte
Porte le tas sombre des rois.

On voit au loin les cheminées
Et les dômes d'azur voilés;
Des filles passent, couronnées
De joie et de fleurs, dans les blés.

II

SAISON DES SEMAILLES—LE SOIR

C'est le moment crépusculaire.
J'admire, assis sous un portail,
Ce reste de jour dont s'éclaire
La dernière heure du travail.

Dans les terres, de nuit baignées,
Je contemple, ému, les haillons
D'un vieillard qui jette à poignées
La moisson future aux sillons.

Sa haute silhouette noire
Domine les profonds labours.
On sent à quel point il doit croire
A la fuite utile des jours.

Il marche dans la plaine immense,
Va, vient, lance la graine au loin,
Rouvre sa main, et recommence,
Et je médite, obscur témoin,

Pendant que, déployant ses voiles,
L'ombre, où se mêle une rumeur,
Semble élargir jusqu'aux étoiles
Le geste auguste du semeur.

144. *L'Année Terrible (1872)*

Nos Morts

Ils gisent dans le champ terrible et solitaire.
Leur sang fait une mare affreuse sur la terre;
Les vautours monstrueux fouillent leur ventre ouvert;
Leurs corps farouches, froids, épars sur le pré vert,
Effroyables, tordus, noirs, ont toutes les formes
Que le tonnerre donne aux foudroyés énormes;
Leur crâne est à la pierre aveugle ressemblant;
La neige les modèle avec son linceul blanc;
On dirait que leur main lugubre, âpre et crispée,
Tâche encor de chasser quelqu'un à coup d'épée;
Ils n'ont pas de parole, ils n'ont pas de regard;
Sur l'immobilité de leur sommeil hagard
Les nuits passent; ils ont plus de chocs et de plaies
Que les suppliciés promenés sur des claies;
Sous eux rampent le ver, la larve et la fourmi;
Ils s'enfoncent déjà dans la terre à demi
Comme dans l'eau profonde un navire qui sombre;
Leurs pâles os, couverts de pourriture et d'ombre,
Sont comme ceux auxquels Ézéchiel parlait;
On voit partout sur eux l'affreux coup du boulet,
La balafre du sabre et le trou de la lance;
Le vaste vent glacé souffle sur ce silence;
Ils sont nus et sanglants sous le ciel pluvieux.

O morts pour mon pays, je suis votre envieux.

145. *L'Art d'être Grand-Père* (1877)

Choses du Soir

Le brouillard est froid, la bruyère est grise;
Les troupeaux de bœufs vont aux abreuvoirs;
La lune, sortant des nuages noirs,
Semble une clarté qui vient par surprise.

Je ne sais plus quand, je ne sais plus où,
Maître Yvon soufflait dans son biniou.

Le voyageur marche, et la lande est brune;
Une ombre est derrière, une ombre est devant,
Blancheur au couchant, lueur au levant;
Ici crépuscule, et là clair de lune.

Je ne sais plus quand, je ne sais plus où,
Maître Yvon soufflait dans son biniou.

La sorcière assise allonge sa lippe;
L'araignée accroche au toit son filet;
Le lutin reluit dans le feu follet
Comme un pistil d'or dans une tulipe.

Je ne sais plus quand, je ne sais plus où,
Maître Yvon soufflait dans son biniou.

On voit sur la mer des chasse-marées;
Le naufrage guette un mât frissonnant;
Le vent dit: demain! l'eau dit: maintenant!
Les voix qu'on entend sont désespérées.

Je ne sais plus quand, je ne sais plus où,
Maître Yvon soufflait dans son biniou.

Le coche qui va d'Avranche à Fougère
Fait claquer son fouet comme un vif éclair;
Voici le moment où flottent dans l'air
Tous ces bruits confus que l'ombre exagère.

Je ne sais plus quand, je ne sais plus où,
Maître Yvon soufflait dans son biniou.

Dans les bois profonds brillent des flambées;
Un vieux cimetière est sur un sommet;
Où Dieu trouve-t-il tout ce noir qu'il met
Dans les cœurs brisés et les nuits tombées?

Je ne sais plus quand, je ne sais plus où,
Maître Yvon soufflait dans son biniou.

Des flaques d'argent tremblent sur les sables;
L'orfraie est au bord des talus crayeux;
Le pâtre, à travers le vent, suit des yeux
Le vol monstrueux et vague des diables.

Je ne sais plus quand, je ne sais plus où,
Maître Yvon soufflait dans son biniou.

Un panache gris sort des cheminées;
Le bûcheron passe avec son fardeau;
On entend parmi le bruit des cours d'eau,
Des frémissements de branches traînées.

Je ne sais plus quand, je ne sais plus où,
Maître Yvon soufflait dans son biniou.

La faim fait rêver les grands loups moroses;
La rivière court, le nuage fuit;
Derrière la vitre où la lampe luit,
Les petits enfants ont des têtes roses.

Je ne sais plus quand, je ne sais plus où,
Maître Yvon soufflait dans son biniou.

ALFRED DE MUSSET (1810–1857)

146. *Chanson (1831)*

J'AI dit à mon cœur, à mon faible cœur:
N'est-ce point assez d'aimer sa maîtresse?
Et ne vois-tu pas que changer sans cesse,
C'est perdre en désirs le temps du bonheur?

Il m'a répondu: Ce n'est point assez,
Ce n'est point assez d'aimer sa maîtresse;
Et ne vois-tu pas que changer sans cesse,
Nous rend doux et chers les plaisirs passés?

J'ai dit à mon cœur, à mon faible cœur:
N'est-ce point assez de tant de tristesse;
Et ne vois-tu pas que changer sans cesse,
C'est à chaque pas trouver la douleur?

Il m'a répondu: Ce n'est point assez,
Ce n'est point assez de tant de tristesse;
Et ne vois-tu pas que changer sans cesse
Nous rend doux et chers les chagrins passés?

147. *Chanson de Fortunio (1835)*

SI vous croyez que je vais dire
Qui j'ose aimer,
Je ne saurais, pour un empire,
Vous la nommer.

Nous allons chanter à la ronde,
Si vous voulez,
Que je l'adore et qu'elle est blonde
Comme les blés.

Je fais ce que sa fantaisie
Veut m'ordonner,
Et je puis, s'il lui faut ma vie,
La lui donner.

Du mal qu'une amour ignorée
Nous fait souffrir,
J'en porte l'âme déchirée
Jusqu'à mourir.

Mais j'aime trop pour que je die
Qui j'ose aimer,
Et je veux mourir pour ma mie
Sans la nommer.

148. *La Nuit de Mai (1835)*

LA MUSE

Poète, prends ton luth, et me donne un baiser;
La fleur de l'églantier sent ses bourgeons éclore.
Le printemps naît ce soir; les vents vont s'embraser;
Et la bergeronnette, en attendant l'aurore,
Aux premiers buissons verts commence à se poser.
Poète, prends ton luth, et me donne un baiser.

LE POÈTE

Comme il fait noir dans la vallée!
J'ai cru qu'une forme voilée
Flottait là-bas sur la forêt.
Elle sortait de la prairie;
Son pied rasait l'herbe fleurie;
C'est une étrange rêverie;
Elle s'efface et disparaît.

LA MUSE

Poète, prends ton luth; la nuit, sur la pelouse,
Balance le zéphyr dans son voile odorant.
La rose, vierge encor, se referme jalouse
Sur le frelon nacré qu'elle enivre en mourant.
Écoute! tout se tait; songe à ta bien-aimée.
Ce soir, sous les tilleuls, à la sombre ramée

[147] 17 *die:* ancienne forme du présent du subjonctif de *dire.*
[148] Écrit par Musset peu après la rupture de sa liaison avec George Sand.

Le rayon du couchant laisse un adieu plus doux.
Ce soir, tout va fleurir: l'immortelle nature
Se remplit de parfums, d'amour et de murmure,
Comme le lit joyeux de deux jeunes époux.

LE POÈTE

Pourquoi mon cœur bat-il si vite?
Qu'ai-je donc en moi qui s'agite,
Dont je me sens épouvanté?
Ne frappe-t-on pas à ma porte?
Pourquoi ma lampe à demi morte
M'éblouit-elle de clarté?
Dieu puissant! tout mon corps frissonne.
Qui vient? qui m'appelle? — Personne.
Je suis seul; c'est l'heure qui sonne;
O solitude? ô pauvreté!

LA MUSE

Poète, prends ton luth; le vin de la jeunesse
Fermente cette nuit dans les veines de Dieu.
Mon sein est inquiet; la volupté l'oppresse,
Et les vents altérés m'ont mis la lèvre en feu.
O paresseux enfant! regarde, je suis belle.
Notre premier baiser, ne t'en souviens-tu pas,
Quand je te vis si pâle au toucher de mon aile,
Et que, les yeux en pleurs, tu tombas dans mes bras?
Ah! je t'ai consolé d'une amère souffrance!
Hélas! bien jeune encor, tu te mourais d'amour.
Console-moi ce soir, je me meurs d'espérance;
J'ai besoin de prier pour vivre jusqu'au jour.

LE POÈTE

Est-ce toi dont la voix m'appelle,
O ma pauvre Muse, est-ce toi?
O ma fleur, ô mon immortelle!
Seul être pudique et fidèle
Où vive encor l'amour de moi!

Oui, te voilà, c'est toi, ma blonde,
C'est toi, ma maîtresse et ma sœur!
Et je sens, dans la nuit profonde,
De ta robe d'or qui m'inonde
Les rayons glisser dans mon cœur.

LA MUSE

Poète, prends ton luth; c'est moi, ton immortelle,
Qui t'ai vu cette nuit triste et silencieux,
Et qui, comme un oiseau que sa couvée appelle,
Pour pleurer avec toi descends du haut des cieux.
Viens, tu souffres, ami. Quelque ennui solitaire
Te ronge; quelque chose a gémi dans ton cœur;
Quelque amour t'est venu, comme on en voit sur terre,
Une ombre de plaisir, un semblant de bonheur.
Viens, chantons devant Dieu; chantons dans tes pensées,
Dans tes plaisirs perdus, dans tes peines passées;
Partons, dans un baiser, pour un monde inconnu.
Éveillons au hasard les échos de ta vie,
Parlons-nous de bonheur, de gloire et de folie,
Et que ce soit un rêve, et le premier venu.
Inventons quelque part des lieux où l'on oublie;
Partons, nous sommes seuls, l'univers est à nous.
Voici la verte Écosse et la brune Italie,
Et la Grèce, ma mère, où le miel est si doux,
Argos, et Ptéléon, ville des hécatombes,
Et Messa la divine, agréable aux colombes;
Et le front chevelu du Pélion changeant;
Et le bleu Titarèse, et le golfe d'argent,
Qui montre dans ses eaux, où le cygne se mire,
La blanche Oloossone à la blanche Camyre.
Dis-moi, quel songe d'or nos chants vont-ils bercer?
D'où vont venir les pleurs que nous allons verser?
Ce matin, quand le jour a frappé ta paupière,
Quel séraphin pensif, courbé sur ton chevet,
Secouait des lilas dans sa robe légère,
Et te contait tout bas les amours qu'il rêvait?

Chanterons-nous l'espoir, la tristesse ou la joie?
Tremperons-nous de sang les bataillons d'acier?
Suspendrons-nous l'amant sur l'échelle de soie?
Jetterons-nous au vent l'écume du coursier?
Dirons-nous quelle main, dans les lampes sans nombre
De la maison céleste, allume nuit et jour
L'huile sainte de vie et d'éternel amour?
Crierons-nous à Tarquin: "Il est temps, voici l'ombre!"?
Descendrons-nous cueillir la perle au fond des mers?
Mènerons-nous la chèvre aux ébéniers amers?
Montrerons-nous le ciel à la Mélancolie?
Suivrons-nous le chasseur sur les monts escarpés?
La biche le regarde; elle pleure et supplie;
Sa bruyère l'attend: ses faons sont nouveau-nés;
Il se baisse, il l'égorge, il jette à la curée
Sur les chiens en sueur son cœur encor vivant.
Peindrons-nous une vierge à la joue empourprée,
S'en allant à la messe, un page la suivant,
Et d'un regard distrait, à côté de sa mère,
Sur sa lèvre entr'ouverte oubliant sa prière?
Elle écoute en tremblant, dans l'écho du pilier,
Résonner l'éperon d'un hardi cavalier.
Dirons-nous aux héros des vieux temps de la France
De monter tout armés aux créneaux de leurs tours,
Et de ressusciter la naïve romance
Que leur gloire oubliée apprit aux troubadours?
Vêtirons-nous de blanc une molle élégie?
L'homme de Waterloo nous dira-t-il sa vie,
Et ce qu'il a fauché du troupeau des humains
Avant que l'envoyé de la nuit éternelle
Vînt sur son tertre vert l'abattre d'un coup d'aile,
Et sur son cœur de fer lui croiser les deux mains?
Clouerons-nous au poteau d'une satire altière
Le nom sept fois vendu d'un pâle pamphlétaire,

93 Allusion probable au *Rape of Lucrece* de Shakespeare.
116 *tertre vert:* le tombeau de Napoléon à Sainte-Hélène.

Qui, poussé par la faim, du fond de son oubli,
S'en vient, tout grelottant d'envie et d'impuissance,
Sur le front du génie insulter l'espérance
Et mordre le laurier que son souffle a sali?
Prends ton luth! prends ton luth! je ne peux plus me taire
Mon aile me soulève au souffle du printemps.
Le vent va m'emporter; je vais quitter la terre.
Une larme de toi! Dieu m'écoute; il est temps.

LE POÈTE

S'il ne te faut, ma sœur chérie,
Qu'un baiser d'une lèvre amie
Et qu'une larme de mes yeux,
Je te les donnerai sans peine;
De nos amours qu'il te souvienne,
Si tu remontes dans les cieux.
Je ne chante ni l'espérance,
Ni la gloire, ni le bonheur,
Hélas! pas même la souffrance.
La bouche garde le silence
Pour écouter parler le cœur.

LA MUSE

Crois-tu donc que je sois comme le vent d'automne,
Qui se nourrit de pleurs jusque sur un tombeau,
Et pour qui la douleur n'est qu'une goutte d'eau?
O poète! un baiser, c'est moi qui te le donne.
L'herbe que je voulais arracher de ce lieu,
C'est ton oisiveté; ta douleur est à Dieu.
Quel que soit le souci que ta jeunesse endure,
Laisse-la s'élargir, cette sainte blessure
Que les noirs séraphins t'ont faite au fond du cœur;
Rien ne nous rend si grands qu'une grande douleur.

147 *les noirs séraphins:* les anges maudits de la douleur et du désespoir.

Mais, pour en être atteint, ne crois pas, ô poète!
Que ta voix ici-bas doive rester muette.
Les plus désespérés sont les chants les plus beaux,
Et j'en sais d'immortels qui sont de purs sanglots.
Lorsque le pélican, lassé d'un long voyage,
Dans les brouillards du soir retourne à ses roseaux,
Ses petits affamés courent sur le rivage
En le voyant au loin s'abattre sur les eaux.
Déjà, croyant saisir et partager leur proie,
Ils courent à leur père avec des cris de joie,
En secouant leurs becs sur leurs goitres hideux.
Lui, gagnant à pas lents une roche élevée,
De son aile pendante abritant sa couvée,
Pêcheur mélancolique, il regarde les cieux.
Le sang coule à longs flots de sa poitrine ouverte;
En vain il a des mers fouillé la profondeur:
L'Océan était vide et la plage déserte;
Pour toute nourriture il apporte son cœur.
Sombre et silencieux, étendu sur la pierre,
Partageant à ses fils ses entrailles de père,
Dans son amour sublime il berce sa douleur,
Et, regardant couler sa sanglante mamelle,
Sur son festin de mort il s'affaisse et chancelle,
Ivre de volupté, de tendresse et d'horreur.
Mais parfois, au milieu du divin sacrifice,
Fatigué de mourir dans un trop long supplice,
Il craint que ses enfants ne le laissent vivant;
Alors il se soulève, ouvre son aile au vent,
Et se frappant le cœur avec un cri sauvage,
Il pousse dans la nuit un si funèbre adieu,
Que les oiseaux des mers désertent le rivage,
Et que le voyageur attardé sur la plage,
Sentant passer la mort, se recommande à Dieu.

149 *pour en être atteint:* parce que tu en es atteint. 159 *goitres:* Musset désigne par ce mot la poche membraneuse que le pélican a au cou et dans laquelle il met les poissons qu'il a pris.

Poète, c'est ainsi que font les grands poètes.
Ils laissent s'égayer ceux qui vivent un temps;
Mais les festins humains qu'ils servent à leurs fêtes
Ressemblent la plupart à ceux des pélicans.
Quand ils parlent ainsi d'espérances trompées,
De tristesse et d'oubli, d'amour et de malheur,
Ce n'est pas un concert à dilater le cœur.
Leurs déclamations sont comme des épées:
Elles tracent dans l'air un cercle éblouissant,
Mais il y pend toujours quelque goutte de sang.

LE POÈTE

O Muse! spectre insatiable,
Ne m'en demande pas si long.
L'homme n'écrit rien sur le sable
A l'heure où passe l'aquilon.
J'ai vu le temps où ma jeunesse
Sur mes lèvres était sans cesse
Prête à chanter comme un oiseau;
Mais j'ai souffert un dur martyre,
Et le moins que j'en pourrais dire,
Si je l'essayais sur ma lyre,
La briserait comme un roseau.

149. *Lettre à M. de Lamartine (1836)*

Lorsque le grand Byron allait quitter Ravenne
Et chercher sur les mers quelque plage lointaine
Où finir en héros son immortel ennui,
Comme il était assis aux pieds de sa maîtresse,
Pâle, et déjà tourné du côté de la Grèce,

[148] 183 *qui vivent un temps:* c.à.d., qui ne vivent que pour l'heure présente. 184 *les festins humains:* les festins où ils servent leur propre cœur.

[149] Ce poème ce rapporte également à la liaison de Musset avec George Sand.

3 Allusion à la mort de Byron à Missolonghi, le 19 avril 1824.

Celle qu'il appelait alors sa Guiccioli
Ouvrit un soir un livre où l'on parlait de lui.

Avez-vous de ce temps conservé la mémoire,
Lamartine, et ces vers au prince des proscrits,
Vous souvient-il encor qui les avait écrits?
Vous étiez jeune alors, vous, notre chère gloire!
Vous veniez d'essayer pour la première fois
Ce beau luth éploré qui vibre sous vos doigts.
La Muse que le ciel vous avait fiancée
Sur votre front rêveur cherchait votre pensée,
Vierge craintive encore, amante des lauriers.
Vous ne connaissiez pas, noble fils de la France,
Vous ne connaissiez pas, sinon par sa souffrance,
Ce sublime orgueilleux à qui vous écriviez.

De quel droit osiez-vous l'aborder et le plaindre?
Quel aigle, Ganymède, à ce Dieu vous portait?
Pressentiez-vous qu'un jour vous le pourriez atteindre,
Celui qui de si haut alors vous écoutait?
Non, vous aviez vingt ans, et le cœur vous battait.
Vous aviez lu *Lara*, *Manfred* et *le Corsaire*,
Et vous aviez écrit sans essuyer vos pleurs;
Le souffle de Byron vous soulevait de terre,
Et vous alliez à lui, porté par ses douleurs.
Vous appeliez de loin cette âme désolée;
Pour grand qu'il vous parût, vous le sentiez ami,
Et, comme le torrent dans la verte vallée,
L'écho de son génie en vous avait gémi.

Et lui,—lui dont l'Europe, encore toute armée,
Écoutait en tremblant les sauvages concerts;

6 *sa Guiccioli:* la comtesse de ce nom, fille du comte Gamba de Ravenne. 7 C'est dans le poème, intitulé *l'Homme*, des *Premières Méditations* que Lamartine parle de Byron. 11 *L'Homme* fut composé en 1819, lorsque Lamartine avait 29 ans. 24 Lamartine avait réellement 29 ans à cette époque.

Lui qui, depuis dix ans, fuyait sa renommée,
Et de sa solitude emplissait l'univers;
Lui, le grand inspiré de la Mélancolie,
Qui, las d'être envié, se changeait en martyr;
Lui, le dernier amant de la pauvre Italie,
Pour son dernier exil s'apprêtant à partir;
Lui qui, rassasié de la grandeur humaine,
Comme un cygne, à son chant sentant sa mort prochaine,
Sur terre autour de lui cherchait pour qui mourir...
Il écouta ces vers que lisait sa maîtresse,
Ce doux salut lointain d'un jeune homme inconnu.
Je ne sais si du style il comprit la richesse;
Il laissa dans ses yeux sourire sa tristesse:
Ce qui venait du cœur lui fut le bienvenu.

Poète, maintenant que ta muse fidèle,
Par ton pudique amour sûre d'être immortelle,
De la verveine en fleur t'a couronné le front,
A ton tour, reçois-moi comme le grand Byron.
De t'égaler jamais je n'ai pas l'espérance;
Ce que tu tiens du ciel, nul ne me l'a promis,
Mais de ton sort au mien plus grande est la distance,
Meilleur en sera Dieu qui peut nous rendre amis.
Je ne t'adresse pas d'inutiles louanges,
Et je ne songe point que tu me répondras;
Pour être proposés, ces illustres échanges
Veulent être signés d'un nom que je n'ai pas.
J'ai cru pendant longtemps que j'étais las du monde;
J'ai dit que je niais, croyant avoir douté,
Et j'ai pris, devant moi, pour une nuit profonde
Mon ombre qui passait, pleine de vanité.
Poète, je t'écris pour te dire que j'aime,
Qu'un rayon du soleil est tombé jusqu'à moi,
Et qu'en un jour de deuil et de douleur suprême
Les pleurs que je versais m'ont fait penser à toi.

40 *son dernier exil:* la Grèce où Byron mourut en 1824.
50 Allusion aux poèmes où Lamartine a chanté Elvire.

Qui de nous, Lamartine, et de notre jeunesse,
Ne sait par cœur ce chant, des amants adoré,
Qu'un soir, au bord d'un lac, tu nous as soupiré?
Qui n'a lu mille fois, qui ne relit sans cesse
Ces vers mystérieux où parle ta maîtresse,
Et qui n'a sangloté sur ces divins sanglots,
Profonds comme le ciel et purs comme les flots?
Hélas! ces longs regrets des amours mensongères,
Ces ruines du temps qu'on trouve à chaque pas,
Ces sillons infinis de lueurs éphémères,
Qui peut se dire un homme et ne les connaît pas?
Quiconque aima jamais porte une cicatrice;
Chacun l'a dans le sein, toujours prête à s'ouvrir;
Chacun la garde en soi, cher et secret supplice,
Et mieux il est frappé, moins il en veut guérir.
Te le dirai-je, à toi, chantre de la souffrance,
Que ton glorieux mal, je l'ai souffert aussi?
Qu'un instant, comme toi, devant le ciel immense,
J'ai serré dans mes bras la vie et l'espérance,
Et qu'ainsi que le tien mon rêve s'est enfui?
Te dirai-je qu'un soir, dans la brise embaumée,
Endormi, comme toi, dans la paix du bonheur,
Aux célestes accents d'une voix bien-aimée,
J'ai cru sentir le temps s'arrêter dans mon cœur?
Te dirai-je qu'un soir, resté seul sur la terre,
Dévoré, comme toi, d'un affreux souvenir,
Je me suis étonné de ma propre misère,
Et de ce qu'un enfant peut souffrir sans mourir?
Ah! ce que j'ai senti dans cet instant terrible,
Oserai-je m'en plaindre et te le raconter?
Comment exprimerai-je une peine indicible?
Après toi, devant toi, puis-je encor le tenter?
Oui, de ce jour fatal, plein d'horreur et de charmes,
Je veux fidèlement te faire le récit;

70–5 Allusion au *Lac* de Lamartine. 96 *un enfant:* Musset n'avait que 26 ans lorsqu'il écrivit la *Lettre à Lamartine.*

Ce ne sont pas des chants, ce ne sont que des larmes,
Et je ne te dirai que ce que Dieu m'a dit.

Lorsque le laboureur, regagnant sa chaumière,
Trouve le soir son champ rasé par le tonnerre,
Il croit d'abord qu'un rêve a fasciné ses yeux,
Et, doutant de lui-même, interroge les cieux.
Partout la nuit est sombre, et la terre enflammée.
Il cherche autour de lui la place accoutumée
Où sa femme l'attend sur le seuil entr'ouvert;
Il voit un peu de cendre au milieu d'un désert.
Ses enfants demi-nus sortent de la bruyère,
Et viennent lui conter comme leur pauvre mère
Est morte sous le chaume avec des cris affreux;
Mais maintenant, au loin, tout est silencieux.
Le misérable écoute et comprend sa ruine.
Il serre, désolé, ses fils sur sa poitrine;
Il ne lui reste plus, s'il ne tend pas la main,
Que la faim pour ce soir et la mort pour demain.
Pas un sanglot ne sort de sa gorge oppressée;
Muet et chancelant, sans force et sans pensée,
Il s'assoit à l'écart, les yeux sur l'horizon,
Et, regardant s'enfuir sa moisson consumée,
Dans les noirs tourbillons de l'épaisse fumée
L'ivresse du malheur emporte sa raison.

Tel, lorsque, abandonné d'une infidèle amante,
Pour la première fois j'ai connu la douleur,
Transpercé tout à coup d'une flèche sanglante,
Seul, je me suis assis dans la nuit de mon cœur.
Ce n'était pas au bord d'un lac au flot limpide,
Ni sur l'herbe fleurie au penchant des coteaux;
Mes yeux noyés de pleurs ne voyaient que le vide,
Mes sanglots étouffés n'éveillaient point d'échos.
C'était dans une rue obscure et tortueuse
De cet immense égout qu'on appelle Paris;
Autour de moi criait cette foule railleuse
Qui des infortunés n'entend jamais les cris.

Sur le pavé noirci, les blafardes lanternes
Versaient un jour douteux plus triste que la nuit,
Et, suivant au hasard ces feux vagues et ternes,
L'homme passait dans l'ombre, allant où va le bruit.
Partout retentissait comme une joie étrange;
C'était en février, au temps du carnaval.
Les masques avinés, se croisant dans la fange,
S'accostaient d'une injure ou d'un refrain banal.
Dans un carrosse ouvert une troupe entassée
Paraissait par moments sous le ciel pluvieux,
Puis se perdait au loin dans la ville insensée,
Hurlant un hymne impur sous la résine en feux.
Cependant des vieillards, des enfants et des femmes
Se barbouillaient de lie au fond des cabarets.
Dieu juste ! pleurer seul par une nuit pareille !
O mon unique amour ! que vous avais-je fait?
Vous m'aviez pu quitter, vous qui juriez la veille
Que vous étiez ma vie et que Dieu le savait?
Ah ! toi, le savais-tu, froide et cruelle amie,
Qu'à travers cette honte et cette obscurité
J'étais là, regardant de ta lampe chérie,
Comme une étoile au ciel, la tremblante clarté?
Non, tu n'en savais rien, je n'ai pas vu ton ombre,
Ta main n'est pas venue entr'ouvrir ton rideau;
Tu n'as pas regardé si le ciel était sombre;
Tu ne m'as pas cherché dans cet affreux tombeau !

Lamartine, c'est là, dans cette rue obscure,
Assis sur une borne, au fond d'un carrefour,
Les deux mains sur mon cœur, et serrant ma blessure,
Et sentant y saigner un invincible amour;
C'est là, dans cette nuit d'horreur et de détresse,
Au milieu des transports d'un peuple furieux
Qui semblait en passant crier à ma jeunesse:
"Toi qui pleures ce soir, n'as-tu pas ri comme eux?"
C'est là, devant ce mur, où j'ai frappé ma tête,
Où j'ai posé deux fois le fer sur mon sein nu;

C'est là, le croiras-tu? chaste et noble poète,
Que de tes chants divins je me suis souvenu.

O toi qui sais aimer, réponds, amant d'Elvire,
Comprends-tu que l'on parte et qu'on se dise adieu?
Comprends-tu que ce mot la main puisse l'écrire,
Et le cœur le signer, et les lèvres le dire,
Les lèvres, qu'un baiser vient d'unir devant Dieu?
Comprends-tu qu'un lien qui, dans l'âme immortelle,
Chaque jour plus profond, se forme à notre insu;
Qui déracine en nous la volonté rebelle,
Et nous attache au cœur son merveilleux tissu;
Un lien tout-puissant dont les nœuds et la trame
Sont plus durs que la roche et que les diamants;
Qui ne craint ni le temps, ni le fer, ni la flamme,
Ni la mort elle-même, et qui fait des amants
Jusque dans le tombeau s'aimer les ossements;
Comprends-tu que dix ans ce lien nous enlace,
Qu'il ne fasse dix ans qu'un seul être de deux,
Puis tout à coup se brise, et, perdu dans l'espace,
Nous laisse épouvantés d'avoir cru vivre heureux?

O poète! il est dur que la nature humaine,
Qui marche à pas comptés vers une fin certaine,
Doive encor s'y traîner en portant une croix,
Et qu'il faille ici-bas mourir plus d'une fois.
Car de quel autre nom peut s'appeler sur terre
Cette nécessité de changer de misère,
Qui nous fait, jour et nuit, tout prendre et tout quitter,
Si bien que notre temps se passe à convoiter?
Ne sont-ce pas des morts, et des morts effroyables,
Que tant de changements d'êtres si variables,
Qui se disent toujours fatigués d'espérer,
Et qui sont toujours prêts à se transfigurer?
Quel tombeau que le cœur, et quelle solitude!
Comment la passion devient-elle habitude,
Et comment se fait-il que, sans y trébucher,
Sur ses propres débris l'homme puisse marcher?

Il y marche pourtant; c'est Dieu qui l'y convie.
Il va semant partout et prodiguant sa vie:
Désir, crainte, colère, inquiétude, ennui,
Tout passe et disparaît, tout est fantôme en lui.
Son misérable cœur est fait de telle sorte,
Qu'il faut incessamment qu'une ruine en sorte;
Que la mort soit son terme, il ne l'ignore pas,
Et, marchant à la mort, il meure à chaque pas.
Il meurt dans ses amis, dans son fils, dans son père,
Il meurt dans ce qu'il pleure et dans ce qu'il espère;
Et, sans parler des corps qu'il faut ensevelir,
Qu'est-ce donc qu'oublier, si ce n'est pas mourir?
Ah! c'est plus que mourir; c'est survivre à soi-même.
L'âme remonte au ciel quand on perd ce qu'on aime;
Il ne reste de nous qu'un cadavre vivant;
Le désespoir l'habite, et le néant l'attend.

Eh bien! bon ou mauvais, inflexible ou fragile,
Humble ou fier, triste ou gai, mais toujours gémissant,
Cet homme, tel qu'il est, cet être fait d'argile,
Tu l'as vu, Lamartine, et son sang est ton sang.
Son bonheur est le tien; sa douleur est la tienne;
Et des maux qu'ici-bas il lui faut endurer,
Pas un qui ne te touche et qui ne t'appartienne.
Puisque tu sais chanter, ami, tu sais pleurer.
Dis-moi, qu'en penses-tu dans tes jours de tristesse?
Que t'a dit le malheur, quand tu l'as consulté?
Trompé par tes amis, trahi par ta maîtresse,
Du ciel et de toi-même as-tu jamais douté?
Non, Alphonse, jamais. La triste expérience
Nous apporte la cendre et n'éteint pas le feu.
Tu respectes le mal fait par la Providence,
Tu le laisses passer, et tu crois à ton Dieu.
Quel qu'il soit, c'est le mien; il n'est pas deux croyances.
Je ne sais pas son nom; j'ai regardé les cieux;
Je sais qu'ils sont à lui, je sais qu'ils sont immenses,
Et que l'immensité ne peut pas être à deux.

J'ai connu, jeune encor, de sévères souffrances;
J'ai vu verdir les bois, et j'ai tenté d'aimer.
Je sais ce que la terre engloutit d'espérances,
Et, pour y recueillir, ce qu'il y faut semer.
Mais ce que j'ai senti, ce que je veux t'écrire,
C'est ce que m'ont appris les anges de douleur;
Je le sais mieux encore et puis mieux te le dire,
Car leur glaive, en entrant, l'a gravé dans mon cœur.

Créature d'un jour qui t'agites une heure,
De quoi viens-tu te plaindre, et qui te fait gémir?
Ton âme t'inquiète, et tu crois qu'elle pleure:
Ton âme est immortelle, et tes pleurs vont tarir.

Tu te sens le cœur pris d'un caprice de femme,
Et tu dis qu'il se brise à force de souffrir.
Tu demandes à Dieu de soulager ton âme:
Ton âme est immortelle, et ton cœur va guérir.

Le regret d'un instant te trouble et te dévore;
Tu dis que le passé te voile l'avenir.
Ne te plains pas d'hier; laisse venir l'aurore:
Ton âme est immortelle, et le temps va s'enfuir.

Ton corps est abattu du mal de ta pensée;
Tu sens ton front peser et tes genoux fléchir.
Tombe, agenouille-toi, créature insensée:
Ton âme est immortelle, et la mort va venir.

Tes os dans le cercueil vont tomber en poussière,
Ta mémoire, ton nom, ta gloire, vont périr,
Mais non pas ton amour, si ton amour t'est chère:
Ton âme est immortelle et va s'en souvenir.

150. *L'Étoile du Soir (1838)*

Pâle étoile du soir, messagère lointaine,
Dont le front sort brillant des voiles du couchant,
De ton palais d'azur, au sein du firmament,
Que regardes-tu dans la plaine?

La tempête s'éloigne, et les vents sont calmés,
La forêt, qui frémit, pleure sur la bruyère;
Le phalène doré, dans sa course légère,
Traverse les prés embaumés.
Que cherches-tu sur la terre endormie?

Mais déjà vers les monts je te vois t'abaisser;
Tu fuis, en souriant, mélancolique amie,
Et ton tremblant regard est près de s'effacer.

Étoile qui descends sur la verte colline,
Triste larme d'argent du manteau de la Nuit,
Toi que regarde au loin le pâtre qui chemine,
Tandis que pas à pas son long troupeau le suit, —
Étoile, où t'en vas-tu, dans cette nuit immense?
Cherches-tu sur la rive un lit dans les roseaux?
Où t'en vas-tu si belle à l'heure du silence,
Tomber comme une perle au sein profond des eaux?
Ah! si tu dois mourir, bel astre, et si ta tête
Va dans la vaste mer plonger ses blonds cheveux,
Avant de nous quitter, un seul instant arrête; —
Étoile de l'amour, ne descends pas des cieux!

151. *Une Soirée Perdue* (*1840*)

J'ÉTAIS seul, l'autre soir, au Théâtre-Français,
Ou presque seul; l'auteur n'avait pas grand succès.
Ce n'était que Molière, et nous savons de reste
Que ce grand maladroit, qui fit un jour *Alceste*,
Ignora le bel art de chatouiller l'esprit
Et de servir à point un dénoûment bien cuit.
Grâce à Dieu, nos auteurs ont changé de méthode,
Et nous aimons bien mieux quelque drame à la mode

[151] Satire mordante dirigée par Musset contre le drame de son temps.

6 On sait que les dénoûments de Molière sont parfois assez gauchement amenés.

Où l'intrigue, enlacée et roulée en feston,
Tourne comme un rébus autour d'un mirliton.

J'écoutais cependant cette simple harmonie,
Et comme le bon sens fait parler le génie.
J'admirais quel amour pour l'âpre vérité
Eut cet homme si fier en sa naïveté,
Quel grand et vrai savoir des choses de ce monde,
Quelle mâle gaîté, si triste et si profonde
Que, lorsqu'on vient d'en rire, on devrait en pleurer!
Et je me demandais: "Est-ce assez d'admirer?
Est-ce assez de venir, un soir, par aventure,
D'entendre au fond de l'âme un cri de la nature,
D'essuyer une larme, et de partir ainsi,
Quoi qu'on fasse d'ailleurs, sans en prendre souci?"

Enfoncé que j'étais dans cette rêverie,
Çà et là, toutefois, lorgnant la galerie,
Je vis que, devant moi, se balançait gaîment
Sous une tresse noire un cou svelte et charmant;
Et, voyant cet ébène enchâssé dans l'ivoire,
Un vers d'André Chénier chanta dans ma mémoire,
Un vers presque inconnu, refrain inachevé,
Frais comme le hasard, moins écrit que rêvé.
J'osai m'en souvenir, même devant Molière;
Sa grande ombre, à coup sûr, ne s'en offensa pas;
Et, tout en écoutant, je murmurai tout bas,
Regardant cette enfant, qui ne s'en doutait guère:
"Sous votre aimable tête, un cou blanc, délicat,
Se plie, et de la neige effacerait l'éclat."

9–10 Le mirliton est une sorte de petite flûte à son nasillard, fermée à chaque extrémité par de la pelure d'oignon, et percée vers les deux bouts d'une ouverture latérale. Le mirliton était souvent orné de papier colorié autour duquel était enroulée, en forme de spirale, une bande de papier contenant quelques mauvais vers ou un rébus quelconque. Musset vise l'intrigue compliquée, "roulée en feston", de maints drames de son temps, lesquels, lorsqu'ils sont écrits en vers, ne sont que de la poésie de mirliton.
35–6 Ces vers forment le refrain d'un des poèmes, intitulé *les Colombes*, d'André Chénier.

Puis je songeais encore (ainsi va la pensée)
Que l'antique franchise, à ce point délaissée,
Avec notre finesse et notre esprit moqueur,
Ferait croire, après tout, que nous manquons de cœur;
Que c'était une triste et honteuse misère
Que cette solitude à l'entour de Molière,
Et qu'il est *pourtant temps*, comme dit la chanson,
De sortir de ce siècle ou d'en avoir raison;
Car à quoi comparer cette scène embourbée,
Et l'effroyable honte où la muse est tombée?
La lâcheté nous bride, et les sots vont disant
Que, sous ce vieux soleil, tout est fait à présent;
Comme si les travers de la famille humaine
Ne rajeunissaient pas chaque an, chaque semaine.
Notre siècle a ses mœurs, partant, sa vérité;
Celui qui l'ose dire est toujours écouté.

Ah! j'oserais parler, si je croyais bien dire,
J'oserais ramasser le fouet de la satire,
Et l'habiller de noir, cet homme aux rubans verts,
Qui se fâchait jadis pour quelques mauvais vers.
S'il rentrait aujourd'hui dans Paris la grand'ville,
Il y trouverait mieux pour émouvoir sa bile
Qu'une méchante femme et qu'un méchant sonnet;
Nous avons autre chose à mettre au cabinet.
O notre maître à tous! si ta tombe est fermée,
Laisse-moi, dans ta cendre un instant ranimée,
Trouver une étincelle, et je vais t'imiter!
J'en aurai fait assez si je puis le tenter.

51 *partant:* conséquemment. 55 Molière, pour son costume d'Alceste, avait choisi une garniture de ruban vert. Le vert semble avoir été sa couleur favorite. 59 La "femme" est Célimène, et le "sonnet" est le sonnet d'Oronte. 60 *à mettre au cabinet:* c.à.d., à être mis dans un tiroir, au lieu d'être publié (le *cabinet* était un meuble à tiroirs où l'on enfermait les livres, les papiers). Musset rappelle le vers fameux du *Misanthrope*: "Franchement ils sont bons à mettre au cabinet."

Apprends-moi de quel ton, dans ta bouche hardie,
Parlait la vérité, ta seule passion,
Et, pour me faire entendre, à défaut du génie,
J'en aurai le courage et l'indignation!

Ainsi je caressais une folle chimère.
Devant moi, cependant, à côté de sa mère,
L'enfant restait toujours, et le cou svelte et blanc
Sous les longs cheveux noirs se berçait mollement.
Le spectacle fini, la charmante inconnue
Se leva. Le beau cou, l'épaule à demi nue,
Se voilèrent; la main glissa dans le manchon;
Et, lorsque je la vis au seuil de sa maison
S'enfuir, je m'aperçus que je l'avais suivie.
Hélas! mon cher ami, c'est là toute ma vie.
Pendant que mon esprit cherchait sa volonté,
Mon corps avait la sienne et suivait la beauté;
Et, quand je m'éveillai de cette rêverie,
Il ne m'en restait plus que l'image chérie:
"Sous votre aimable tête, un cou blanc, délicat,
Se plie, et de la neige effacerait l'éclat."

152. *Souvenir (1841)*

J'ESPÉRAIS bien pleurer, mais je croyais souffrir
En osant te revoir, place à jamais sacrée,
O la plus chère tombe et la plus ignorée
Où dorme un souvenir!

Que redoutiez-vous donc de cette solitude,
Et pourquoi, mes amis, me preniez-vous la main,
Alors qu'une si douce et si vieille habitude
Me montrait ce chemin?

[152] En septembre 1840 Alfred de Musset, se rendant à Angerville, passa par la forêt de Fontainebleau, où, sept ans auparavant, il était venu en compagnie de George Sand. Quelques mois plus tard il écrivit le *Souvenir*, qui sert d'épilogue, pour ainsi dire, à la série des *Nuits*.

6 Ses amis le prennent par la main, afin de l'éloigner de ce lieu.

Les voilà, ces coteaux, ces bruyères fleuries,
Et ces pas argentins sur le sable muet,
Ces sentiers amoureux, remplis de causeries,
Où son bras m'enlaçait.

Les voilà, ces sapins à la sombre verdure,
Cette gorge profonde aux nonchalants détours,
Ces sauvages amis, dont l'antique murmure
A bercé mes beaux jours.

Les voilà, ces buissons où toute ma jeunesse,
Comme un essaim d'oiseaux, chante au bruit de mes pas.
Lieux charmants, beau désert où passa ma maîtresse,
Ne m'attendiez-vous pas?

Ah! laissez-les couler, elles me sont bien chères,
Ces larmes que soulève un cœur encor blessé!
Ne les essuyez pas, laissez sur mes paupières
Ce voile du passé!

Je ne viens point jeter un regret inutile
Dans l'écho de ces bois témoins de mon bonheur.
Fière est cette forêt dans sa beauté tranquille,
Et fier aussi mon cœur.

Que celui-là se livre à des plaintes amères,
Qui s'agenouille et prie au tombeau d'un ami.
Tout respire en ces lieux; les fleurs des cimetières
Ne poussent point ici.

Voyez! la lune monte à travers ces ombrages.
Ton regard tremble encor, belle reine des nuits;
Mais du sombre horizon déjà tu te dégages,
Et tu t'épanouis.

Ainsi de cette terre, humide encor de pluie,
Sortent, sous tes rayons, tous les parfums du jour;
Aussi calme, aussi pur, de mon âme attendrie
Sort mon ancien amour.

15 *sauvages amis:* les arbres.

Que sont-ils devenus, les chagrins de ma vie?
Tout ce qui m'a fait vieux est bien loin maintenant;
Et rien qu'en regardant cette vallée amie,
Je redeviens enfant.

O puissance du temps! ô légères années!
Vous emportez nos pleurs, nos cris et nos regrets;
Mais la pitié vous prend, et sur nos fleurs fanées
Vous ne marchez jamais.

Tout mon cœur te bénit, bonté consolatrice!
Je n'aurais jamais cru que l'on pût tant souffrir
D'une telle blessure, et que sa cicatrice
Fût si douce à sentir.

Loin de moi les vains mots, les frivoles pensées,
Des vulgaires douleurs linceul accoutumé,
Que viennent étaler sur leurs amours passées
Ceux qui n'ont point aimé!

Dante, pourquoi dis-tu qu'il n'est pire misère
Qu'un souvenir heureux dans les jours de douleur?
Quel chagrin t'a dicté cette parole amère,
Cette offense au malheur?

En est-il donc moins vrai que la lumière existe,
Et faut-il l'oublier du moment qu'il fait nuit?
Est-ce bien toi, grande âme immortellement triste,
Est-ce toi qui l'as dit?

Non, par ce pur flambeau dont la splendeur m'éclaire,
Ce blasphème vanté ne vient pas de ton cœur.
Un souvenir heureux est peut-être sur terre
Plus vrai que le bonheur.

Eh quoi! l'infortuné qui trouve une étincelle
Dans la cendre brûlante où dorment ses ennuis,
Qui saisit cette flamme et qui fixe sur elle
Ses regards éblouis;

57–8 Traduction des paroles prononcées par Francesca de Rimini dans la *Divine Comédie* (*Enfer*, chant v, 121–123) de Dante.

Dans ce passé perdu quand son âme se noie,
Sur ce miroir brisé lorsqu'il rêve en pleurant,
Tu lui dis qu'il se trompe, et que sa faible joie
N'est qu'un affreux tourment!

Et c'est à ta Françoise, à ton ange de gloire,
Que tu pouvais donner ces mots à prononcer,
Elle qui s'interrompt, pour conter son histoire,
D'un éternel baiser!

Qu'est-ce donc, juste Dieu, que la pensée humaine,
Et qui pourra jamais aimer la vérité,
S'il n'est joie ou douleur si juste et si certaine,
Dont quelqu'un n'ait douté?

Comment vivez-vous donc, étranges créatures?
Vous riez, vous chantez, vous marchez à grands pas;
Le ciel et sa beauté, le monde et ses souillures
Ne vous dérangent pas;

Mais, lorsque par hasard le destin vous ramène
Vers quelque monument d'un amour oublié,
Ce caillou vous arrête, et cela vous fait peine
Qu'il vous heurte le pié.

Et vous criez alors que la vie est un songe,
Vous vous tordez les bras comme en vous réveillant,
Et vous trouvez fâcheux qu'un si joyeux mensonge
Ne dure qu'un instant.

Malheureux! cet instant où votre âme engourdie
A secoué les fers qu'elle traîne ici-bas,
Ce fugitif instant fut toute votre vie;
Ne le regrettez pas!

Regrettez la torpeur qui vous cloue à la terre,
Vos agitations dans la fange et le sang,
Vos nuits sans espérance et vos jours sans lumière:
C'est là qu'est le néant!

77 *Françoise:* Francesca de Rimini. 92 *pié*, au lieu de *pied*, pour les besoins de la rime. Cp. v. 122.

Mais que vous revient-il de vos froides doctrines?
Que demandent au ciel ces regrets inconstants
Que vous allez semant sur vos propres ruines,
A chaque pas du Temps?

Oui, sans doute, tout meurt; ce monde est un grand rêve,
Et le peu de bonheur qui nous vient en chemin,
Nous n'avons pas plus tôt ce roseau dans la main,
Que le vent nous l'enlève.

Oui, les premiers baisers, oui, les premiers serments
Que deux êtres mortels échangèrent sur terre,
Ce fut au pied d'un arbre effeuillé par les vents,
Sur un roc en poussière.

Ils prirent à témoin de leur joie éphémère
Un ciel toujours voilé qui change à tout moment,
Et des astres sans nom que leur propre lumière
Dévore incessamment.

Tout mourait autour d'eux, l'oiseau dans le feuillage,
La fleur entre leurs mains, l'insecte sous leurs piés,
La source desséchée où vacillait l'image
De leurs traits oubliés;

Et sur tous ces débris joignant leurs mains d'argile,
Étourdis des éclairs d'un instant de plaisir,
Ils croyaient échapper à cet Etre immobile
Qui regarde mourir!

— Insensés! dit le sage. — Heureux! dit le poète.
Et quels tristes amours as-tu donc dans le cœur,
Si le bruit du torrent te trouble et t'inquiète,
Si le vent te fait peur?

J'ai vu sous le soleil tomber bien d'autres choses
Que les feuilles des bois et l'écume des eaux,
Bien d'autres s'en aller que le parfum des roses
Et le chant des oiseaux.

Mes yeux ont contemplé des objets plus funèbres
Que Juliette morte au fond de son tombeau,
Plus affreux que le toast à l'ange des ténèbres,
Porté par Roméo.

J'ai vu ma seule amie, à jamais la plus chère,
Devenue elle-même un sépulcre blanchi,
Une tombe vivante où flottait la poussière
De notre mort chéri,

De notre pauvre amour, que, dans la nuit profonde,
Nous avions sur nos cœurs si doucement bercé!
C'était plus qu'une vie, hélas! c'était un monde
Qui s'était effacé!

Oui, jeune et belle encore, plus belle, osait-on dire,
Je l'ai vue, et ses yeux brillaient comme autrefois.
Ses lèvres s'entr'ouvraient, et c'était un sourire,
Et c'était une voix;

Mais non plus cette voix, non plus ce doux langage,
Ces regards adorés dans les miens confondus;
Mon cœur, encor plein d'elle, errait sur son visage,
Et ne la trouvait plus.

Et pourtant j'aurais pu marcher alors vers elle,
Entourer de mes bras ce sein vide et glacé,
Et j'aurais pu crier: "Qu'as-tu fait, infidèle,
Qu'as-tu fait du passé?"

Mais non: il me semblait qu'une femme inconnue
Avait pris par hasard cette voix et ces yeux;
Et je laissai passer cette froide statue
En regardant les cieux.

Eh bien! ce fut sans doute une horrible misère
Que ce riant adieu d'un être inanimé.
Eh bien! qu'importe encore? O nature! ô ma mère!
En ai-je moins aimé?

139 *le toast à l'ange des ténèbres:* le soliloque de Roméo avant sa mort.

La foudre maintenant peut tomber sur ma tête,
Jamais ce souvenir ne peut m'être arraché!
Comme le matelot brisé par la tempête,
Je m'y tiens attaché.

Je ne veux rien savoir, ni si les champs fleurissent,
Ni ce qu'il adviendra du simulacre humain,
Ni si ces vastes cieux éclaireront demain
Ce qu'ils ensevelissent.

Je me dis seulement: "A cette heure, en ce lieu,
Un jour, je fus aimé, j'aimais, elle était belle.
J'enfouis ce trésor dans mon âme immortelle,
Et je l'emporte à Dieu."

Marceline Desbordes-Valmore (1786–1859)

153. *Élégies (1819)*

L'Isolement

Quoi! ce n'est plus pour lui, ce n'est plus pour l'attendre,
Que je vois arriver ces jours longs et brûlants?
Ce n'est plus son amour que je cherche à pas lents?
Ce n'est plus cette voix si puissante, si tendre,
Qui m'implore dans l'ombre, ou que je crois entendre?
Ce n'est plus rien? Où donc est tout ce que j'aimais?
Que le monde est désert! N'y laissa-t-il personne?
Le temps s'arrête et dort; jamais l'heure ne sonne.
Toujours vivre, toujours! On ne meurt donc jamais?
Est-ce l'éternité qui pèse sur mon âme?
Interminable nuit que tu couvres de flamme!
Comme l'oiseau du soir qu'on n'entend plus gémir,
Auprès des feux éteints que ne puis-je dormir!
Car ce n'est plus pour lui qu'en silence éveillée,
La Muse qui me plaint, assise sur des fleurs,
M'attire dans les bois sous l'humide feuillée
Et répand sur mes vers des parfums et des pleurs.
Il ne lit plus mes chants: il croit mon âme éteinte;
Jamais son cœur guéri n'a soupçonné ma plainte;
Il n'a pas deviné ce qu'il m'a fait souffrir.

Qu'importe qu'il l'apprenne? il ne peut me guérir.
J'épargne à son orgueil la volupté cruelle
De juger dans mes pleurs l'excès de mon amour.
Que devrais-je à mes cris? Sa frayeur? son retour?
Sa pitié?...C'est la mort que je veux avant elle!
Tout est détruit: lui-même, il n'est plus le bonheur;
Il brisa son image en déchirant mon cœur...
Me rapporterait-il ma douce imprévoyance,
Et le prisme charmant de l'inexpérience?
L'amour en s'envolant ne me l'a pas rendu;
Ce qu'on donne à l'amour est à jamais perdu!

154. *Élégies (1833–1859)*

Rêve d'une Femme

"Veux-tu recommencer la vie,
Femme, dont le front va pâlir?
Veux-tu l'enfance, encor suivie
D'anges enfants pour l'embellir?
Veux-tu les baisers de ta mère
Échauffant tes jours au berceau?
— Quoi! mon doux Éden éphémère?
Oh! oui, mon Dieu! c'était si beau!

— Sous la paternelle puissance,
Veux-tu reprendre un calme essor,
Et dans des parfums d'innocence
Laisser épanouir ton sort?
Veux-tu remonter le bel âge,
L'aile au vent comme un jeune oiseau?
— Pourvu qu'il dure davantage,
Oh! oui, mon Dieu! c'était si beau!

— Veux-tu rapprendre l'ignorance
Dans un livre à peine entr'ouvert?
Veux-tu ta plus vierge espérance,
Oublieuse aussi de l'hiver?

Tes frais chemins et tes colombes,
Les veux-tu jeunes comme toi?
— Si mes chemins n'ont plus de tombes,
Oh! oui, mon Dieu! rendez-les-moi!

— Reprends donc de ta destinée
L'encens, la musique, les fleurs,
Et reviens, d'année en année,
Au temps qui change tout en pleurs:
Va retrouver l'amour, le même!
Lampe orageuse, allume-toi!
— Retourner au monde où l'on aime?...
O mon Sauveur! éteignez-moi!"

155. *Poésies Inédites (1860)*

La Couronne Effeuillée

J'irai, j'irai porter ma couronne effeuillée
Au jardin de mon Père où revit toute fleur;
J'y répandrai longtemps mon âme agenouillée:
Mon Père a des secrets pour vaincre la douleur.

J'irai, j'irai lui dire, au moins avec mes larmes:
"Regardez, j'ai souffert...." Il me regardera,
Et sous mes jours changés, sous mes pâleurs sans charmes,
Parce qu'il est mon père, il me reconnaîtra.

Il dira: "C'est donc vous, chère âme désolée;
La terre manque-t-elle à vos pas égarés?
Chère âme, je suis Dieu: ne soyez plus troublée;
Voici votre maison, voici mon cœur, entrez!"

O clémence! ô douleur! ô saint refuge! ô Père!
Votre enfant qui pleurait, vous l'avez entendu!
Je vous obtiens déjà puisque je vous espère
Et que vous possédez tout ce que j'ai perdu.

Vous ne rejetez pas la fleur qui n'est plus belle;
Ce crime de la terre au ciel est pardonné,
Vous ne maudirez pas votre enfant infidèle,
Non d'avoir rien vendu, mais d'avoir tout donné.

156. Auguste Brizeux (1806–1858)

Extract from *MARIE* (1831)

La Maison du Moustoir

O MAISON du Moustoir! combien de fois la nuit,
Ou quand j'erre le jour dans la foule et le bruit,
Tu m'apparais!—Je vois les toits de ton village
Baignés à l'horizon dans des mers de feuillage,
Une grêle fumée au-dessus, dans un champ
Une femme de loin appelant son enfant,
Ou bien un jeune pâtre assis près de sa vache,
Qui, tandis qu'indolente elle paît à l'attache,
Entonne un air breton si plaintif et si doux,
Qu'en le chantant ma voix vous ferait pleurer tous.
Oh! les bruits, les odeurs, les murs gris des chaumières,
Le petit sentier blanc et bordé de bruyères,
Tout renaît comme au temps où, pieds nus, sur le soir,
J'escaladais la porte et courais au Moustoir;
Et dans ces souvenirs où je me sens revivre
Mon pauvre cœur troublé se délecte et s'enivre!
Aussi, sans me lasser, tous les jours je revois
Le haut des toits de chaume et le bouquet de bois,
Au vieux puits la servante allant emplir ses cruches,
Et le courtil en fleur où bourdonnent les ruches,
Et l'aire, et le lavoir, et la grange; en un coin,
Les pommes par monceaux et les meules de foin;
Les grands bœufs étendus aux portes de la crèche,
Et devant la maison un lit de paille fraîche.

[156] 1 *Moustoir:* hameau près du village d'Arzannô en Bretagne où Brizeux commença ses études. 20 *courtil:* petit jardin attenant à une maison de paysan.

Et j'entre, et c'est d'abord un silence profond,
Une nuit calme et noire; aux poutres du plafond
Un rayon de soleil, seul, darde sa lumière
Et tout autour de lui fait danser la poussière.
Chaque objet cependant s'éclaircit; à deux pas,
Je vois le lit de chêne et son coffre, et plus bas
(Vers la porte, en tournant), sur le bahut énorme,
Pêle-mêle bassins, vases de toute forme,
Pain de seigle, laitage, écuelles de noyer;
Enfin, plus bas encor, sur le bord du foyer,
Assise à son rouet près du grillon qui crie,
Et dans l'ombre filant, je reconnais Marie;
Et sous sa jupe blanche arrangeant ses genoux,
Avec son doux parler elle me dit: "C'est vous!"

Charles-Augustin Sainte-Beuve
(1804–1869)

157. *A La Rime (1829)*

Rime, qui donnes leurs sons
    Aux chansons;
Rime, l'unique harmonie
Du vers, qui, sans tes accents
    Frémissants,
Serait muet au génie;

Rime, écho qui prends la voix
    Du hautbois
Ou l'éclat de la trompette;
Dernier adieu d'un ami
    Qu'à demi
L'autre ami de loin répète;

30 *le lit de chêne et son coffre:* dans les fermes bretonnes il y avait souvent deux lits superposés dans la même alcôve; on se servait d'un coffre de forme allongée comme escabeau pour grimper dans le lit supérieur.

Rime, tranchant aviron,
Éperon
Qui fends la vague écumante;
Frein d'or, aiguillon d'acier
Du coursier
A la crinière fumante;

Agrafe, autour des seins nus
De Vénus
Pressant l'écharpe divine,
Ou serrant le baudrier
Du guerrier
Contre sa forte poitrine;

Col étroit, par où saillit
Et jaillit
La source au ciel élancée,
Qui, brisant l'éclat vermeil
Du soleil,
Tombe en gerbe nuancée;

Anneau pur de diamant
Ou d'aimant,
Qui, jour et nuit, dans l'enceinte
Suspends la lampe, ou, le soir,
L'encensoir
Aux mains de la Vierge sainte;

Clef, qui, loin de l'œil mortel,
Sur l'autel
Ouvres l'arche du miracle,
Ou tiens le vase embaumé
Renfermé
Dans le cèdre au tabernacle;

33 *l'enceinte:* l'enceinte des églises. 39 *l'arche du miracle:* l'arche d'alliance enfermée dans le Saint des Saints. 40 *le vase embaumé:* le vase qui contient les huiles parfumées destinées aux usages sacrés.

Ou plutôt, fée au léger
    Voltiger,
Habile, agile courrière,
Qui mènes le char des vers
    Dans les airs
Par deux sillons de lumière;

O Rime! qui que tu sois,
    Je reçois
Ton joug; et longtemps rebelle,
Corrigé, je te promets
    Désormais
Une oreille plus fidèle.

Mais aussi, devant mes pas
    Ne fuis pas;
Quand la Muse me dévore,
Donne, donne par égard
    Un regard
Au poète qui t'implore!

Dans un vers tout défleuri,
    Qu'a flétri
L'aspect d'une règle austère,
Ne laisse point murmurer,
    Soupirer,
La syllabe solitaire.

Sur ma lyre, l'autre fois,
    Dans un bois,
Ma main préludait à peine:
Une colombe descend,
    En passant,
Blanche sur le luth d'ébène.

44 *voltiger:* verbe employé comme substantif. 57 C.à.d., quand le feu de l'inspiration m'embrase.

Mais au lieu d'accords touchants,
    De doux chants,
La colombe gémissante
Me demande par pitié
    Sa moitié,
Sa moitié loin d'elle absente.

Ah! plutôt, oiseaux charmants,
    Vrais amants,
Mariez vos voix jumelles!
Que ma lyre et ses concerts
    Soient couverts
De vos baisers, de vos ailes;

Ou bien, attelés d'un crin
    Pour tout frein
Au plus léger des nuages,
Traînez-moi, coursiers chéris
    De Cypris,
Au fond des sacrés bocages!

AUGUSTE BARBIER (1805–1882)

158. *Iambes (1831)*

Extract from *L'IDOLE*

O CORSE à cheveux plats! que ta France était belle
    Au grand soleil de messidor!
C'était une cavale indomptable et rebelle,
    Sans frein d'acier ni rênes d'or;

[158] Pour la définition de ce genre de poème voir le no. 111. L' "Idole" est Napoléon 1er, dont on venait d'ériger la statue au haut de la colonne Vendôme pour remplacer celle que les Alliés avaient démolie en 1915.

2 *messidor:* le mois de la moisson, le dixième mois du calendrier républicain, commençant le 20 juin et finissant le 20 juillet.

Une jument sauvage à la croupe rustique,
Fumante encor du sang des rois,
Mais fière, et d'un pied fort heurtant le sol antique,
Libre pour la première fois.
Jamais aucune main n'avait passé sur elle
Pour la flétrir et l'outrager;
Jamais ses larges flancs n'avaient porté la selle
Et le harnais de l'étranger;
Tout son poil était vierge, et, belle vagabonde,
L'œil haut, la croupe en mouvement,
Sur ses jarrets dressée, elle effrayait le monde
Du bruit de son hennissement.
Tu parus, et sitôt que tu vis son allure,
Ses reins si souples et dispos,
Dompteur audacieux, tu pris sa chevelure,
Tu montas botté sur son dos.
Alors, comme elle aimait les rumeurs de la guerre,
La poudre, les tambours battants,
Pour champ de course, alors tu lui donnas la terre,
Et des combats pour passe-temps;
Alors, plus de repos, plus de nuits, plus de sommes;
Toujours l'air, toujours le travail,
Toujours comme du sable écraser des corps d'hommes,
Toujours du sang jusqu'au poitrail.
Quinze ans son dur sabot, dans sa course rapide,
Broya les générations;
Quinze ans elle passa, fumante, à toute bride,
Sur le ventre des nations;
Enfin, lasse d'aller sans finir sa carrière,
D'aller sans user son chemin,
De pétrir l'univers, et comme une poussière,
De soulever le genre humain,
Les jarrets épuisés, haletante et sans force,
Près de fléchir à chaque pas,
Elle demanda grâce à son cavalier corse;
Mais, bourreau, tu n'écoutas pas!

6 Allusion à l'exécution de Louis XVI et des autres victimes de sang royal.

Tu la pressas plus fort de ta cuisse nerveuse;
Pour étouffer ses cris ardents,
Tu retournas le mors dans sa bouche baveuse;
De fureur tu brisas ses dents;
Elle se releva; mais un jour de bataille,
Ne pouvant plus mordre ses freins,
Mourante, elle tomba sur un lit de mitraille,
Et du coup te cassa les reins.

GÉRARD DE NERVAL (1808–1855)

159. *Le Réveil en Voiture*

VOICI ce que je vis. Les arbres sur ma route
Fuyaient mêlés, ainsi qu'une armée en déroute!
Et sous moi, comme ému par les vents soulevés,
Le sol roulait des flots de glèbe et de pavés.

Des clochers conduisaient parmi les plaines vertes
Leurs hameaux aux maisons de plâtre, recouvertes
En tuiles, qui trottaient ainsi que des troupeaux
De moutons blancs, marqués de rouge sur le dos.

Et les monts enivrés chancelaient: la rivière
Comme un serpent boa, sur la vallée entière
Étendu, s'élançait pour les entortiller...
J'étais en poste, moi, venant de m'éveiller.

160. *Artémis*

LA treizième revient....C'est encore la première;
Et c'est toujours la seule—ou c'est le seul moment:
Car es-tu reine, ô toi! la première ou dernière?
Es-tu roi, toi le seul ou le dernier amant?

Aimez qui vous aima du berceau dans la bière;
Celle que j'aimai seul m'aime encor tendrement:
C'est la mort—ou la morte....O délice! ô tourment!
La rose qu'elle tient, c'est la rose trémière.

Sainte napolitaine aux mains pleines de feux,
Rose au cœur violet, fleur de sainte Gudule:
As-tu trouvé ta croix dans le désert des cieux?

Roses blanches, tombez! vous insultez nos dieux:
Tombez, fantômes blancs, de votre ciel qui brûle;
La sainte de l'abîme est plus sainte à mes yeux!

HÉGÉSIPPE MOREAU (1810–1838)

161, 162. *Les Myosotis* (*1838*)

I

SUR LA MORT D'UNE COUSINE DE SEPT ANS

HÉLAS! si j'avais su, lorsque ma voix qui prêche
T'ennuyait de leçons, que, sur toi, rose et fraîche,
Le noir oiseau des morts planait inaperçu;
Que la fièvre guettait sa proie, et que la porte
Où tu jouais hier te verrait passer morte....
Hélas! si j'avais su!...

Je t'aurais fait, enfant, l'existence bien douce;
Sous chacun de tes pas j'aurais mis de la mousse;
Tes ris auraient sonné chacun de tes instants;
Et j'aurais fait tenir dans ta petite vie
Un trésor de bonheur immense...à faire envie
Aux heureux de cent ans!

Loin des bancs où pâlit l'enfance prisonnière,
Nous aurions fait tous deux l'école buissonnière
Dans les bois pleins de chants, de parfum et d'amour;
J'aurais vidé leurs nids pour emplir ta corbeille;
Et je t'aurais donné plus de fleurs qu'une abeille
N'en peut voir en un jour.

Puis, quand le vieux janvier, les épaules drapées
D'un long manteau de neige, et suivi de poupées,
De magots, de pantins, minuit sonnant, accourt;
Au milieu des cadeaux qui pleuvent pour étrenne,
Je t'aurais fait asseoir comme une jeune reine
Au milieu de sa cour.

Mais je ne savais pas...et je prêchais encore;
Sûr de ton avenir, je le pressais d'éclore,
Quand tout à coup, pleurant un long espoir déçu,
De tes petites mains je vis tomber le livre;
Tu cessas à la fois de m'entendre et de vivre....
Hélas! si j'avais su!

II

La Voulzie

S'il est un nom bien doux fait pour la poésie,
Oh! dites, n'est-ce pas le nom de la Voulzie?
La Voulzie, est-ce un fleuve aux grandes îles? Non;
Mais, avec un murmure aussi doux que son nom,
Un tout petit ruisseau coulant visible à peine;
Un géant altéré le boirait d'une haleine;
Le nain vert Obéron, jouant au bord des flots,
Sauterait par-dessus sans mouiller ses grelots.
Mais j'aime la Voulzie et ses bois noirs de mûres,
Et dans son lit de fleurs ses bonds et ses murmures.
Enfant, j'ai bien souvent, à l'ombre des buissons,
Dans le langage humain traduit ces vagues sons;
Pauvre écolier rêveur, et qu'on disait sauvage,
Quand j'émiettais mon pain à l'oiseau du rivage,
L'onde semblait me dire: "Espère! aux mauvais jours
Dieu te rendra ton pain."—Dieu me le doit toujours!
C'était mon Egérie, et l'oracle prospère
A toutes mes douleurs jetait ce mot: "Espère!

[162] 2 *la Voulzie:* ruisseau du pays de Provins où Moreau passa son enfance.

Espère et chante, enfant dont le berceau trembla;
Plus de frayeur: Camille et ta mère sont là.
Moi, j'aurai pour tes chants de longs échos..."—Chimère!
Le fossoyeur m'a pris et Camille et ma mère.
J'avais bien des amis ici-bas quand j'y vins,
Bluet éclos parmi les roses de Provins:
Du sommeil de la mort, du sommeil que j'envie,
Presque tous maintenant dorment, et, dans la vie,
Le chemin dont l'épine insulte à mes lambeaux,
Comme une voie antique est bordé de tombeaux.
Dans le pays des sourds j'ai promené ma lyre;
J'ai chanté sans échos, et, pris d'un noir délire,
J'ai brisé mon luth, puis de l'ivoire sacré
J'ai jeté les débris au vent...et j'ai pleuré!
Pourtant, je te pardonne, ô ma Voulzie! et même,
Triste, tant j'ai besoin d'un confident qui m'aime,
Me parle avec douceur et me trompe, qu'avant
De clore au jour mes yeux battus d'un si long vent,
Je veux faire à tes bords un saint pèlerinage,
Revoir tous les buissons si chers à mon jeune âge,
Dormir encore au bruit de tes roseaux chanteurs,
Et causer d'avenir avec tes flots menteurs.

Théophile Gautier (1811–1872)

163, 164. *Poésies (1830)*

I

Moyen Age

Quand je vais poursuivant mes courses poétiques,
Je m'arrête surtout aux vieux châteaux gothiques;
J'aime leurs toits d'ardoise aux reflets bleus et gris,
Aux faîtes couronnés d'arbustes rabougris,
Leurs pignons anguleux, leurs tourelles aiguës,
Dans les réseaux de plomb leurs vitres exiguës,
Légendes des vieux temps où les preux et les saints
Se groupent sous l'ogive en fantasques dessins;

Avec ses minarets moresques, la chapelle
Dont la cloche qui tinte à la prière appelle.
J'aime leurs murs verdis par l'eau du ciel lavés,
Leurs cours où l'herbe croît à travers les pavés,
Au sommet des donjons leurs girouettes frêles
Que la blanche cigogne effleure de ses ailes;
Leurs ponts-levis tremblants, leurs portails blasonnés,
De monstres, de griffons, bizarrement ornés,
Leurs larges escaliers aux marches colossales,
Leurs corridors sans fin et leurs immenses salles,
Où comme une voix faible erre et gémit le vent,
Où, recueilli dans moi, je m'égare, rêvant,
Paré de souvenirs d'amour et de féerie,
Le brillant moyen âge et la chevalerie.

II

La Demoiselle

Sur la bruyère arrosée
De rosée,
Sur le buisson d'églantier,
Sur les nombreuses futaies,
Sur les baies
Croissant au bord du sentier,

Sur la modeste et petite
Marguerite,
Qui penche son front rêvant,
Sur le seigle, verte houle
Que déroule
Le caprice ailé du vent,

Sur les prés, sur la colline
Qui s'incline
Vers le champ bariolé
De pittoresques guirlandes,
Sur les landes,
Sur le grand orme isolé,

[164] *La Demoiselle:* nom populaire de la libellule.

La demoiselle se berce;
Et s'il perce
Dans la brume, au bord du ciel,
Un rayon d'or qui scintille,
Elle brille
Comme un regard d'Ariel.

Traversant, près des charmilles,
Les familles
Des bourdonnants moucherons,
Elle se mêle à leur ronde
Vagabonde,
Et comme eux décrit des ronds.

Bientôt elle vole et joue
Sur la roue
Du jet d'eau qui, s'élançant
Dans les airs, retombe, roule,
Et s'écoule
En un ruisseau bruissant.

Plus rapide que la brise,
Elle frise,
Dans son vol capricieux,
L'eau transparente où se mire
Et s'admire
Le saule au front soucieux.

Et quand la grise hirondelle
Auprès d'elle
Passe, et ride à plis d'azur,
Dans sa chasse circulaire,
L'onde claire,
Elle s'enfuit d'un vol sûr.

Bois qui chantent, fraîches plaines
D'odeurs pleines,
Lacs de moire, coteaux bleus,
Ciel où le nuage passe,
Large espace,
Monts aux rochers anguleux,

Voilà l'immense domaine
 Où promène
Ses caprices, fleur des airs,
La demoiselle nacrée,
 Diaprée
De reflets roses et verts.

Dans son étroite famille,
 Quelle fille
N'a pas vingt fois souhaité,
Rêveuse, d'être comme elle
 Demoiselle,
Demoiselle en liberté?

165. *Poésies (1833–1838)*

Terza Rima

QUAND Michel-Ange eut peint la chapelle Sixtine,
Et que de l'échafaud, sublime et radieux,
Il fut redescendu dans la cité latine,

Il ne pouvait baisser ni les bras ni les yeux,
Ses pieds ne savaient pas comment marcher sur terre,
Il avait oublié le monde dans les cieux.

Trois grands mois il garda cette attitude austère,
On l'eût pris pour un ange en extase devant
Le saint triangle d'or, au moment du mystère.

[165] La *terza rima* (en français *rime tierce* ou *rime tiercée*) consiste en une série indéterminée de groupes de trois vers, chaque groupe étant lié au suivant par la rime médiale, d'après le schéma aba, bcb, cdc...xyx, yzy z. Employé par Dante, qui en est peut-être l'inventeur, dans la *Divine comédie*, et par d'innombrables poètes italiens, ce rhythme est assez rare dans la poésie française. Il a été introduit en France par Lemaire de Belges, poète du commencement du XVIe siècle.

1 *Michel-Ange:* en anglais "Michelangelo" ou "Michael Angelo".

Frère, voilà pourquoi les poètes, souvent
Butent à chaque pas sur les chemins du monde;
Les yeux fixés au ciel ils s'en vont en rêvant.

Les anges secouant leur chevelure blonde,
Penchent leur front sur eux et leur tendent les bras,
Et les veulent baiser avec leur bouche ronde.

Eux marchent au hasard et font mille faux pas,
Ils cognent les passants, se jettent sous les roues,
Ou tombent dans des puits qu'ils n'aperçoivent pas.

Que leur font les passants, les pierres et les boues?
Ils cherchent dans le jour le rêve de leurs nuits,
Et le feu du désir leur empourpre les joues.

Ils ne comprennent rien aux terrestres ennuis,
Et, quand ils ont fini leur chapelle Sixtine,
Ils sortent rayonnants de leurs obscurs réduits.

Un auguste reflet de leur œuvre divine
S'attache à leur personne et leur dore le front,
Et le ciel qu'ils ont vu dans leurs yeux se devine.

Les nuits suivront les jours et se succéderont,
Avant que leurs regards et leurs bras ne s'abaissent,
Et leurs pieds, de longtemps, ne se raffermiront.

Tous nos palais sous eux s'éteignent et s'affaissent;
Leur âme, à la coupole où leur œuvre reluit,
Revole, et ce ne sont que leurs corps qu'ils nous laissent.

Notre jour leur paraît plus sombre que la nuit:
Leur œil cherche toujours le ciel bleu de la fresque,
Et le tableau quitté les tourmente et les suit.

Comme Buonarotti, le peintre gigantesque,
Ils ne peuvent plus voir que les choses d'en haut,
Et que le ciel de marbre où leur front touche presque.

Sublime aveuglement! magnifique défaut!

166, 167. *España* (*1845*)

I

Le Pin des Landes

On ne voit en passant par les Landes désertes,
Vrai Sahara français, poudré de sable blanc,
Surgir de l'herbe sèche et des flaques d'eau vertes
D'autre arbre que le pin avec sa plaie au flanc.

Car, pour lui dérober ses larmes de résine,
L'homme, avare bourreau de la création,
Qui ne vit qu'aux dépens de ceux qu'il assassine,
Dans son tronc douloureux ouvre un large sillon!

Sans regretter son sang qui coule goutte à goutte,
Le pin verse son baume et sa sève qui bout,
Et se tient toujours droit sur le bord de la route,
Comme un soldat blessé qui veut mourir debout.

Le poète est ainsi dans les Landes du monde;
Lorsqu'il est sans blessure, il garde son trésor.
Il faut qu'il ait au cœur une entaille profonde
Pour épancher ses vers, divines larmes d'or!

II

L'Escurial

Posé comme un défi tout près d'une montagne,
L'on aperçoit de loin dans la morne campagne
Le sombre Escurial, à trois cents pieds du sol,
Soulevant sur le coin de son épaule énorme,
Éléphant monstrueux, la coupole difforme,
Débauche de granit du Tibère espagnol.

[167] 6 *Tibère espagnol:* Philippe II, fils de Charles-Quint.

Jamais vieux Pharaon, aux flancs d'un mont d'Égypte,
Ne fit pour sa momie une plus noire crypte;
Jamais sphinx au désert n'a gardé plus d'ennui;
La cigogne s'endort au bout des cheminées;
Partout l'herbe verdit les cours abandonnées;
Moines, prêtres, soldats, courtisans, tout a fui!

Et tout semblerait mort, si du bord des corniches,
Des mains des rois sculptés, des frontons et des niches,
Avec leurs cris charmants et leur folle gaîté,
Il ne s'envolait pas des essaims d'hirondelles,
Qui, pour le réveiller, agacent à coups d'ailes
Le géant assoupi qui rêve éternité!...

168–170. *Émaux et Camées (1852)*

I

Premier Sourire du Printemps

Tandis qu'à leurs œuvres perverses
Les hommes courent haletants,
Mars qui rit, malgré les averses,
Prépare en secret le printemps.

Pour les petites pâquerettes,
Sournoisement, lorsque tout dort,
Il repasse des collerettes
Et cisèle des boutons d'or.

Dans le verger et dans la vigne
Il s'en va, furtif perruquier,
Avec une houppe de cygne,
Poudrer à frimas l'amandier.

[168] 11 *houppe:* petite touffe dont on se sert pour poudrer les cheveux ou pour mettre de la poudre de riz sur le visage. 12 *poudrer à frimas:* jeter sur les cheveux une couche légère de poudre imitant une poussière de neige, selon une mode en faveur au XVIIIe siècle. Par là Gautier veut dire que le printemps fait éclore les petites fleurs blanches de l'amandier.

La nature au lit se repose;
Lui, descend au jardin désert
Et lace les boutons de rose
Dans leur corset de velours vert.

Tout en composant des solfèges,
Qu'aux merles il siffle à mi-voix,
Il sème aux prés les perce-neiges
Et les violettes aux bois.

Sur le cresson de la fontaine
Où le cerf boit, l'oreille au guet,
De sa main cachée il égrène
Les grelots d'argent du muguet.

Sous l'herbe, pour que tu la cueilles,
Il met la fraise au teint vermeil,
Et te tresse un chapeau de feuilles
Pour te garantir du soleil.

Puis, lorsque sa besogne est faite
Et que son règne va finir,
Au seuil d'avril tournant la tête,
Il dit: "Printemps, tu peux venir!"

II

La Source

Tout près du lac filtre une source,
Entre deux pierres, dans un coin;
Allègrement l'eau prend sa course
Comme pour s'en aller bien loin.

Elle murmure: Oh! quelle joie!
Sous la terre il faisait si noir!
Maintenant ma rive verdoie,
Le ciel se mire à mon miroir.

Les myosotis aux fleurs bleues
Me disent: Ne m'oubliez pas!
Les libellules de leurs queues
M'égratignent dans leurs ébats;

A ma coupe l'oiseau s'abreuve;
Qui sait?—Après quelques détours
Peut-être deviendrai-je un fleuve
Baignant vallons, rochers et tours.

Je broderai de mon écume
Ponts de pierre, quais de granit,
Emportant le steamer qui fume
A l'Océan où tout finit.

Ainsi la jeune source jase,
Formant cent projets d'avenir;
Comme l'eau qui bout dans un vase,
Son flot ne peut se contenir;

Mais le berceau touche à la tombe;
Le géant futur meurt petit;
Née à peine, la source tombe
Dans le grand lac qui l'engloutit!

III

L'Art

Oui, l'œuvre sort plus belle
D'une forme au travail
    Rebelle,
Vers, marbre, onyx, émail.

Point de contraintes fausses!
Mais que, pour marcher droit
    Tu chausses,
Muse, un cothurne étroit.

Fi du rythme commode,
Comme un soulier trop grand,
    Du mode
Que tout pied quitte et prend!

Statuaire, repousse
L'argile que pétrit
    Le pouce
Quand flotte ailleurs l'esprit.

Lutte avec le Carrare,
Avec le Paros dur
    Et rare,
Gardiens du contour pur;

Emprunte à Syracuse
Son bronze où fermement
    S'accuse
Le trait fier et charmant;

D'une main délicate
Poursuis dans un filon
    D'agate
Le profil d'Apollon.

Peintre, fuis l'aquarelle,
Et fixe la couleur
    Trop frêle
Au four de l'émailleur.

Fais les sirènes bleues,
Tordant de cent façons
    Leurs queues,
Les monstres des blasons;

Dans son nimbe trilobe
La Vierge et son Jésus,
    Le globe
Avec la croix dessus.

Tout passe.—L'art robuste
Seul a l'éternité;
    Le buste
Survit à la cité.

17–18 *le Carrare...le Paros:* le marbre de Carrare, le marbre de Paros. 21 *Syracuse:* ville de Sicile, célèbre dans l'antiquité pour ses graveurs sur bronze. 37 *nimbe trilobe:* auréole divisée intérieurement en trois parties ou lobes. Le nimbe trilobe est le symbole de la Trinité.

Et la médaille austère
Que trouve un laboureur
Sous terre
Révèle un empereur.

Les dieux eux-mêmes meurent,
Mais les vers souverains
Demeurent
Plus forts que les airains.

Sculpte, lime, cisèle;
Que ton rêve flottant
Se scelle
Dans le bloc résistant!

Théodore de Banville (1823–1891)

171. *Les Stalactites (1846)*

A La Font-Georges

O champs pleins de silence,
Où mon heureuse enfance
Avait des jours encor
Tout filés d'or!

O ma vieille Font-Georges,
Vers qui les rouges-gorges
Et le doux rossignol
Prenaient leur vol!

Maison blanche où la vigne
Tordait en longue ligne
Son feuillage qui boit
Les pleurs du toit!

[171] La Font-Georges, nom d'une propriété, non loin de Moulin, appartenant à la famille de Théodore de Banville. *Font* est un vieux mot pour *fontaine*.

4 *tout filés d'or:* allusion à la Parque qui file les vies humaines.

O claire source et froide,
Qu'ombrageait, vieux et roide
Un noyer vigoureux
  A moitié creux!

Sources! fraîches fontaines!
Qui, douces à mes peines,
Frémissiez autrefois
  Rien qu'à ma voix!

Bassin où les laveuses
Chantaient, insoucieuses,
En battant sur leur banc
  Le linge blanc!

O sorbier centenaire,
Dont trois coups de tonnerre
Avaient laissé tout nu
  Le front chenu!

Tonnelles et coudrettes,
Verdoyantes retraites
De peupliers mouvants
  A tous les vents!

O vignes purpurines,
Dont, le long des collines,
Les ceps accumulés
  Ployaient gonflés;

Où, l'automne venue,
La Vendange mi-nue
A l'entour du pressoir
  Dansait le soir!

O buissons d'églantines,
Jetant dans les ravines,
Comme un chêne le gland,
  Leur fruit sanglant!

29 *coudrettes:* bocages. 35 *les ceps accumulés:* les pieds nombreux. 38 *la Vendange:* ceux qui ont pris part à la vendange, qui ont cueilli le raisin. 44 *sanglant:* rouge.

Murmurante oseraie,
Où le ramier s'effraie,
Saule au feuillage bleu,
Lointains en feu!

Rameaux lourds de cerises!
Moissonneuses surprises
A mi-jambe dans l'eau
Du clair ruisseau!

Antres, chemins, fontaines,
Acres parfums et plaines,
Ombrages et rochers
Souvent cherchés!

Ruisseaux! forêts! silence!
O mes amours d'enfance!
Mon âme, sans témoins,
Vous aime moins

Que ce jardin morose
Sans verdure et sans rose
Et ces sombres massifs
D'antiques ifs,

Et ce chemin de sable,
Où j'eus l'heur ineffable,
Pour la première fois,
D'ouïr sa voix!

Où, rêveuse, l'amie
Doucement obéie,
S'appuyant à mon bras,
Parlait tout bas;

Pensive et recueillie,
Et d'une fleur cueillie
Brisant le cœur discret
D'un doigt distrait,

56 *souvent cherchés:* où je dirigeais souvent mes pas. 66 *heur:* vieux mot pour *bonheur.* 76 *d'un doigt distrait:* c.à.d., l'esprit, étant distrait, ne songe pas à ce que font les doigts.

A l'heure où les étoiles
Frissonnant sous leurs voiles
Brodent le ciel changeant
De fleurs d'argent.

172. *Odes Funambulesques* (*1857*)

Le Saut du Tremplin

Clown admirable, en vérité!
Je crois que la postérité,
Dont sans cesse l'horizon bouge,
Le reverra, sa plaie au flanc.
Il était barbouillé de blanc,
De jaune, de vert et de rouge.

Même jusqu'à Madagascar
Son nom était parvenu, car
C'était selon tous les principes
Qu'après les cercles de papier,
Sans jamais les estropier
Il traversait le rond des pipes.

De la pesanteur affranchi
Sans y voir clair il eût franchi
Les escaliers de Piranèse.
La lumière qui le frappait,
Faisait resplendir son toupet
Comme un brasier dans la fournaise.

Il s'élevait à des hauteurs
Telles, que les autres sauteurs
Se consumaient en luttes vaines.
Ils le trouvaient décourageant,
Et murmuraient: 'Quel vif-argent
Ce démon a-t-il dans les veines?"

[172] 12 *le rond des pipes:* c.à.d., les pipes fixées dans l'intérieur des cercles. 15 *Piranèse:* Giambattista Piranesi (1707–78), artiste italien, dont l'hôtel contenait un vaste et somptueux escalier.

Tout le peuple criait: "Bravo!"
Mais lui, par un effort nouveau,
Semblait raidir sa jambe nue,
Et sans que l'on sût avec qui,
Cet émule de la Saqui
Parlait bas en langue inconnue.

C'était avec son cher tremplin.
Il lui disait: "Théâtre, plein
D'inspiration fantastique,
Tremplin qui tressailles d'émoi
Quand je prends un élan, fais-moi
Bondir plus haut, planche élastique!

"Frêle machine aux reins puissants
Fais-moi bondir, moi qui me sens
Plus agile que les panthères,
Si haut que je ne puisse voir
Avec leur cruel habit noir
Ces épiciers et ces notaires!

"Par quelque prodige pompeux,
Fais-moi monter, si tu le peux,
Jusqu'à ces sommets où, sans règles,
Embrouillant les cheveux vermeils
Des planètes et des soleils,
Se croisent la foudre et les aigles.

"Jusqu'à ces éthers pleins de bruit,
Où, mêlant dans l'affreuse nuit
Leurs haleines exténuées,
Les autans ivres de courroux
Dorment, échevelés et fous,
Sur les seins pâles des nuées.

29 *la Saqui:* célèbre danseuse de corde (1786–1866). 52 *autans:* vents du sud-ouest qui amènent souvent des orages.

"Plus haut encor, jusqu'au ciel pur!
Jusqu'à ce lapis dont l'azur
Couvre notre prison mouvante!
Jusqu'à ces rouges Orients
Où marchent des dieux flamboyants,
Fous de colère et d'épouvante.

"Plus loin! plus haut! je vois encor
Des boursiers à lunettes d'or,
Des critiques, des demoiselles
Et des réalistes en feu.
Plus haut! plus loin! de l'air! du bleu!
Des ailes! des ailes! des ailes!"

Enfin, de son vil échafaud,
Le clown sauta si haut, si haut,
Qu'il creva le plafond de toiles
Au son du cor et du tambour,
Et, le cœur dévoré d'amour,
Alla rouler dans les étoiles.

Charles Baudelaire (1821–1867)

173–177. *Les Fleurs du Mal* (1857)

I

Élévation

Au-dessus des étangs, au-dessus des vallées,
Des montagnes, des bois, des nuages, des mers,
Par delà le soleil, par delà les éthers,
Par delà les confins des sphères étoilées,

Mon esprit, tu te meus avec agilité,
Et, comme un bon nageur qui se pâme dans l'onde,
Tu sillonnes gaîment l'immensité profonde
Avec une indicible et mâle volupté.

56 *lapis:* sorte de pierre d'un bleu transparent; signifie ici la voûte celeste.

Envole-toi bien loin de ces miasmes morbides,
Va te purifier dans l'air supérieur,
Et bois, comme une pure et divine liqueur,
Le feu clair qui remplit les espaces limpides.

Derrière les ennuis et les vastes chagrins
Qui chargent de leur poids l'existence brumeuse,
Heureux celui qui peut d'une aile vigoureuse
S'élancer vers les champs lumineux et sereins!

II

Correspondances

La Nature est un temple où de vivants piliers
Laissent parfois sortir de confuses paroles;
L'homme y passe à travers des forêts de symboles
Qui l'observent avec des regards familiers.

Comme de longs échos qui de loin se confondent
Dans une ténébreuse et profonde unité,
Vaste comme la nuit et comme la clarté,
Les parfums, les couleurs et les sons se répondent.

Il est des parfums frais comme des chairs d'enfants,
Doux comme les hautbois, verts comme les prairies,
— Et d'autres, corrompus, riches et triomphants,

Ayant l'expansion des choses infinies,
Comme l'ambre, le musc, le benjoin et l'encens,
Qui chantent les transports de l'esprit et des sens.

III

Le Guignon

Pour soulever un poids si lourd,
Sisyphe, il faudrait ton courage!
Bien qu'on ait du cœur à l'ouvrage,
L'Art est long et le Temps est court.

Loin des sépultures célèbres,
Vers un cimetière isolé,
Mon cœur, comme un tambour voilé,
Va battant des marches funèbres.

Maint joyau dort enseveli
Dans les ténèbres et l'oubli,
Bien loin des pioches et des sondes;

Mainte fleur épanche à regret
Son parfum doux comme un secret
Dans les solitudes profondes.

IV

Harmonie du Soir

Voici venir les temps où vibrant sur sa tige
Chaque fleur s'évapore ainsi qu'un encensoir;
Les sons et les parfums tournent dans l'air du soir;
Valse mélancolique et langoureux vertige!

Chaque fleur s'évapore ainsi qu'un encensoir;
Le violon frémit comme un cœur qu'on afflige;
Valse mélancolique et langoureux vertige!
Le ciel est triste et beau comme un grand reposoir.

Le violon frémit comme un cœur qu'on afflige,
Un cœur tendre, qui hait le néant vaste et noir!
Le ciel est triste et beau comme un grand reposoir;
Le soleil s'est noyé dans son sang qui se fige...

Un cœur tendre, qui hait le néant vaste et noir,
Du passé lumineux recueille tout vestige!
Le soleil s'est noyé dans son sang qui se fige...
Ton souvenir en moi luit comme un ostensoir!

V

Spleen

Quand le ciel bas et lourd pèse comme un couvercle
Sur l'esprit gémissant en proie aux longs ennuis,
Et que de l'horizon embrassant tout le cercle
Il nous verse un jour noir plus triste que les nuits;

Quand la terre est changée en un cachot humide,
Où l'Espérance, comme une chauve-souris,
S'en va battant les murs de son aile timide
Et se cognant la tête à des plafonds pourris;

Quand la pluie étalant ses immenses traînées,
D'une vaste prison imite les barreaux,
Et qu'un peuple muet d'infâmes araignées
Vient tendre ses filets au fond de nos cerveaux,

Des cloches tout à coup sautent avec furie
Et lancent vers le ciel un affreux hurlement,
Ainsi que des esprits errants et sans patrie
Qui se mettent à geindre opiniâtrément.

— Et de longs corbillards, sans tambours ni musique,
Défilent lentement dans mon âme; l'Espoir,
Vaincu, pleure, et l'Angoisse atroce, despotique,
Sur mon crâne incliné plante son drapeau noir.

Charles-Marie-René Leconte de Lisle (1818–1894)

178. *Poèmes Antiques (1853)*

Midi

Midi, roi des étés, épandu sur la plaine,
Tombe en nappes d'argent des hauteurs du ciel bleu.
Tout se tait. L'air flamboie et brûle sans haleine;
La terre est assoupie en sa robe de feu.

L'étendue est immense, et les champs n'ont point d'ombre,
Et la source est tarie où buvaient les troupeaux;
La lointaine forêt, dont la lisière est sombre,
Dort là-bas, immobile, en un pesant repos.

Seuls, les grands blés mûris, tels qu'une mer dorée,
Se déroulent au loin, dédaigneux du sommeil;
Pacifiques enfants de la terre sacrée,
Ils épuisent sans peur la coupe du soleil.

Parfois, comme un soupir de leur âme brûlante,
Du sein des épis lourds qui murmurent entre eux,
Une ondulation majestueuse et lente
S'éveille, et va mourir à l'horizon poudreux.

Non loin, quelques bœufs blancs, couchés parmi les herbes,
Bavent avec lenteur sur leurs fanons épais,
Et suivent de leurs yeux languissants et superbes
Le songe intérieur qu'ils n'achèvent jamais.

Homme, si, le cœur plein de joie ou d'amertume,
Tu passais vers midi dans les champs radieux,
Fuis! la nature est vide et le soleil consume:
Rien n'est vivant ici, rien n'est triste ou joyeux.

Mais si, désabusé des larmes et du rire,
Altéré de l'oubli de ce monde agité,
Tu veux, ne sachant plus pardonner ou maudire,
Goûter une suprême et morne volupté,

Viens! Le soleil te parle en paroles sublimes;
Dans sa flamme implacable absorbe-toi sans fin;
Et retourne à pas lents vers les cités infimes,
Le cœur trempé sept fois dans le néant divin.

179–181. *Poèmes Barbares (1862)*

I

Le Rêve du Jaguar

Sous les noirs acajous, les lianes en fleur,
Dans l'air lourd, immobile et saturé de mouches,
Pendent, et, s'enroulant en bas parmi les souches,
Bercent le perroquet splendide et querelleur,
L'araignée au dos jaune et les singes farouches.
C'est là que le tueur de bœufs et de chevaux,
Le long des vieux troncs morts à l'écorce moussue,
Sinistre et fatigué, revient à pas égaux.
Il va, frottant ses reins musculeux qu'il bossue;

[178] 26 *altéré de l'oubli:* ayant soif de l'oubli. 31 *infimes:* mesquines. 32 *le néant divin:* le "nirvâna" brahmanique.

Et, du mufle béant par la soif alourdi,
Un souffle rauque et bref, d'une brusque secousse,
Trouble les grands lézards, chauds des feux de midi,
Dont la fuite étincelle à travers l'herbe rousse.
En un creux du bois sombre interdit au soleil
Il s'affaisse, allongé sur quelque roche plate;
D'un large coup de langue il se lustre la patte;
Il cligne ses yeux d'or hébétés de sommeil;
Et, dans l'illusion de ses forces inertes,
Faisant mouvoir sa queue et frissonner ses flancs,
Il rêve qu'au milieu des plantations vertes,
Il enfonce d'un bond ses ongles ruisselants
Dans la chair des taureaux effarés et beuglants.

II

Le Vent Froid de la Nuit

Le vent froid de la nuit souffle à travers les branches
Et casse par moments les rameaux desséchés;
La neige, sur la plaine où les morts sont couchés,
Comme un suaire étend au loin ses nappes blanches.

En ligne noire, au bord de l'étroit horizon,
Un long vol de corbeaux passe en rasant la terre,
Et quelques chiens, creusant un tertre solitaire,
Entre-choquent les os dans le rude gazon.

J'entends gémir les morts sous les herbes froissées.
O pâles habitants de la nuit sans réveil,
Quel amer souvenir, troublant votre sommeil,
S'échappe en lourds sanglots de vos lèvres glacées?

Oubliez, oubliez! Vos cœurs sont consumés;
De sang et de chaleur vos artères sont vides.
O morts, morts bienheureux, en proie aux vers avides,
Souvenez-vous plutôt de la vie, et dormez!

Ah! dans vos lits profonds quand je pourrai descendre,
Comme un forçat vieilli qui voit tomber ses fers,
Que j'aimerai sentir, libre des maux soufferts,
Ce qui fut moi rentrer dans la commune cendre!

Mais, ô songe! Les morts se taisent dans leur nuit,
C'est le vent, c'est l'effort des chiens à leur pâture,
C'est ton morne soupir, implacable nature!
C'est mon cœur ulcéré qui pleure et qui gémit.

Tais-toi. Le ciel est sourd, la terre te dédaigne.
A quoi bon tant de pleurs si tu ne peux guérir?
Sois comme un loup blessé qui se tait pour mourir,
Et qui mord le couteau de sa gueule qui saigne.

Encore une torture, encore un battement.
Puis, rien. La terre s'ouvre, un peu de chair y tombe,
Et l'herbe de l'oubli, cachant bientôt la tombe,
Sur tant de vanité croît éternellement.

III

La Tête du Comte

Les chandeliers de fer flambent jusqu'au plafond
Où, massive, reluit la poutre transversale.
On entend crépiter la résine qui fond.

Hormis cela, nul bruit. Toute la gent vassale,
Écuyer, échansons, pages, Maures lippus,
Se tient debout et roide autour de la grand'salle.

Entre les escabeaux et les coffres trapus
Pendent au mur, dépouille aux Sarrazins ravie,
Cottes, pavois, cimiers que les coups ont rompus.

Don Diego, sur la table abondamment servie,
Songe, accoudé, muet, le front contre le poing,
Pleurant sa flétrissure et l'honneur de sa vie.

Au travers de sa barbe et le long du pourpoint
Silencieusement vont ses larmes amères,
Et le vieux Cavalier ne mange et ne boit point.

[181] 10 Don Diego, père de celui qui deviendra le *Cid*, a été souffleté par le comte de Gormas.

Son âme, sans repos, roule mille chimères:
Hauts faits anciens, désir de vengeance, remords
De tant vivre au délà des forces éphémères.

Il mâche sa fureur comme un cheval son mors;
Il pense, se voyant séché par l'âge aride,
Que dans leurs tombeaux froids bienheureux sont les morts.

Tous ses fils ont besoin d'éperon, non de bride,
Hors Rui Diaz, pour laver la joue où saigne, là,
Sous l'offense impunie une suprême ride.

O jour, jour détestable où l'honneur s'envola!
O vertu des aïeux par cet affront souillée!
O face que la honte avec deux mains voila!

Don Diego rêve ainsi, prolongeant la veillée,
Sans ouïr, dans sa peine enseveli, crier
De l'huis aux deux battants la charnière rouillée.

Don Rui Diaz entre. Il tient de son poing meurtrier
Par les cheveux la tête à prunelle hagarde,
Et la pose en un plat devant le vieux guerrier.

Le sang coule, et la nappe en est rouge. — Regarde!
Hausse la face, père! Ouvre les yeux et vois!
Je ramène l'honneur sous ton toit que Dieu garde.

Père! j'ai relustré ton nom et ton pavois,
Coupé la male langue et bien fauché l'ivraie. —
Le vieux dresse son front pâle et reste sans voix.

Puis il crie: — O mon Rui, dis si la chose est vraie!
Cache la tête sous la nappe, ô mon enfant!
Elle me change en pierre avec ses yeux d'orfraie.

Couvre! car mon vieux cœur se romprait, étouffant
De joie, et ne pourrait, ô fils, te rendre grâce,
A toi, vengeur d'un droit que ton bras sûr défend.

30 *l'huis:* la porte. 38 *male:* mauvaise (emploi archaïque de *mal* comme adjectif).

A mon haut bout sieds-toi, cher astre de ma race !
Par cette tête, sois tête et cœur de céans,
Aussi bien que je t'aime et t'honore et t'embrasse.

Vierge et Saints ! mieux que l'eau de tous les océans
Ce sang noir a lavé ma vieille joue en flamme.
Plus de jeûnes, d'ennuis ni de pleurs malséants !

C'est bien lui ! Je le hais, certe, à me damner l'âme ! —
Rui dit : — L'honneur est sauf, et sauve la maison,
Et j'ai crié ton nom en enfonçant ma lame.

Mange, père ! — Diego murmure une oraison ;
Et tous deux, s'asseyant côte à côte à la table,
Graves et satisfaits, mangent la venaison,

En regardant saigner la Tête lamentable.

182, 183. *Poèmes Tragiques* (*1884*)

I

Les Roses d'Ispahan

Les roses d'Ispahan dans leur gaine de mousse,
Les jasmins de Mossoul, les fleurs de l'oranger
Ont un parfum moins frais, ont une odeur moins douce,
O blanche Leïlah ! que ton souffle léger.

Ta lèvre est de corail, et ton rire léger
Sonne mieux que l'eau vive et d'une voix plus douce,
Mieux que le vent joyeux qui berce l'oranger,
Mieux que l'oiseau qui chante au bord du nid de mousse,

Mais la subtile odeur des roses dans leur mousse,
La brise qui se joue autour de l'oranger
Et l'eau vive qui flue avec sa plainte douce
Ont un charme plus sûr que ton amour léger !

[181] 46 *à mon haut bout sieds-toi:* à la place d'honneur assieds-toi. 47 *de céans:* d'ici, de ma maison.

[182] 11 *qui flue:* qui coule.

O Leïlah! depuis que de leur vol léger
Tous les baisers ont fui de ta lèvre si douce,
Il n'est plus de parfum dans le pâle oranger,
Ni de céleste arome aux roses dans leur mousse.

L'oiseau, sur le duvet humide et sur la mousse,
Ne chante plus parmi la rose et l'oranger;
L'eau vive des jardins n'a plus de chanson douce,
L'aube ne dore plus le ciel pur et léger.

Oh! que ton jeune amour, ce papillon léger,
Revienne vers mon cœur d'une aile prompte et douce,
Et qu'il parfume encor les fleurs de l'oranger,
Les roses d'Ispahan dans leur gaine de mousse!

II

L'Incantation du Loup

Les lourds rameaux neigeux du mélèze et de l'aune.
Un grand silence. Un ciel étincelant d'hiver.
Le Roi du Hartz, assis sur ses jarrets de fer,
Regarde resplendir la lune large et jaune.

Les gorges, les vallons, les forêts et les rocs
Dorment inertement sous leur blême suaire,
Et la face terrestre est comme un ossuaire
Immense, cave ou plat, ou bossué par blocs.

Tandis qu'éblouissant les horizons funèbres,
La lune, œil d'or glacé, luit dans le morne azur,
L'angoisse du vieux Loup étreint son cœur obscur,
Un âpre frisson court le long de ses vertèbres.

Sa louve blanche, aux yeux flambants, et les petits
Qu'elle abritait, la nuit, des poils chauds de son ventre,
Gisent, morts, égorgés par l'homme, au fond de l'antre.
Ceux, de tous les vivants, qu'il aimait, sont partis.

[183] 8 *cave:* creux.

Il est seul désormais sur la neige livide.
La faim, la soif, l'affût patient dans les bois,
Le doux agneau qui bêle ou le cerf aux abois,
Que lui fait tout cela, puisque le monde est vide?

Lui, le chef du haut Hartz, tous l'ont trahi, le Nain
Et le Géant, le Bouc, l'Orfraie et la Sorcière,
Accroupis près du feu de tourbe et de bruyère
Où l'eau sinistre bout dans le chaudron d'airain.

Sa langue fume et pend de la gueule profonde.
Sans lécher le sang noir qui s'égoutte du flanc,
Il érige sa tête aiguë en grommelant,
Et la haine, dans ses entrailles, brûle et gronde.

L'Homme, le massacreur antique des aïeux,
De ses enfants et de la royale femelle
Qui leur versait le lait ardent de sa mamelle,
Hante immuablement son rêve furieux.

Une braise rougit sa prunelle énergique;
Et, redressant ses poils roides comme des clous,
Il évoque, en hurlant, l'âme des anciens loups
Qui dorment dans la lune éclatante et magique.

Léon Dierx (1838–1912)

184. *Les Lèvres Closes* (*1867*)

Les Filaos

Là-bas, au flanc d'un mont couronné par la brume,
Entre deux noirs ravins roulant leurs frais échos,
Sous l'ondulation de l'air chaud qui s'allume
Monte un bois toujours vert de sombres filaos.

[184] Le filao est une espèce d'arbre très répandue dans l'île de la Réunion, où naquit Léon Dierx.

Pareil au bruit lointain de la mer sur les sables,
Là-bas, dressant d'un jet ses troncs roides et roux,
Cette étrange forêt aux douleurs ineffables
Pousse un gémissement lugubre, immense et doux.
Là-bas, bien loin d'ici, dans l'épaisseur de l'ombre,
Et tous pris d'un frisson extatique, à jamais,
Ces filaos songeurs croisent leurs nefs sans nombre,
Et dardent vers le ciel leurs flexibles sommets.
Le vent frémit sans cesse à travers leurs branchages,
Et prolonge en glissant sur leurs cheveux froissés,
Pareil au bruit lointain de la mer sur les plages,
Un chant grave et houleux dans les taillis bercés.
Des profondeurs du bois, des rampes sur la plaine,
Du matin jusqu'au soir, sans relâche, on entend
Sous la ramure frêle une sonore haleine
Qui naît, accourt, s'emplit, se déroule et s'étend
Sourde ou retentissante, et d'arcade en arcade
Va se perdre aux confins noyés de brouillards froids,
Comme le bruit lointain de la mer dans la rade
S'allonge sous les nuits pleines de longs effrois.
Et derrière les fûts pointant leurs grêles branches
Au rebord de la gorge où pendent les mouffias,
Par place, on aperçoit, semés de taches blanches,
Sous les nappes de feu qui pétillent en bas,
Les champs jaunes et verts descendus aux rivages,
Puis l'Océan qui brille et monte vers le ciel.
Nulle rumeur humaine à ces hauteurs sauvages
N'arrive. Et ce soupir, ce murmure immortel,
Pareil au bruit lointain de la mer sur les côtes,
Épand seul le respect et l'horreur à la fois
Dans l'air religieux des solitudes hautes.
C'est ton âme qui souffre, ô forêt! C'est ta voix
Qui gémit sans repos dans ces mornes savanes;
Et dans l'effarement de ton propre secret,
Exhalant ton arome aux éthers diaphanes,

26 *mouffias:* sorte de plante grimpante. 39 *éthers:* vapeurs.

Sur l'homme, ou sur l'enfant vierge encor de regret,
Sur tous ses vils soucis, sur ses gaîtés naïves,
Tu fais chanter ton rêve, ô bois! Et sur ton front,
Pareil au bruit lointain de la mer sur les rives,
Plane ton froissement solennel et profond.
Bien des jours sont passés et perdus dans l'abîme
Où tombent tour à tour désir, joie, et sanglot;
Bien des foyers éteints qu'aucun vent ne ranime
Gisent ensevelis dans nos cœurs, sous le flot
Sans pitié ni reflux de la cendre fatale,
Depuis qu'au vol joyeux de mes espoirs j'errais,
O bois éolien! sous ta voûte natale,
Seul, écoutant venir de tes obscurs retraits,
Pareille au bruit lointain de la mer sur les grèves,
Ta respiration onduleuse et sans fin.
Dans le sévère ennui de nos vanités brèves,
Fatidiques chanteurs au douloureux destin,
Vous épanchiez sur moi votre austère pensée;
Et tu versais en moi, fils craintif et pieux,
Ta grande âme, ô Nature! éternelle offensée!
Là-bas, bien loin d'ici, dans l'azur, près des cieux,
Vous bruissez toujours au revers des ravines,
Et par delà les flots, du fond des jours brûlants,
Vous m'emplissez encor de vos plaintes divines,
Filaos chevelus, bercés de souffles lents!
Et plus haut que les cris des villes périssables,
J'entends votre soupir immense et continu,
Pareil au bruit lointain de la mer sur les sables,
Qui passe sur ma tête et meurt dans l'inconnu!

José-Maria de Heredia (1842–1905)

185–188. *Les Trophées (1893)*

I

Antoine et Cléopâtre

Tous deux ils regardaient, de la haute terrasse,
L'Égypte s'endormir sous un ciel étouffant
Et le Fleuve, à travers le Delta noir qu'il fend,
Vers Bubaste ou Saïs rouler son onde grasse.

Et le Romain sentait sous la lourde cuirasse,
Soldat captif berçant le sommeil d'un enfant,
Ployer et défaillir sur son cœur triomphant
Le corps voluptueux que son étreinte embrasse.

Tournant sa tête pâle entre ses cheveux bruns
Vers celui qu'enivraient d'invincibles parfums,
Elle tendit sa bouche et ses prunelles claires;

Et sur elle courbé, l'ardent Imperator
Vit dans ses larges yeux étoilés de points d'or
Toute une mer immense où fuyaient des galères.

II

Les Conquérants

Comme un vol de gerfauts hors du charnier natal,
Fatigués de porter leurs misères hautaines,
De Palos de Moguer, routiers et capitaines
Partaient, ivres d'un rêve héroïque et brutal.

[185] 14 Allusion à la defaite, à Actium, de la flotte d'Antoine.

[186] Ce sonnet a été inspiré par le souvenir d'un lointain ancêtre paternel: un des *conquistadors* partis d'Espagne avec Pizarre.

3 *Palos de Moguer:* port d'Espagne situé sur l'Atlantique à l'embouchure du Rio Tinto.

Ils allaient conquérir le fabuleux métal
Que Cipango mûrit dans ses mines lointaines,
Et les vents alizés inclinaient leurs antennes
Aux bords mystérieux du monde Occidental.

Chaque soir, espérant des lendemains épiques,
L'azur phosphorescent de la mer des Tropiques
Enchantait leur sommeil d'un mirage doré;

Ou penchés à l'avant des blanches caravelles,
Ils regardaient monter en un ciel ignoré
Du fond de l'Océan des étoiles nouvelles.

III

Le Récif de Corail

Le soleil sous la mer, mystérieuse aurore,
Éclaire la forêt des coraux abyssins
Qui mêle, aux profondeurs de ses tièdes bassins,
La bête épanouie et la vivante flore.

Et tout ce que le sel ou l'iode colore,
Mousse, algue chevelue, anémones, oursins,
Couvre de pourpre sombre, en somptueux dessins,
Le fond vermiculé du pâle madrépore.

De sa splendide écaille éteignant les émaux,
Un grand poisson navigue à travers les rameaux.
Dans l'ombre transparente indolemment il rôde;

Et, brusquement, d'un coup de sa nageoire en feu
Il fait, par le cristal morne, immobile et bleu,
Courir un frisson d'or, de nacre et d'émeraude.

[186] 6 *Cipango:* le célèbre voyageur vénitien Marco Polo (1256–1323) désigne sous ce nom le Japon.

IV

Floridum Mare

La moisson débordant le plateau diapré
Roule, ondule et déferle au vent frais qui la berce;
Et le profil, au ciel lointain, de quelque herse
Semble un bateau qui tangue et lève un noir beaupré.

Et sous mes pieds, la mer, jusqu'au couchant pourpré,
Céruléenne ou rose ou violette ou perse
Ou blanche de moutons que le reflux disperse,
Verdoie à l'infini comme un immense pré.

Aussi les goëlands qui suivent la marée,
Vers les blés mûrs que gonfle une houle dorée,
Avec des cris joyeux, volaient en tourbillons;

Tandis que, de la terre, une brise emmiellée
Éparpillait au gré de leur ivresse ailée
Sur l'Océan fleuri des vols de papillons.

René-François-Armand Sully Prudhomme (1839–1907)

189, 190. *Stances et Poèmes* (*1865*)

I

Le Vase Brisé

Le vase où meurt cette verveine
D'un coup d'éventail fut fêlé;
Le coup dut effleurer à peine,
Aucun bruit ne l'a révélé.

Mais la légère meurtrissure,
Mordant le cristal chaque jour,
D'une marche invisible et sûre
En a fait lentement le tour.

[188] 6 *perse:* d'un bleu tirant sur le violet. 7 *moutons:* petites vagues blanches d'écume, semblables à des flocons de laine.

Son eau fraîche a fui goutte à goutte,
Le suc des fleurs s'est épuisé;
Personne encore ne s'en doute,
N'y touchez pas, il est brisé.

Souvent aussi la main qu'on aime,
Effleurant le cœur, le meurtrit;
Puis le cœur se fend de lui-même,
La fleur de son amour périt;

Toujours intact aux yeux du monde,
Il sent croître et pleurer tout bas
Sa blessure fine et profonde:
Il est brisé, n'y touchez pas.

II

Les Yeux

Bleus ou noirs, tous aimés, tous beaux,
Des yeux sans nombre ont vu l'aurore;
Ils dorment au fond des tombeaux,
Et le soleil se lève encore.

Les nuits, plus douces que les jours,
Ont enchanté des yeux sans nombre;
Les étoiles brillent toujours,
Et les yeux se sont remplis d'ombre.

Oh! qu'ils aient perdu le regard,
Non, non, cela n'est pas possible!
Ils se sont tournés quelque part,
Vers ce qu'on nomme l'invisible;

Et comme les astres penchants
Nous quittent, mais au ciel demeurent,
Les prunelles ont leurs couchants,
Mais il n'est pas vrai qu'elles meurent:

Bleus ou noirs, tous aimés, tous beaux,
Ouverts à quelque immense aurore,
De l'autre côté des tombeaux
Les yeux qu'on ferme voient encore.

191, 192. *Les Épreuves* (*1866*)

I

Les Danaïdes

Toutes, portant l'amphore, une main sur la hanche,
Théano, Callidie, Amymone, Agavé,
Esclaves d'un labeur sans cesse inachevé,
Courent du puits à l'urne où l'eau vaine s'épanche.

Hélas! le grès rugueux meurtrit l'épaule blanche,
Et le bras faible est las du fardeau soulevé:
"Monstre, que nous avons nuit et jour abreuvé,
O gouffre, que nous veut ta soif que rien n'étanche?"

Elles tombent, le vide épouvante leurs cœurs;
Mais la plus jeune alors, moins triste que ses sœurs,
Chante, et leur rend la force et la persévérance.

Tels sont l'œuvre et le sort de nos illusions:
Elles tombent toujours, et la jeune Espérance
Leur dit toujours: "Mes sœurs, si nous recommencions!"

II

Le Doute

La blanche Vérité dort au fond d'un grand puits.
Plus d'un fuit cet abîme ou n'y prend jamais garde;
Moi, par un sombre amour, tout seul je m'y hasarde,
J'y descends à travers la plus noire des nuits;

Et j'entraîne le câble aussi loin que je puis;
Or, je l'ai déroulé jusqu'au bout: je regarde,
Et, les bras étendus, la prunelle hagarde,
J'oscille sans rien voir ni rencontrer d'appuis.

Elle est là cependant, je l'entends qui respire;
Mais, pendule éternel que sa puissance attire,
Je passe et je repasse et tâte l'ombre en vain;

Ne pourrai-je allonger cette corde flottante,
Ni remonter au jour dont la gaîté me tente?
Et dois-je dans l'horreur me balancer sans fin?

193, 194. *Les Solitudes (1869)*

I

La Voie Lactée

Aux étoiles j'ai dit un soir:
"Vous ne paraissez pas heureuses;
Vos lueurs, dans l'infini noir,
Ont des tendresses douloureuses;

"Et je crois voir au firmament
Un deuil blanc mené par des vierges
Qui portent d'innombrables cierges
Et se suivent languissamment.

"Etes-vous toujours en prière?
Etes-vous des astres blessés?
Car ce sont des pleurs de lumière,
Non des rayons, que vous versez.

"Vous, les étoiles, les aïeules
Des créatures et des dieux,
Vous avez des pleurs dans les yeux..."
Elles m'ont dit: "Nous sommes seules...

"Chacune de nous est très loin
Des sœurs dont tu la crois voisine;
Sa clarté caressante et fine
Dans sa patrie est sans témoin;

"Et l'intime ardeur de ses flammes
Expire aux cieux indifférents."
Je leur ai dit: "Je vous comprends!
Car vous ressemblez à nos âmes:

"Ainsi que vous, chacune luit
Loin des sœurs qui semblent près d'elle,
Et la solitaire immortelle
Brûle en silence dans la nuit."

II

L'Agonie

Vous qui m'aiderez dans mon agonie,
Ne me dites rien;
Faites que j'entende un peu d'harmonie,
Et je mourrai bien.

La musique apaise, enchante et délie
Des choses d'en bas:
Bercez ma douleur; je vous en supplie,
Ne lui parlez pas.

Je suis las des mots, je suis las d'entendre
Ce qui peut mentir;
J'aime mieux les sons qu'au lieu de comprendre
Je n'ai qu'à sentir:

Une mélodie où l'âme se plonge
Et qui, sans effort,
Me fera passer du délire au songe,
Du songe à la mort.

Vous qui m'aiderez dans mon agonie,
Ne me dites rien.
Pour allégement un peu d'harmonie
Me fera grand bien.

Vous irez chercher ma pauvre nourrice,
Qui mène un troupeau,
Et vous lui direz que c'est un caprice,
Au bord du tombeau,

D'entendre chanter, tout bas, de sa bouche,
Un air d'autrefois,
Simple et monotone, un doux air qui touche
Avec peu de voix.

Vous la trouverez: les gens des chaumières
Vivent très longtemps;
Et je suis d'un monde où l'on ne vit guères
Plusieurs fois vingt ans.

Vous nous laisserez tous les deux ensemble:
Nos cœurs s'uniront;
Elle chantera d'un accent qui tremble,
La main sur mon front.

Lors elle sera peut-être la seule
Qui m'aime toujours;
Et je m'en irai dans son chant d'aïeule
Vers mes premiers jours,

Pour ne pas sentir, à ma dernière heure,
Que mon cœur se fend,
Pour ne plus penser, pour que l'homme meure
Comme est né l'enfant.

Vous qui m'aiderez dans mon agonie,
Ne me dites rien;
Faites que j'entende un peu d'harmonie,
Et je mourrai bien.

François Coppée (1842–1908)

195, 196. *Les Humbles* (*1872*)

I

Petits Bourgeois

Je n'ai jamais compris l'ambition. Je pense
Que l'homme simple trouve en lui sa récompense,
Et le modeste sort dont je suis envieux,
Si je travaille bien et si je deviens vieux,
Sans que mon cœur de luxe ou de gloire s'affame,
C'est celui d'un vieil homme avec sa vieille femme,
Aujourd'hui bons rentiers, hier petits marchands,
Retirés tout au bout du faubourg, près des champs.
Oui, cette vie intime est digne du poète.
Voyez: le toit pointu porte une girouette,
Les roses sentent bon dans leurs carrés de buis
Et l'ornement de fer fait bien sur le vieux puits.

Près du seuil dont les trois degrés forment terrasse,
Un paisible chien noir, qui n'est guère de race,
Au soleil de midi, dort couché sur le flanc.
Le maître, en vieux chapeau de paille, en habit blanc,
Avec un sécateur qui lui sort de la poche,
Marche dans le sentier principal et s'approche
Quelquefois d'un certain rosier de sa façon
Pour le débarrasser d'un gros colimaçon.
Sous le bosquet, sa femme est à l'ombre et tricote;
Auprès d'elle, le chat joue avec la pelote.
La treille est faite avec des cercles de tonneaux,
Et sur le sable fin sautillent les moineaux.
Par la porte, on peut voir, dans la maison commode,
Un vieux salon meublé selon l'ancienne mode,
Même quelques détails vaguement aperçus:
Une pendule avec Napoléon dessus
Et des têtes de sphinx à tous les bras de chaise.
Mais ne souriez pas. Car on doit être à l'aise,
Heureux du jour présent et sûr du lendemain,
Dans ce logis de sage observé du chemin.
Là sont des gens de bien, sans regret, sans envie,
Et qui font comme ont fait leurs pères. Dans leur vie
Tout est patriarcal et traditionnel.
Ils mettent de côté la bûche de Noël,
Ils songent à l'avance aux lessives futures
Et, vers le temps des fruits, ils font des confitures.
Ils boivent du cassis, innocente liqueur!
Et chez eux tout est vieux, tout, excepté le cœur.
Ont-ils tort, après tout, de trouver nécessaires
Le premier jour de l'an et les anniversaires,
D'observer le Carême et de tirer les Rois,
De faire, quand il tonne, un grand signe de croix,

43 *tirer les Rois:* le jour d'Épiphanie ("Twelfth-night"), fête anniversaire de la venue des rois mages, on partage au repas du soir un gâteau contenant une fève. Celui qui "tire" la tranche où est la fève est proclamé roi du repas.

D'être heureux que la fleur embaume et l'herbe croisse,
Et de rendre le pain bénit à leur paroisse?
— Ceux-là seuls ont raison qui, dans ce monde-ci,
Calmes et dédaigneux du hasard, ont choisi
Les douces voluptés que l'habitude engendre. —
Chaque dimanche, ils ont leur fille avec leur gendre;
Le jardinet s'emplit du rire des enfants,
Et, bien que les après-midi soient étouffants,
L'on puise et l'on arrose, et la journée est courte.
Puis, quand le pâtissier survient avec la tourte,
On s'attable au jardin, déjà moins échauffé,
Et la lune se lève au moment du café.
Quand le petit garçon s'endort, on le secoue,
Et tous s'en vont alors, baisés sur chaque joue,
Monter dans l'omnibus voisin, contents et las,
Et chargés de bouquets énormes de lilas.

— Merci bien, bonnes gens, merci bien, maisonnette,
Pour m'avoir, l'autre jour, donné ce rêve honnête,
Qu'en m'éloignant de vous mon esprit prolongeait
Avec la jouissance exquise du projet.

II

Dans la Rue

Les deux petites sont en deuil;
Et la plus grande — c'est la mère —
A conduit l'autre jusqu'au seuil
Qui mène à l'école primaire.

Elle inspecte, dans le panier,
Les tartines de confiture
Et jette un coup d'œil au dernier
Devoir du cahier d'écriture.

[195] 46 *le pain bénit:* le pain que le prêtre bénit et qu'on distribue aux fidèles dans une messe solennelle.

Puis comme c'est un matin froid
Où l'eau gèle dans la rigole,
Et comme il faut que l'enfant soit
En état d'entrer à l'école,

Ecartant le vieux châle noir
Dont la petite s'emmitoufle,
L'aînée alors tire un mouchoir,
Lui prend le nez et lui dit: "Souffle."

Stéphane Mallarmé (1842–1898)

197. *Apparition*

La lune s'attristait. Des séraphins en pleurs
Rêvant, l'archet aux doigts, dans le calme des fleurs
Vaporeuses, tiraient de mourantes violes
De blancs sanglots glissant sur l'azur des corolles.
— C'était le jour béni de ton premier baiser.
Ma songerie aimant à me martyriser
S'enivrait savamment du parfum de tristesse
Que même sans regret et sans déboire laisse
La cueillaison d'un Rêve au cœur qui l'a cueilli.
J'errais donc, l'œil rivé sur le pavé vieilli,
Quand avec du soleil aux cheveux, dans la rue
Et dans le soir, tu m'es en riant apparue.
Et j'ai cru voir la fée au chapeau de clarté
Qui jadis sur mes beaux sommeils d'enfant gâté
Passait, laissant toujours de ses mains mal fermées
Neiger de blancs bouquets d'étoiles parfumées.

198. *Le Tombeau d'Edgar Poe*

Tel qu'en Lui-même enfin l'éternité le change,
Le Poète suscite avec un glaive nu
Son siècle épouvanté de n'avoir pas connu
Que la mort triomphait dans cette voix étrange!

[197] 5 *le jour béni:* c.à.d., le jour de bonheur.

Eux, comme un vil sursaut d'hydre oyant jadis l'ange
Donner un sens plus pur aux mots de la tribu,
Proclamèrent très haut le sortilège bu
Dans le flot sans honneur de quelque noir mélange.

Du sol et de la nue hostiles, ô grief!
Si notre idée avec ne sculpte un bas-relief
Dont la tombe de Poe éblouissante s'orne,

Calme bloc ici-bas chu d'un désastre obscur,
Que ce granit du moins montre à jamais sa borne
Aux noirs vols du Blasphème épars dans le futur.

199. *Sonnet*

Le vierge, le vivace et le bel aujourd'hui
Va-t-il nous déchirer avec un coup d'aile ivre
Ce lac dur oublié que hante sous le givre
Le tansparent glacier des vols qui n'ont pas fui!

[198] 5 *oyant* (de *ouïr*): entendant. 7–8 Malgré les protestations de Mallarmé on sait que Poe, le célèbre nouvelliste américain, fut la victime de l'alcoolisme et de l'opium.

[199] Voici, à peu près, le sens général de ce sonnet difficile: Mallarmé pense au poète dont les rêves n'ont pas su prendre à temps leur essor ("les vols qui n'ont pas fui") et sont restés pris dans le givre de l'ennui, sous la glace du temps, froid, matérialiste et cruel, parce qu'il n'a pas su chanter une autre région. Le poète, que Mallarmé compare à un cygne dont l'aile est attachée à la surface d'un lac gelé, demeure sans espoir de délivrance, si ce n'est (peut-être) par "un coup d'aile ivre", le sortant de sa torpeur, suscité par cet aujourd'hui mystérieux, encore vierge, vivace, car il est en train de naître, et beau de tout l'espoir qu'il éveille. Pris dans la glace, il secouera "cette blanche agonie", infligée par l'espace qu'il a niée et où il aurait pu prendre son vol, mais non pas le sol horrible qui retient son aile. Vainement il méprise cette vision de malheur: il n'est plus qu'un fantôme blanc, rivé au sol, subissant un exil stérile, loin du monde idéal qu'il aurait pu créer.

Un cygne d'autrefois se souvient que c'est lui
Magnifique, mais qui, sans espoir, se délivre
Pour n'avoir pas chanté la région où vivre
Quand du stérile hiver a resplendi l'ennui.

Tout son col secouera cette blanche agonie
Par l'espace infligée à l'oiseau qui le nie,
Mais non l'horreur du sol où le plumage est pris.

Fantôme qu'à ce lieu son pur éclat assigne,
Il s'immobilise au songe froid de mépris
Que vêt parmi l'exil inutile le Cygne.

200. *Les Fleurs*

Des avalanches d'or du vieil azur, au jour
Premier, et de la neige éternelle des astres,
Mon Dieu, tu détachas les grands calices pour
La terre jeune encore et vierge de désastres.

Le glaïeul fauve, avec les cygnes au col fin,
Et ce divin laurier des âmes exilées
Vermeil comme le pur orteil du séraphin
Que rougit la pudeur des aurores foulées;

L'hyacinthe, le myrte à l'adorable éclair,
Et, pareille à la chair de la femme, la rose
Cruelle, Hérodiade en fleur du jardin clair,
Celle qu'un sang farouche et radieux arrose!

Et tu fis la blancheur sanglotante des lys
Qui, roulant sur les mers de soupirs qu'elle effleure,
A travers l'encens bleu des horizons pâlis
Monte rêveusement vers la lune qui pleure!

Hosanna sur le cistre et sur les encensoirs,
Notre Père, hosanna du jardin de nos Limbes
Et finisse l'écho par les mystiques soirs,
Extase des regards, scintillement des nimbes!

[200] 19 *finisse l'écho:* puisse l'écho finir.

O Père, qui créas, en ton sein juste et fort,
Calices balançant la future fiole,
De grandes fleurs avec la balsamique Mort
Pour le poète las que la vie étiole.

PAUL VERLAINE (1844–1896)

201–203. *Poèmes Saturniens (1866)*

I

EFFET DE NUIT

LA nuit. La pluie. Un ciel blafard qui déchiquette
De flèches et de tours à jour la silhouette
D'une ville gothique éteinte au lointain gris.
La plaine. Un gibet plein de pendus rabougris
Secoués par le bec avide des corneilles,
Et dansant dans l'air noir des gigues non pareilles,
Tandis que leurs pieds sont la pâture des loups.
Quelques buissons d'épines épars, et quelques houx
Dressant l'horreur de leur feuillage à droite, à gauche,
Sur le fuligineux fouillis d'un fond d'ébauche.
Et puis, autour de trois livides prisonniers
Qui vont pieds nus, deux cent vingt-cinq pertuisaniers
En marche, et leurs fers droits, comme des fers de herse,
Luisent à contre-sens des lances de l'averse.

II

NEVERMORE

SOUVENIR, souvenir, que me veux-tu? L'automne
Faisait voler la grive à travers l'air atone,
Et le soleil dardait un rayon monotone
Sur le bois jaunissant où la bise détone.

[201] 9 *l'horreur:* outre son sens ordinaire, le mot a ici sa valeur étymologique (Latin *horrere*, hérisser). 14 *à contre-sens:* dans la direction contraire.

Nous étions seul à seule et marchions en rêvant,
Elle et moi, les cheveux et la pensée au vent.
Soudain, tournant vers moi son regard émouvant:
"Quel fut ton plus beau jour?" fit sa voix d'or vivant,

Sa voix douce et sonore, au frais timbre angélique.
Un sourire discret lui donna la réplique,
Et je baisai sa main blanche, dévotement.

— Ah! les premières fleurs, qu'elles sont parfumées!
Et qu'il bruit avec un murmure charmant
Le premier "oui" qui sort de lèvres bien-aimées.

III

Chanson d'Automne

Les sanglots longs
Des violons
  De l'automne
Blessent mon cœur
D'une langueur
  Monotone.

Tout suffocant
Et blême, quand
  Sonne l'heure,
Je me souviens
Des jours anciens
  Et je pleure;

Et je m'en vais
Au vent mauvais
  Qui m'emporte
Deçà, delà,
Pareil à la
  Feuille morte.

204. *Fêtes Galantes* (*1869*)

Colloque Sentimental

Dans le vieux parc solitaire et glacé
Deux formes ont tout à l'heure passé.

Leurs yeux sont morts et leurs lèvres sont molles,
Et l'on entend à peine leurs paroles.

Dans le vieux parc solitaire et glacé
Deux spectres ont évoqué le passé.

— Te souvient-il de notre extase ancienne?
— Pourquoi voulez-vous donc qu'il m'en souvienne?

— Ton cœur bat-il toujours à mon seul nom?
Toujours vois-tu mon âme en rêve? — Non.

— Ah! les beaux jours de bonheur indicible
Où nous joignions nos bouches! — C'est possible.

— Qu'il était bleu, le ciel et grand, l'espoir!
— L'espoir a fui, vaincu, vers le ciel noir.

Tels ils marchaient dans les avoines folles,
Et la nuit seule entendit leurs paroles.

205. *La Bonne Chanson* (*1870*)

La Lune Blanche...

La lune blanche
Luit dans les bois;
De chaque branche
Part une voix
Sous la ramée...

O bien-aimée.

[204] 15 *avoine folle*, ou plutôt *folle avoine:* variété d'avoine stérile ("oat-grass", "wild oats").

L'étang reflète,
Profond miroir,
La silhouette
Du saule noir
Où le vent pleure...

Rêvons: c'est l'heure.

Un vaste et tendre
Apaisement
Semble descendre
Du firmament
Que l'astre irise...

C'est l'heure exquise.

206. *Romances sans Paroles (1874)*

Il pleure dans mon Cœur...

Il pleure dans mon cœur
Comme il pleut sur la ville.
Quelle est cette langueur
Qui pénètre mon cœur?

O bruit doux de la pluie
Par terre et sur les toits!
Pour un cœur qui s'ennuie,
O le chant de la pluie!

Il pleure sans raison
Dans ce cœur qui s'écœure.
Quoi! nulle trahison?
Ce deuil est sans raison.

C'est bien la pire peine
De ne savoir pourquoi,
Sans amour et sans haine,
Mon cœur a tant de peine!

207. *Sagesse (1880)*

O MON DIEU, VOUS M'AVEZ BLESSÉ...

O MON Dieu, vous m'avez blessé d'amour
Et la blessure est encore vibrante,
O mon Dieu, vous m'avez blessé d'amour.

O mon Dieu, votre crainte m'a frappé
Et la brûlure est encor là qui tonne,
O mon Dieu, votre crainte m'a frappé.

O mon Dieu, j'ai connu que tout est vil
Et votre gloire en moi s'est installée,
O mon Dieu, j'ai connu que tout est vil.

Noyez mon âme aux flots de votre Vin,
Fondez ma vie au Pain de votre table,
Noyez mon âme aux flots de votre Vin.

Voici mon sang que je n'ai pas versé,
Voici ma chair indigne de souffrance,
Voici mon sang que je n'ai pas versé.

Voici mon front qui n'a pu que rougir,
Pour l'escabeau de vos pieds adorables,
Voici mon front qui n'a pu que rougir.

Voici mes mains qui n'ont pas travaillé,
Pour les charbons ardents et l'encens rare,
Voici mes mains qui n'ont pas travaillé.

Voici mon cœur qui n'a battu qu'en vain,
Pour palpiter aux ronces du Calvaire,
Voici mon cœur qui n'a battu qu'en vain.

Voici mes pieds, frivoles voyageurs,
Pour accourir au cri de votre grâce,
Voici mes pieds, frivoles voyageurs.

Voici ma voix, bruit maussade et menteur,
Pour les reproches de la Pénitence,
Voici ma voix, bruit maussade et menteur.

Voici mes yeux, luminaires d'erreur,
Pour être éteints aux pleurs de la prière,
Voici mes yeux, luminaires d'erreur.

Hélas! Vous, Dieu d'offrande et de pardon,
Quel est le puits de mon ingratitude,
Hélas! Vous, Dieu d'offrande et de pardon,

Dieu de terreur et Dieu de sainteté,
Hélas! ce noir abîme de mon crime,
Dieu de terreur et Dieu de sainteté,

Vous, Dieu de paix, de joie et de bonheur,
Toutes mes peurs, toutes mes ignorances,
Vous, Dieu de paix, de joie et de bonheur,

Vous connaissez tout cela, tout cela,
Et que je suis plus pauvre que personne,
Vous connaissez tout cela, tout cela,

Mais ce que j'ai, mon Dieu, je vous le donne.

208. *Jadis et Naguère (1884)*

Art Poétique (1874)

De la musique avant toute chose,
Et pour cela préfère l'Impair
Plus vague et plus soluble dans l'air,
Sans rien en lui qui pèse ou qui pose.

Il faut aussi que tu n'ailles point
Choisir tes mots sans quelque méprise:
Rien de plus cher que la chanson grise
Où l'Indécis au Précis se joint.

[208] 2 *l'Impair:* les vers ayant un nombre impair de syllabes, affectionnés par les Symbolistes, comme étant plus "vagues", plus suggestifs que les vers pairs.

C'est des beaux yeux derrière des voiles,
C'est le grand jour tremblant de midi,
C'est, par un ciel d'automne attiédi,
Le bleu fouillis des claires étoiles!

Car nous voulons la Nuance encor,
Pas la Couleur, rien que la nuance!
Oh! la nuance seule fiance
Le rêve au rêve et la flûte au cor!

Fuis du plus loin la Pointe assassine,
L'Esprit cruel et le Rire impur,
Qui font pleurer les yeux de l'Azur,
Et tout cet ail de basse cuisine!

Prends l'Éloquence et tords-lui son cou!
Tu feras bien, en train d'énergie,
De rendre un peu la Rime assagie,
Si l'on n'y veille, elle ira jusqu'où?

O qui dira les torts de la Rime!
Quel enfant sourd ou quel nègre fou
Nous a forgé ce bijou d'un sou
Qui sonne creux et faux sous la lime?

De la musique encore et toujours!
Que ton vers soit la chose envolée
Qu'on sent qui fuit d'une âme en allée
Vers d'autres cieux, à d'autres amours.

Que ton vers soit la bonne aventure
Éparse au vent crispé du matin
Qui va fleurant la menthe et le thym...
Et tout le reste est littérature.

17 *la Pointe:* trait d'esprit piquant ("witty phrase", "conceit").
35 *fleurant la menthe:* répandant l'odeur de la menthe.

Arthur Rimbaud (1854–1891)

209. *Le Dormeur du Val*

C'est un trou de verdure où chante une rivière
Accrochant follement aux herbes des haillons
D'argent, où le soleil, de la montagne fière,
Luit; c'est un petit val qui mousse de rayons.

Un soldat jeune, bouche ouverte, tête nue
Et la nuque baignant dans le frais cresson bleu,
Dort: il est étendu dans l'herbe, sous la nue,
Pâle dans son lit vert où la lumière pleut.

Les pieds dans les glaïeuls, il dort. Souriant comme
Sourirait un enfant malade, il fait un somme.
Nature, berce-le chaudement: il a froid!

Les parfums ne font pas frissonner sa narine;
Il dort dans le soleil, la main sur sa poitrine
Tranquille. Il a deux trous rouges au côté droit.

210. *Bateau Ivre (1871)*

Comme je descendais des Fleuves impassibles,
Je ne me sentis plus guidé par les haleurs;
Des Peaux-Rouges criards les avaient pris pour cibles,
Les ayant cloués nus aux poteaux de couleurs.

[209] 4 *qui mousse de rayons:* qui pétille de (rayons de) lumière.

[210] Dans ce célèbre poème Rimbaud a voulu peindre, sous forme de symbole (le bateau abandonné par les haleurs et allant à la dérive), les sursauts de son âme tourmentée et ses étranges visions, parfois insaisissables. Je dois (par l'intermédiaire de mon ami, M. Félix Boillot) à l'obligeance de M. Carré, qui s'est occupé plus particulièrement de l'œuvre de Rimbaud, l'explication (indiquée par un C entre paranthèses) de quelques-unes des énigmes que présente ce poème pour le commun des mortels.

J'étais insoucieux de tous les équipages,
Porteur de blés flamands ou de cotons anglais.
Quand avec mes haleurs ont fini ces tapages,
Les Fleuves m'ont laissé descendre où je voulais.

Dans les clapotements furieux des marées,
Moi, l'autre hiver, plus sourd que les cerveaux d'enfants,
Je courus! et les Péninsules démarrées
N'ont pas subi tohu-bohus plus triomphants.

La tempête a béni mes éveils maritimes.
Plus léger qu'un bouchon j'ai dansé sur les flots
Qu'on appelle rouleurs éternels de victimes,
Dix nuits, sans regretter l'œil niais des falots.

Plus douce qu'aux enfants la chair des pommes sûres
L'eau verte pénétra ma coque de sapin
Et des taches de vins bleus et des vomissures
Me lava, dispersant gouvernail et grappin.

Et, dès lors, je me suis baigné dans le poème
De la mer infusé d'astres et lactescent,
Dévorant les azurs verts où, flottaison blême
Et ravie, un noyé pensif parfois descend,

Où, teignant tout à coup les bleuités, délires
Et rythmes lents sous les rutilements du jour,
Plus fortes que l'alcool, plus vastes que vos lyres,
Fermentent les rousseurs amères de l'amour!

Je sais les cieux crevant en éclairs, et les trombes,
Et les ressacs, et les courants; je sais le soir,
L'aube exaltée ainsi qu'un peuple de colombes,
Et j'ai vu quelquefois ce que l'homme a cru voir.

22 *lactescent:* laiteux. 28 *les rousseurs amères de l'amour:* c.à.d., les profondeurs créatrices, fécondes, peuplées d'algues et de faune primitive, de l'Océan, père du monde (C).

J'ai vu le soleil bas taché d'horreurs mystiques,
Illuminant de longs figements violets;
Pareils à des acteurs de drames très antiques,
Les flots roulant au loin leurs frissons de volets.

J'ai rêvé la nuit verte aux neiges éblouies,
Baisers montant aux yeux des mers avec lenteur:
La circulation des sèves inouïes,
Et l'éveil jaune et bleu des phosphores chanteurs.

J'ai suivi des mois pleins, pareille aux vacheries
Hystériques, la houle à l'assaut des récifs,
Sans songer que les pieds lumineux des Maries
Pussent forcer le mufle aux Océans poussifs.

J'ai heurté, savez-vous! d'incroyables Florides
Mêlant aux fleurs des yeux de panthères, aux peaux
D'hommes des arcs-en-ciel tendus comme des brides,
Sous l'horizon des mers, à de glauques troupeaux.

J'ai vu fermenter les marais, énormes nasses
Où pourrit dans les joncs tout un Léviathan;
Des écroulements d'eaux au milieu des bonaces,
Et les lointains vers les gouffres cataractant,

Glaciers, soleils d'argent, flots nacreux, cieux de braises,
Échouages hideux au fond des golfes bruns
Où les serpents géants dévorés des punaises
Choient des arbres tordus avec de noirs parfums.

36 *les flots roulant au loin leurs frissons de volets:* c.à.d., les flots disposés en rangs parallèles, comme les lattes d'une persienne à travers laquelle filtre le soleil (C). 41–2 *pareille aux vacheries hystériques:* comme des vaches en chaleur, hystériques. Cp. la traduction de M. Lionel Abel, à laquelle M. Carré me renvoie: "For months I followed the hysterical hooves Of rabid waves in their mad rockward beat." 52 *cataractant:* tombant en cataractes.

J'aurais voulu montrer aux enfants ces dorades
Du flot bleu, ces poissons d'or, ces poissons chantants,
Des écumes de fleurs ont béni mes dérades,
Et d'ineffables vents m'ont ailé par instants.

Parfois, martyr lassé des pôles et des zones,
La mer, dont le sanglot faisait mon roulis doux,
Montait vers moi ses fleurs d'ombre aux ventouses jaunes;
Et je restais ainsi qu'une femme à genoux,

Presqu'île ballottant sur mes bords les querelles
Et les fientes d'oiseaux clabaudeurs aux yeux blonds;
Et je voguais, lorsqu'à travers mes liens frêles
Des noyés descendaient dormir à reculons.

Or moi, bateau perdu sous les cheveux des anses,
Jeté par l'ouragan dans l'éther sans oiseau,
Moi dont les Monitors et les voiliers des Hanses
N'auraient pas repêché la carcasse ivre d'eau,

Libre, fumant, monté de brumes violettes,
Moi qui trouais le ciel rougeoyant comme un mur
Qui porte, confiture exquise aux bons poètes,
Des lichens de soleil et des morves d'azur,

Qui courais taché de lunules électriques,
Planche folle, escorté des hippocampes noirs,
Quand les Juillets faisaient crouler à coups de triques
Les cieux ultramarins aux ardents entonnoirs,

Moi qui tremblais, sentant geindre à cinquante lieues
Le rut des Behémots et des Maelstroms épais,
Fileur éternel des immobilités bleues,
Je regrette l'Europe aux anciens parapets.

59 *dérade:* substantif formé sur le verbe *dérader* (être entraîné par le vent, le courant, hors de la rade, du mouillage). 60 *m'ont ailé:* m'ont donné des ailes. 69 *les cheveux des anses:* c.à.d., les algues des petites baies de la mer affectant la forme capillaire. 71 *des Hanses:* des villes hanséatiques. 78 *hippocampes:* chevaux marins. 82 *Behémot:* nom d'un grand quadrupède (l'hippopotame?) mentionné dans l'Ancien Testament (Job xl. 15–24).

J'ai vu des archipels sidéraux! et des îles
Dont les cieux délirants sont ouverts au vogueur:
Est-ce en ces nuits sans fond que tu dors et t'exiles,
Million d'oiseaux d'or, ô future Vigueur?

Mais, vrai, j'ai trop pleuré. Les aubes sont navrantes,
Toute lune est atroce et tout soleil amer.
L'âcre amour m'a gonflé de torpeurs enivrantes.
Oh! que ma quille éclate! oh! que j'aille à la mer!

Si je désire une eau d'Europe, c'est la flache
Noire et froide où, vers le crépuscule embaumé
Un enfant accroupi, plein de tristesse, lâche
Un bateau frêle comme un papillon de mai.

Je ne puis plus, baigné de vos langueurs, ô lames,
Enlever leur sillage aux porteurs de cotons,
Ni traverser l'orgueil des drapeaux et des flammes,
Ni nager sous les yeux horribles des pontons!

Jean Moréas (1856–1910)

211. *Le Pèlerin passionné* (*1891*)

Moi que la noble Athène...

Moi que la noble Athène a nourri,
Moi l'élu des Nymphes de la Seine,
Je ne suis pas un ignorant dont les Muses ont ri.

L'intègre élément de ma voix
Suscite le harpeur, honneur du Vendômois;
Et le comte Thibaut n'eut pas de plainte plus douce
Que les lays amoureux qui naissent sous mon pouce.

[210] 89 *mais, vrai* (expression familière): "but really". 93 *flache:* flaque.

[211] 1 Jean Moréas, de son vrai nom Jean Papadiamantopoulos, naquit à Athènes. 5 Allusion à Ronsard, le chef de la Pléiade, né près de Vendôme en 1524. 6 Thibaut IV, comte de Champagne et roi de Navarre (1201–53), l'un des plus connus des trouvères.

L'Hymne et la Parthénie, en mon âme sereine,
Seront les chars vainqueurs qui courent dans l'arène;
Et je ferai que la Chanson
Soupire d'un tant courtois son,
Et pareille au ramier quand la saison le presse.
Car, par le rite que je sais,
Sur de nouvelles fleurs les abeilles de Grèce
Butineront un miel français.

212–214. *Stances (1899–1920)*

O TOI QUI SUR MES JOURS...

O TOI qui sur mes jours de tristesse et d'épreuve
Seule reluis encor,
Comme un ciel étoilé qui, dans la nuit d'un fleuve,
Brise ses flèches d'or.

Aimable poésie, enveloppe mon âme
D'un subtil élément,
Que je devienne l'eau, la tempête et la flamme,
La feuille et le sarment;

Que, sans m'inquiéter de ce qui trouble l'homme,
Je croisse verdoyant
Tel un chêne divin, et que je me consomme
Comme le feu brillant!

QUAND POURRAI-JE...

QUAND pourrai-je, quittant tous les soins inutiles
Et le vulgaire ennui de l'affreuse cité,
Me reconnaître enfin, dans les bois, frais asiles,
Et sur les calmes bords d'un lac plein de clarté?

[211] 8 Les parthénies, dans l'ancienne Grèce, étaient des hymnes chantés par des vierges.

Mais plutôt, je voudrais songer sur tes rivages,
Mer, de mes premiers jours berceau délicieux:
J'écouterai gémir tes mouettes sauvages,
L'écume de tes flots refraîchira mes yeux.

Ah, le précoce hiver a-t-il rien qui m'étonne?
Tous les présents d'avril, je les ai dissipés,
Et je n'ai pas cueilli la grappe de l'automne,
Et mes riches épis, d'autres les ont coupés.

Sur la plaine sans fin...

Sur la plaine sans fin, dans la brise et le vent,
Se dresse l'arbre solitaire,
Pensif, et chaque jour son feuillage mouvant
Jette son ombre sur la terre.

Les oiseaux dans leur vol viennent poser sur lui:
Sont-ils corbeaux, ramiers timides?
L'affreux lichen le ronge; il est le sûr appui
Du faible lierre aux nœuds perfides.

Plus d'une fois la foudre et l'autan furieux
Ont fracassé sa haute cime;
Même il reçoit les coups de l'homme industrieux
Sans s'étonner, triste et sublime.

Albert Samain (1858–1900)

215. *Au Jardin de l'Infante* (*1893*)

Accompagnement

Tremble argenté, tilleul, bouleau...
La lune s'effeuille sur l'eau...

Comme de longs cheveux peignés au vent du soir,
L'odeur des nuits d'été parfume le lac noir.
Le grand lac parfumé brille comme un miroir.

La rame tombe et se relève,
Ma barque glisse dans le rêve.

Ma barque glisse dans le ciel
Sur le lac immatériel...

Des deux rames que je balance,
L'une est Langueur, l'autre est Silence.

En cadence, les yeux fermés,
Rame, ô mon cœur, ton indolence
A larges coups lents et pâmés.

Là-bas la lune écoute, accoudée au coteau,
Le silence qu'exhale en glissant le bateau...
Trois grands lis frais-coupés meurent sur mon manteau.

Vers tes lèvres, ô Nuit voluptueuse et pâle,
Est-ce leur âme, est-ce mon âme qui s'éxhale?
Cheveux des nuits d'argent peignés aux longs roseaux...

Comme la lune sur les eaux,
Comme la rame sur les flots,
Mon âme s'effeuille en sanglots!

216. *Aux Flancs du Vase* (*1898*)

Le Repas préparé

Ma fille, lève-toi; dépose là ta laine.
Le maître va rentrer; sur la table de chêne,
Que recouvre la nappe aux plis étincelants,
Mets la faïence claire et les verres brillants.
Dans la coupe arrondie à l'anse en col de cygne
Pose les fruits choisis sur des feuilles de vigne:
Les pêches qu'un velours fragile couvre encor,
Et les lourds raisins bleus mêlés aux raisins d'or;
Que le pain bien coupé remplisse les corbeilles;
Et puis ferme la porte, et chasse les abeilles.
Dehors, le soleil brûle et la muraille cuit;
Rapprochons les volets; faisons presque la nuit,

Afin qu'ainsi la salle, aux ténèbres plongée,
S'embaume toute aux fruits dont la table est chargée.
Maintenant va chercher l'eau fraîche dans la cour
Et veille que surtout la cruche, à ton retour,
Garde longtemps, glacée et lentement fondue,
Une vapeur légère à ses flancs suspendue.

217. *Le Chariot d'Or* (*1901*)

Élégie

L'heure comme nous rêve accoudée aux remparts.
Penchés vers l'occident, nous laissons nos regards
Sur le port et la ville, où le peuple circule,
Comme de grands oiseaux tourner au crépuscule.
Des bassins qu'en fuyant la mer à mis à sec
Monte humide et puissante une odeur de varech.
Derrière nous, au fond d'une antique poterne,
S'ouvre, nue et déserte, une cour de caserne
Immense avec de vieux boulets ronds dans un coin.
Grave et mélancolique un clairon sonne au loin...
Cependant par degrés le ciel qui se dégrade
D'ineffables lueurs illumine la rade.
Et mon âme aux couleurs mêlée intimement
Se perd dans les douceurs d'un long enchantement.
L'écharpe du couchant s'effile en lambeaux pâles.
Ce soir, ce soir qui meurt, s'imprègne dans nos moelles
Et, d'un cœur malgré moi toujours plus anxieux,
Je le suis maintenant qui sombre dans les yeux
Comme un beau vaisseau d'or chargé de longs adieux!
Nul souffle sur la rade. Au loin une sirène
Mugit....La nuit descend insensible et sereine,
La nuit...et tout devient, on dirait, éternel:
Les mâts, le lacis fin des vergues sur le ciel,

[217] 11 *le ciel qui se dégrade:* le ciel dont la lumière va diminuant graduellement.

Les quais noirs encombrés de tonneaux et de grues,
Les grands vapeurs fumant des routes parcourues,
Le bras de la jetée allongé dans la mer,
Les entrepôts obscurs luisants de rails en fer,
Et, bizarre, étageant ses masses indistinctes,
Là-bas, la ville anglaise avec ses maisons peintes.
La nuit tombe.... Les voix d'enfants se sont éteintes
Et son cœur comme une urne est rempli jusqu'au bord
Quand brillent çà et là les premiers feux du port.

Charles Guérin (1873–1907)

218, 219. *Le Semeur de Cendres* (*1901*)

I

C'est vous, voluptueux Chénier...

C'est vous, voluptueux Chénier, vous, grand Virgile,
Que j'ouvre aux jours dorés de l'automne, en rêvant,
Le soir, dans un jardin solitaire et tranquille
Où tombent des fruits lourds détachés par le vent.
Je vous lis d'un esprit inquiet et j'envie
Vos amantes, Chénier! Virgile, vos héros!
Moi que rien de fécond ne tente dans la vie,
La lutte ni l'amour ni les simples travaux,
Et qui trouve, ironique entre les philosophes,
A douter de moi-même une âpre volupté.
Je sens le cœur humain trop large pour mes strophes.
Le vieil air douloureux d'autres l'ont mieux chanté;
Leur nom nourrit encor les clairons de la gloire.
Pour moi qu'un rigoureux destin laisse inconnu,
Je presse entre mes doigts la flûte usée et noire
Des pauvres, des railleurs, et des fous. Son bois nu

[217] 25 C.à.d., les grands vapeurs nouvellement arrivés dont les cheminées fument encore.

Est plus doux qu'un baiser savoureux à ma bouche;
Elle est ma confidente obscure et mon enfant
Et répond comme une âme à l'âme qui la touche.
Un passant, que mon cœur sait émouvoir, souvent
Au temps des raisins mûrs s'arrête pour l'entendre.
Je suis seul, et je joue, ignorant qu'il est là,
Tour à tour désolé, voluptueux ou tendre,
Chaque jour, sur les tons qu'hier elle modula,
Ma misère sanglote et demande l'aumône,
Et le passant muet songe et baisse le front;
Il m'écoute et revient, et trouve, chaque automne,
La flûte plus plaintive et mon mal plus profond.

II

BAIGNER AU POINT DU JOUR...

BAIGNER au point du jour ses lèvres de rosée,
Secouer l'herbe où la cigale s'est posée,
Frissonner au furtif coup d'aile frais du vent,
Suivre d'un œil bercé le feuillage mouvant,
Prêter l'oreille au cri des coqs dans les villages,
Aux chants d'oiseaux, au bruit des colliers d'attelages,
Offrir l'écho d'une âme heureuse aux mille voix
Sonores de la vie et voir partout les toits
Élever vers le ciel leur bouquet de fumée.
Quand l'aride midi pèse sur la ramée,
S'allonger, les yeux clos, et languir de sommeil,
Comme un voluptueux lézard, dans le soleil;
Sentir brûler le corps en amour de la terre,
Flotter sur les rumeurs, sur l'air, sur la lumière,
Défaillir, se dissoudre en chose, s'enivrer
De l'arome charnel d'une rose à pleurer,
Percevoir dans son être obscur l'heure qui passe
Et traverse d'un jet d'étincelles l'espace.
Et quand l'humble angélus a tinté, quand le soir
Exhale au fond du val ses vapeurs d'encensoir,

Que le soleil au bord des toits, rasant les chaumes,
Y fait tourbillonner des échelles d'atomes,
Qu'un laboureur, qui rentre à pas lourds de son champ,
Ébauche un profil noir sur l'or vert du couchant,
Regagner son logis, et, les doigts à la tempe,
Bercé par la chanson discrète de la lampe,
Assembler les mots purs du poème rêvé,
Et, sur les feuillets blancs du livre inachevé,
Fixer, beau papillon, le jour multicolore,
Pourpre à midi, d'azur le soir, rose à l'aurore.

O fêtes de la vie où le chant d'un marteau
Sur l'enclume, la ligne heureuse d'un coteau,
La source, le brin d'herbe avec sa coccinelle,
Font tressaillir en nous l'argile originelle!
Gloire à toi dans l'éther lumineux, dans le mont,
Dans le métal, dans l'eau, dans l'insecte, limon
Universel par où l'humaine créature
Rejoint le Créateur à travers la nature!

Henri de Régnier (*b.* 1864)

220. *Tel qu'en Songe* (*1892*)

Les Autres

Je songe aux autres...

Qu'est-il advenu de leurs soirs, là-bas, dans l'ombre, là-bas
Qu'est-il advenu de leurs pas?
De sa face hautaine ou de son âme haute,
De l'orgueil d'un ou du rire d'un autre?
Où les ont menés le malheur ou la faute?
Qu'est-il advenu d'eux, dans leurs soirs, là-bas,
De leur douleur, de leur tristesse, de la vôtre,
Vous l'un de ceux-là et vous l'autre,
Qu'est-il advenu de vos pas?

J'entends des flèches dans le vent
Et des larmes dans le silence,
Qu'est-il de vos destins dans les couchers en sang?
Au fond des mornes ciels de cendres et de vent,
Votre face s'est-elle vue à la fontaine,
Eaux sans jouvence,
Où l'on s'apparaît à soi-même.

On heurte là-bas à des portes
Et j'entends qu'on mendie au coin des carrefours;
Mon soir est inquiet de vos jours;
J'entends des voix basses et des voix fortes,
Celle qui prie et qui gourmande, et tour à tour,
Comme vivantes et comme mortes
Au fond des jours.

A-t-il trouvé la clef, a-t-il ouvert la porte?
Joie ou Douleur, qui fut l'hôtesse?
S'il est advenu de leurs soirs
Ce qui advint de leurs espoirs...

Que la Nuit vienne sur nos soirs!

221. *Les Jeux Rustiques et Divins* (*1897*)

Résignation

Puisque le poil d'argent point à ma barbe noire,
Dans l'ombre je m'assieds enfin et je veux boire
A la fontaine fraîche entre les bleus roseaux;
Puisque le rouet sourd et les minces fuseaux
Ne bourdonneront pas sur mon seuil habité
Ouvert au crépuscule en face de l'été,
Et que nul geste doux et nulle main fidèle
N'effeuillera sur mon tombeau l'humble asphodèle

[220] 16 Allusion à la Fontaine de Jouvence (the "Fountain of Youth").

Ou le lierre noir dont s'enlace le cippe;
Puisque aucun doigt de femme aux trous de ma tunique
Ne recoudra le fil habile et diligent,
Avec les ciseaux d'or ou l'aiguille d'argent,
Et puisque pour la nuit ma lampe sera vide,
Le sablier muet et sèche la clepsydre,
Je veux m'asseoir, dans l'ombre, en face de la mer,
Et suspendre à l'autel, hélas! le glaive clair
Dont, jadis, j'ai conduit, hautain sous la cuirasse
Que sangle au torse nu le dur cuir qui le lace,
Pasteur ensanglanté, le troupeau des vivants!
J'ai connu le cri clair des Victoires au vent
Qui, la semelle rouge et les ailes farouches,
Soufflaient aux clairons d'or l'enflure de leurs bouches
Et dont le pied pesait aux paupières fermées;
Et las du vain tumulte et des fuites d'armées,
Des bannières gonflant leurs plis sur le ciel noir,
Des réveils à l'aurore et des haltes au soir,
De l'orgueil des vaillants et de la peur des lâches
Et des faisceaux haussant le profil de la hache,
Je suis venu m'asseoir auprès de la fontaine
D'où j'entends résonner dans les blés de la plaine
La flûte de bois peint des faunes roux, et vers
La grève qui là-bas se courbe de la mer,
Gronder dans le ciel rose où s'argente la lune
La conque des Tritons accroupis sur la dune.

14 *clepsydre:* horloge à eau. 20 *des Victoires:* des déesses de la Victoire. 22 *l'enflure de leurs bouches:* leurs joues enflées. 28 Allusion aux *fasces* des Romains, qui consistaient en un assemblage de verges liées autour d'une hache, porté, comme symbole de l'autorité, devant le dictateur, les consuls, et les grands magistrats.

222. *Les Médailles d'Argile* (*1900*)

Tableau de Bataille

Il est botté de cuir et cuirassé d'airain,
Debout dans la fumée où flotte sur sa hanche
Le nœud où pend l'épée à son écharpe blanche;
Son gantelet se crispe au geste de sa main.

Son pied s'appuie au tertre où, dans le noir terrain,
La grenade enflammée ouvre sa rouge tranche,
Et l'éclair du canon empourpre, rude et franche,
Sa face bourguignonne à perruque de crin.

Autour de lui, partout, confus et minuscule,
Le combat s'enchevêtre, hésite, fuit, s'accule,
Escarmouche, mêlée et tuerie et haut fait;

Et le peintre naïf qui lui grandit la taille
Sans doute fut loué jadis pour avoir fait
Le héros à lui seul plus grand que la bataille.

223. *La Cité des Eaux* (*1902*)

L'onde ne chante plus...

L'onde ne chante plus en tes mille fontaines,
O Versailles, Cité des Eaux, Jardin des Rois!
Ta couronne ne porte plus, ô souveraine,
Les clairs lys de cristal qui l'ornaient autrefois!

La nymphe qui parlait par ta bouche s'est tue
Et le temps a terni sous le souffle des jours
Les fluides miroirs où tu t'es jadis vue
Royale et souriante en tes jeunes atours.

Tes bassins, endormis à l'ombre des grands arbres,
Verdissent en silence au milieu de l'oubli,
Et leur tain, qui s'encadre aux bordures de marbre,
Ne reconnaîtrait plus ta face d'aujourd'hui.

[222] 4 *geste:* mouvement.

Qu'importe! ce n'est pas ta splendeur et ta gloire
Que visitent mes pas et que veulent mes yeux;
Et je ne monte pas les marches de l'histoire
Au-devant du Héros qui survit en tes Dieux.

Il suffit que tes eaux égales et sans fête
Reposent dans leur ordre et leur tranquillité,
Sans que demeure rien en leur noble défaite
De ce qui fut jadis un spectacle enchanté.

Que m'importent le jet, la gerbe et la cascade
Et que Neptune à sec ait brisé son trident,
Ni qu'en son bronze aride un farouche Encelade
Se soulève, une feuille morte entre les dents,

Pourvu que faible, basse, et dans l'ombre incertaine,
Du fond d'un vert bosquet qu'elle a pris pour tombeau,
J'entende longuement ta dernière fontaine,
O Versailles, pleurer sur toi, Cité des Eaux!

INDEX OF AUTHORS

The figures refer to the numbers of the Poems

INDEX OF FIRST LINES

The figures refer to pages